KB200650

말씀 사수

말씀 사수

지용훈 지음

규장

부르심의 한 소망 안에서

말씀을 따라 걷는 자들이 복이 있다

2017년 8월의 어느 주일, 나는 집회 사역지인 용인 새생명교회로 운전해 가는 중에 갈라디아서와 에베소서를 암송하며 성령님을 예배했다.

갈라디아서를 1장부터 차례대로 암송하다가 5장으로 진입해 '성령의 열매' 부분을 암송하는데, 갑자기 새생명교회 주일예배에서 포도송이를 도구 삼아 성령의 열매에 대해 나누고픈 마음이 생겼다.

그 마음을 한 켠에 잘 간직한 채 갈라디아서 암송을 마무리하고 다음 책인 에베소서를 1장부터 암송해나갔다. 새생명교회에 거의 다다랐을 무렵엔 에베소서 4장으로 진입하게 되었는데, 4절의 '부르심의 한 소망 안에서'라는 부분을 암송하던 나는 소스라치게 놀라고 말았다. 내 입술에서 선포되고 있던 '부르심의 한 소망 안에서'라는 구절이 한 치의 오차도 없이 눈

앞에 펼쳐져 있는 것이 아닌가! 그 구절은 새생명교회 바로 옆에 위치한 소명 중·고등학교 건물에 붙은 커다란 현수막에 적혀 있었다.

그날 암송하기로 선택한 책이 갈라디아서와 에베소서였던 것, 달리는 차의 속도, 그리고 암송하는 구절들의 진행 속도는 모두 나의 의지적 행동에 의한 것이었다. 하지만 그것은 결코 우연이 아니었다. 계속 흘러가는 '지금'이라는 시간 속에서 말씀을 암송하며, 걸으며, 항상 나와 함께하시는 초월자 하나님을 바로 그 현장에서 경험하게 하신 하나님의 섭리였다.

"행위가 온전하여 여호와의 율법을 따라 행하는 자들은 복이 있음이여"(시 119:1).

여기서 '행하는'에 해당하는 히브리어는 '할라크'로 '걷다'(walk), '오다'(come), '가다'(go)라는 의미를 가지고 있다. 그날 나는 '말씀을 따라 걷는 자들이 복이 있다'는 이 말씀을 피부로 느낄 수 있었다.

성령의 열매로 신앙을 점검하자

꽤 오래전부터 하나님께서는 내가 말씀을 암송하며 행하고(walk, come, go) 있을 때, 암송하던 바로 그 말씀을 현실에서 그대로 체험하게 해주셨다. 그런데 요즘에는 누구를 만나든지, 어떤 교회나 모임에 가든지 이런 현상이 100퍼센트에 가까운 빈도로 나타난다.

이 현상들을 통해 입에서 떠나지 않게 주야로 말씀을 선포하여 '지켜'(히, 샤마르-'사수하여') '행하면'(히, 아싸-'순종') 형통하리라는 말씀(수 1:8)이 실제임을 체험케 하신다. '암송했던 말씀'이 아니라 '암송 중인 바로 그 말씀'

이 '지금'과 일치되는 현상을 체험하면, 바로 그 말씀이 실제로 현장에서 역사한다.

새생명교회에서도 바로 그 역사가 일어났다. 성령께서 내 마음을 알고 준비해주셨는지 아니면 성령께서 미리 결정해 놓으시고 내게 생각을 심어주셨는지 알 수는 없지만, 포도는 이미 새생명교회에 준비되어 있었다.

주일 오전 예배를 마치고 점심식사 시간에 후식으로 나온 거봉을 보고 나는 미소를 지었다.

"제가 오후 설교 때 포도송이를 가지고 성령의 열매를 설명하려고 했는데 포도가 준비되어 있네요. 할렐루야!"

거봉을 접시에 담으시던 한 여자 집사님에게 이렇게 말하자, 그 집사님이 "마트에서 황도 복숭아를 사서 계산하고 밖으로 나왔는데, 왠지 포도를 사야 할 거 같아서 다시 마트로 들어가 거봉을 집어온 거예요"라고 말씀하시는 것이 아닌가!

오후 예배에서 나는 포도송이를 강대상에 올려놓은 채 성령의 아홉 가지 열매에 대해 설명하기 시작했다.

"여기 이 포도송이가 성령의 아홉 가지 열매를 정확하게 설명해줍니다."

그러면서 포도를 한 송이 들고 설교를 이어갔는데, 포도를 든 팔을 흔들며 호소하는 순간 포도 한 알이 바닥으로 떨어졌다. 그 포도는 좌우로 움직이며 설교하는 내 발에 밟혔다. 나는 그 모습을 보면서, 겨우 한 알의 열매를 맺은 것에 만족하며 온전한 구원에 들어갈 수 있다는 신념으로 꽉 차

있는 사람은 심판주로 오시는 주님의 진노를 받을 수도 있겠다는 생각이 들었다. 동시에 최고의 법은 성령의 아홉 가지 열매이며, 성령의 열매를 골고루 맺지 못하면 하나님의 나라를 유업으로 받지 못할 것이라던 바울의 말이 떠올랐다.

"육체의 일은 분명하니 곧 음행과 더러운 것과 호색과 우상 숭배와 주술과 원수 맺는 것과 분쟁과 시기와 분냄과 당 짓는 것과 분열함과 이단과 투기와 술 취함과 방탕함과 또 그와 같은 것들이라 전에 너희에게 경계한 것같이 경계하노니 이런 일을 하는 자들은 하나님의 나라를 유업으로 받지 못할 것이요 오직 성령의 열매는 사랑과 희락과 화평과 오래 참음과 자비와 양선과 충성과 온유와 절제니 이 같은 것을 금지할 법이 없느니라"(갈 5:19-23).

오늘, 주님이 우리의 영혼을 갑자기 불러가실지도 모른다. 혹은 오늘밤 주님이 도적같이 재림하실지도 모른다. 우리는 연약한 인생이다. 그러니 성령의 아홉 가지 열매를 정확히 이해하고 삶을 정확히 점검하여 온전한 구원에 이르는 일이 시급하다. 그래서 하나님의 나라를 유업으로 받을 수 있어야 한다. 성경에서 말하는 바, 그 구원을 잘 이루어가야 한다(빌 2:12).

신앙의 방심은 금물

구원은 자신의 개인적인 신념으로 얻어지는 것이 아니다. 진정으로 회개한 자에게 하나님께서 주시는 믿음을 받을 때 구원이 이루어진다. 우리는 하나님께서 원하시는 회개와 믿음을 소유해야 한다. 온전한 구원에 들어갈 수 있는 존재인지, 성령의 열매를 통해 스스로를 확실하게 점검해야 한다.

'나는 이미 구원받았으니까 괜찮아!'라며 방심하지 말자. 그것이 하나님께서 주신 믿음이 아니라 자신의 신념일 뿐이라면 위험하다. 성경은 믿음에서 떠나는 자가 분명히 있다고 말한다(딤전 4:1,2). 어찌 보면 이는 진정한 회개로 하나님께서 주시는 믿음을 소유한 자(요 17:21)가 그 믿음을 저버릴 수 있다는 말이 아니라, 진정한 회개를 거치지 않은 채 교회 안에 있으면서 올바른 믿음을 가졌다고 착각하고 있는 신앙의 초보자들에 대한 호소일지 모른다.

"하나님께 대한 신앙과 세례들과 안수와 죽은 자의 부활과 영원한 심판에 관한 교훈의 터를 다시 닦지 말고 완전한 데로 나아갈지니라"(히 6:1,2).

진정한 회개를 통해 칭의를 얻은 사람에게서는 반드시 성화가 이루어지며 성령의 열매가 맺히지 않을 수 없기 때문이다. 그러므로 영원한 미래를 대비하는 마음으로, 심각하게 다시 한 번 자신의 믿음을 점검하자. 온전한 회개와 믿음을 점검하는 데 있어서 확실한 시금석에 해당하는 것이 바로 성령의 열매다.

"웬 구원이 그리 복잡하냐? 하나님이 뭐 그리 쩨쩨하시냐?"

이렇게 말하지 말자. 우리는 하나님의 형상으로 지음 받았지만, 창조주와 동일한 수준의 지혜와 능력과 사랑을 가질 수 없는 한계를 지녔다. 이렇게 연약한 우리를 향해 하나님께서 완전한 공의와 사랑을 십자가에서 나타내주셨다. 그 하나님 앞에서 진정으로 회개하고 예수님을 주인으로 모서 들이자. 그런 자는 주님과 온전히 연합되는 것이기에 성령께서 원하시는 열매를 맺게 된다.

확실한 회개로 예수님과 연합한 자는, 십자가로부터 시작되어 재림까지 이어지는 구원의 전체 서정을 확실히 안다. 그래서 하나님의 놀라운 은혜에 감사하고, 늘 생명의 씨앗인 말씀을 간직하고 사수하며, 성령님을 사랑한다(신 6:4-9). 성령을 좇아 행하여 성령의 아홉 가지 열매를 잘 맺으며 온전한 구원에 이르게 된다. 성령을 좇아 행하는 자는 그 모든 과정이 하나님의 공의이며 동시에 완전한 사랑임을 알고 있다.

복음을 가장한 율법주의도 금물

온전한 회개를 통해 믿음을 소유한 자는 자연스럽게 삶의 열매를 맺게 된다. 그러나 그 진리가 '행함으로 믿음을 증명해보여야 한다'라는 율법주의로 변질될 가능성도 경계해야 한다.

우리가 과연 하나님과 사람 앞에 100퍼센트 순도로 행함을 증명해보일 수 있는가? 순전한 믿음에 대한 합당한 행위와 온전치 못한 믿음에 대한 행위를 어떤 기준으로 구분할 수 있는가? 예수님을 주인으로 모셔 들인 우리도 정도의 차이가 있을 뿐이지 여전히 다 부족하고 연약하다. 도대체 어느 정도의 부족한 모습까지가 가짜 믿음의 소유자이며, 어느 정도의 부족한 모습부터는 진짜 믿음을 소유한 자의 모습이란 말인가? 그 구분점은 무엇인가? 그리고 어떤 모습이 진짜 믿음을 소유한 자가 보이는 행위라고 평가받을 수 있다 하더라도, 그것이 얼마나 지속될 수 있을까?

행함으로 믿음을 증명해보이라고 주장하는 자들은 자신들이 완전하다고 생각하는 듯 보인다. 그 주장은 점도 없고 흠도 없이 완전해야 구원받을 수 있다는 것으로 들린다.

만약에 그들이 "저는 완전하지 않습니다"라고 표현한다면, 그는 "그 완전하지 않은 모습 속에 작을지라도 반복되는 죄가 있지는 않은가요?"라는 질문에도 대답해야 한다. 이 질문에 "예! 물론이지요"라고 겸손히 대답한다면, 다시 그에게 "그렇다면 그 반복되는 죄의 열매가 당신의 믿음을 가짜라고 증명하는 것은 아닌가요?"라고 질문하고 싶다.

이 질문에도 그가 자신의 믿음은 가짜 믿음이 아니라고 항변하며 "점진적으로 죄가 없어지며 나아지고 있습니다"라고 한다면, 나는 그에게 "그러면 다른 사람에게도 점진적으로 성화가 진행되고 있는 것일 수 있다는 점을 꼭 염두에 두십시오"라고 말하고 싶다.

베드로의 삶은 아주 정확한 모델이다. 베드로는 쉐마 신앙으로 나름 하나님을 사랑하는 자였다. 그는 메시아를 기다리는 자였는데, 동생 안드레의 안내로 예수님이 메시아인 줄 알게 되자 자신의 모든 소유를 다 버리고 따랐다(요 1:40-42; 막 1:16-18). 그러다가 예수님이 자신이 생각하는 메시아가 아니라는 결론을 내리고 다시 고기잡이로 돌아갔다.

예수님은 그러한 베드로를 친히 찾아와 주셨다. 밤새도록 물고기를 잡지 못했던 베드로에게 깊은 곳에 그물을 내려 많은 물고기를 잡게 하셨다.

이에 베드로는 "주여, 저를 떠나소서. 저는 죄인입니다"라고 고백했고, 다시 예수님을 전적으로 따르기 시작했다(눅 5:1-11).

그는 가이사랴 빌립보에서 "주는 그리스도이십니다"라는 정답을 맞춰 온전한 신앙을 나타내는 듯했지만, 바로 몇 초 뒤에는 인류 구원을 위해 죽으러 오신 예수님이 죽으시고 부활하신다는 선언을 하시자 "주여, 그리 마옵소서!"라며 인류 구원의 길을 막아서는 엄청난 실수를 저지른다. 그 실수는 예수님이 메시아가 맞기는 하지만 '절대로 죽으면 안되는 메시아'라는, 하나님께서 계획하신 메시아가 아닌 자신이 원하는 메시아상을 가지고 있었음을 드러낸 것이었다.

그때 예수님은 "사탄아! 물러가라! 네가 하나님의 일을 생각하지 않고 사람의 일을 생각하는도다!"라고 하셨다(마 16:13-24). 이는 그가 회개하고 예수께 헌신하며, 정확한 메시아에 대한 지식을 가지고 있었지만 그것이 자기의 의에서 비롯된 것임을 지적해주신 것이다.

그 뒤로 베드로는 주를 절대로 버리지 않고 주와 함께 죽겠다고 호언장담하고서도 곧바로 예수님을 세 번 부인함으로써 자기의 의로 메시아를 따르는 것이었음을 확실히 드러낸다(막 14:27-31, 66-72).

그런데 놀라운 것은, 베드로를 비롯한 제자들이 이렇게 연약하고 악한 모습을 드러냈을 때, 그리고 잠시 뒤면 예수님을 부인하고 배반하고 다 떠날 제자들을 향해 예수님이 '깨끗한 자'-가룟 유다는 제외-라고 하셨다는 점이다(요 13:8-10). 그들이 이미 하나님의 구원 안에 있는 자들이라고 확증해주신 것이다. 예수님이 그들을 '깨끗한 자'로 인정하신 것은 그들의 연약한 겉모습에도 불구하고 그들이 영생의 말씀(씨앗)을 심은 것을 보셨기 때문이었다.

"살리는 것은 영이니 육은 무익하니라 내가 너희에게 이른 말은 영이요 생명이라 … 예수께서 열두 제자에게 이르시되 너희도 가려느냐 시몬 베드로가 대답하되 주여 영생의 말씀이 주께 있사오니 우리가 누구에게로 가오리이까"(요 6:63,67,68).

베드로와 다른 제자들은 예수님이 죽으시고 부활하시고 승천하신 모습을 본 후에야 진정으로 회개하며 오로지 말씀 기도에 집중하며 성령의 세례를 기다렸다(행 1:4,5,14). 성령세례를 받고 나서는(행 2:1-4) 능력받은 증인으로서(행 1:8) 하나님께서 예수 외에는 구원받을 만한 다른 이름을 주신 적이 없다고 하면서(행 4:12) 담대히 복음을 전하다가 거꾸로 십자가에 달려 죽었고, 이를 통해 자기를 부인하며 자기 십자가를 지고 가는 순종을 이뤄냈다(요 21:18,19; 마 16:24).

성령세례를 받기 전에 베드로가 보였던 부족한 행함들은 그가 구원받지 못한 사람임을 증명하는 것이 아니다. 영생의 말씀을 제대로 심기는 했으나 아직은 그 생명의 씨앗인 말씀이 땅을 뚫고 나와 줄기와 잎사귀를 내고 꽃을 피워 열매를 맺기 전의 상태였던 것이다. 예수님은 그것을 다 알고 계셨기에 베드로가 연약한 모습을 보였음에도 불구하고 깨끗한 자라고 말씀하셨다.

구원은 전적으로 주님의 주권에 속한 것이다. 그렇기에 우리가 어떤 사람의 겉모습만 보고 함부로 그 사람의 구원에 대해 단정짓는 것은 참으로 위험하다. 어떤 사람이 베드로와 같이 연약함을 나타내고 있음에도 불구하고 영생의 말씀을 심은 자로서 주님으로부터 깨끗한 자라고 인정받고 있을 수 있다. 그 사람이 후에 진정으로 성령의 세례를 체험함으로써 주를 위해 진정으로 목숨을 버리게 될 자라고 주님이 인정하고 계실 수 있다는 말이다.

어떤 사람이 다른 사람에게 "행함으로 구원받은 믿음임을 증명해보이라!"라고 말하는 것은 구원의 주권적 섭리를 가지신 하나님의 자리에 올라서려는 위험한 인본주의 사상일 수 있다. 그렇게 주장하는 자들은 마치 바리새인과 같다. 그들은 혹시 "나는 저 세리와 창기만큼의 죄는 짓지 않았습니다"라는 고백이 숨어 있는 듯하다.

우리는 회개와 믿음으로 칭의를 거쳐서 성화되어지는 과정을 밟지만, 여전히 연약해서 죄에 물든 옛 생명이 언제든지 드러날 수 있기에 미약하게라도 불순종하며 죄를 지을 수밖에 없다. 그 누구도 예외가 없다. 여전히 인간의 의는 누더기와 같으며(사 64:6), 만물보다 부패한 존재다(렘 17:9). 죄에 물든 썩을 육신을 입고 있는 한, 우리의 행위는 결코 완전할 수 없어서 육신으로는 절대로 하나님을 기쁘시게 할 수 없다. 썩을 육신의 생각은 하나님과 원수가 되기에, 그 육신은 하나님의 말씀에 굴복하지 않을 뿐만 아니라 할 수도 없다(롬 8:7).

육신은 훈련되어지는 것이 아니다. 오직 성령께서 죽이셔야 한다. 그래서 우리는 행함으로 믿음을 증명해보이려고 더러운 의로 뭔가를 하려 하기보다, 썩을 육신을 먼저 말씀으로 태우며 성령님을 의지해야 한다. 말씀을 사랑하여 사수함으로써 생각을 태우며 성령님을 사랑하게 되면 그들이 말하는 그런 삶은 자연스럽게 살아지게 된다. 성령께서 지배하고 통치하시기 때문이다.

예수님은 밖에서 안으로 들어오는 것으로 인해 우리가 더러워지는 것이 아니라 우리 안이 원래 더럽기 때문에 더러운 것을 쏟아낸다며, 열두 가지 더러움을 정확하게 지적하셨다(막 7:21-23).

여전히 연약함을 드러내고 있는 사람 중 베드로와 같이 영생의 말씀을 이미 심고 예수님으로부터 '깨끗한 자'라고 칭함을 받는 자, 그리고 성령세례를 체험한 자들 속에도 여전히 두 가지 자아가 공존한다. 바울의 "오호라, 나는 곤고한 사람이로다!"라는 탄식처럼, 우리 안에는 엄연한 이중성이 공존하고 있다(롬 7장). 그러한 이중성은 영화로운 몸을 입을 때까지 존재한다.

우리가 구원받은 자로서의 행위를 우리 힘으로 지속할 능력이 전혀 없는 것을 고백할 때 하나님의 법을 따르는 모습이 점진적으로 더 많아진다. 그러므로 그러한 삶을 위해 매 순간 자비와 긍휼을 구하며 성령을 의지하고, 하나님의 말씀이 내 생각과 고백과 행위가 되도록 말씀을 사수해야 한다. 그럴 때 성령께서는 우리의 삶이 서서히 열매를 맺게 하신다.

또한 더딜지라도 눈에 잘 띄지 않는 작은 열매들을 점진적으로 골고루 맺으며 살고 있는 자들의 삶을 '행함이 없는 믿음'이라며 함부로 판단해서는 안 된다. 우리는 단번에 완전해지는 것이 아니기 때문이다. 행함으로 믿음을 증명해 보이라는 율법주의를 철저히 경계해야 한다. 그것은 복음을 가장한 신율법주의라고 볼 수 있다.

구약의 결론, 쉐마로 가정이 하나 됨

구약성경은 예수님에 대한, 그리고 교회 시대에 대한 예언의 책이다. 그 구약의 마지막 책인 말라기서는 다른 선지서들과 마찬가지로 예수님의 재림 직전에 일어날 일들을 담고 있다.

"만군의 여호와가 이르노라 보라 용광로 불 같은 날이 이르리니 교만한 자와 악을 행하는 자는 다 지푸라기 같을 것이라 그 이르는 날에 그들을 살라 그 뿌리와 가지를 남기지 아니할 것이로되"(말 4:1).

그 말라기서의 마지막 절은 하나님께서 말씀하시고자 하는 결론과 같다.

"그가 아버지의 마음을 자녀에게로 돌이키게 하고 자녀들의 마음을 그들의 아버지에게로 돌이키게 하리라 돌이키지 아니하면 두렵건대 내가 와서 저주로 그 땅을 칠까 하노라 하시니라"(말 4:6).

하나님은 마지막 때에 부모와 자녀가 서로를 향해 돌이키는 것이 중요하다고 말씀하신다. 성경에서는 분명히 '죄'라고 규정되어 있음에도 세상에서는 아름다움으로 미화된 이슈들에 대해 반대하는 부모와 찬성하는 자녀(또는 반대의 경우) 간의 대립이 극심해지는 때가 온다는 것을 예언하신 듯하다.

내가 아는 한 청년의 가정도 지금 딱 이런 상황에 있다. 이런 이야기를 들을 때마다 하나님께서 죄라고 하는 행동들을 죄라고 말하면 핍박을 받게 되는 시대가 성큼 다가왔음을 느낀다. 20-30년 전에도 이런 시대가 곧 온다는 주장들이 있었지만, 그 시대가 이렇게 빨리 다가올 줄은 몰랐다. 먹고 살기 위해서는 적당히 타협해야 한다는 의견과 성경대로 믿음을 지켜야 한다는 의견이 가정과 교회 안에서 대립하고 있다.

요한계시록에 나오는 교회 핍박 시대에 서머나교회 순교자들이 겪었던 상황과 지금의 상황이 비슷하게 맞아 들어간다.

"서머나교회의 사자에게 편지하라 처음이며 마지막이요 죽었다가 살아나신 이가 이르시되 내가 네 환난과 궁핍을 알거니와 실상은 네가 부요한 자니라 자칭 유대인이라 하는 자들의 비방도 알거니와 실상은 유대인이 아니요 사탄의 회당(교회를 다니지만 주님께 속하지 않은 자들을 상징)이라 너는 장차 받을 고난을 두려워하지 말라 볼지어다 마귀가 장차 너희 가운데에서 몇 사람을 옥에 던져 시험을 받게 하리니 너희가 십 일 동안 환난을 받으리라 네가 죽도록 충성하라 그리하면 내가 생명의 관을 네게 주리라 귀 있는 자는 성령이 교회들에게 하시는 말씀을 들을지어다 이기는 자는 둘째 사망의 해를 받지 아니하리라(생명의 부활, 영원한 생명을 얻으리라)"(계 2:8-11).

16

이에 대해 주님은 십자가에서 죽으시기 전에 아래와 같이 미리 말씀을 주셨다.

"내가 이것을 너희(제자들, 교회)에게 이름은

너희로 실족하지 않게(믿음을 잃지 않게) 하려 함이니

사람들이 너희를 출교(모임에서 쫓아냄)할 뿐 아니라

(인본주의에 물든 복음을 그리스도의 사상이라고 속이는 사람들이 가정이나 교회

에서, 성경대로 믿음을 지키는 자들을 쫓아낼 뿐 아니라)

(핍박의) 때가 이르면 무릇 너희를 죽이는 자가 생각하기를

이것이(너희를 쫓아내고 핍박하고 죽이는 것이) 하나님을 섬기는 일이라 하리라

그들이 이런 일을 할 것은(너희를 핍박하고 죽이는 이유는)

아버지와 나를 알지 못함이라

오직 너희에게 이 말을 한 것은

너희로 그때를 당하면(핍박과 순교의 때가 오면)

내가 너희에게 말한 이것을 기억나게 하려 함이요

처음부터 이 말을 하지 아니한 것은 내가 너희와 함께 있었음이니라"

(요 16:1-4).

그러나 우리는 두려워할 필요가 없다. 서머나교회에게 말씀해주신 것처럼 예수님은 죽었다가 살아나신 분이며, 우리도 그분과 같이 부활할 것을 믿기 때문이다.

너무나 놀랍게도, 수천 년 전에 기록된 성경이 예언한 대로 세상이 이루

어져가는 것을 보면서 "정말 성경에서 말하는 예수님이 진짜 창조주시구나, 구원자시구나. 그러므로 주님 안에 있는 자들에게는 영생이 보장되어 있구나. 할렐루야!"라고 고백하게 된다.

빌라델비아 교회가 책망받지 않은 결정적인 이유는 바로 생명의 말씀을 지켰기(헬, 테레오- '간직', '사수', '보존') 때문이다.

"내가 네 행위를 아노니 네가 작은 능력을 가지고서도 내 말을 지키며 내 이름을 배반하지 아니하였도다"(계 3:8).

주님은 생명의 말씀을 간직하고 사수한 우리를 그 어떤 시험에서도 지켜 주겠다고 말씀하셨다.

"네가 나의 인내의 말씀을 지켰은즉(테레오) 내가 또한 너를 지켜(테레오) 시험의 때를 면하게 하리니 이는 장차 온 세상에 임하여 땅에 거하는 자들을 시험할 때라"(계 3:10).

그러므로 우리는 하나님의 말씀을 잘 간직하고, 사수하고, 보존하며 굳게 잡아서 우리가 받을 면류관을 아무도 빼앗지 못하게 해야 한다. 그분이 속히 오신다고 하셨기 때문이다.

"내가 속히 오리니 네가 가진 것(생명의 말씀을 간직하고 사수한 것)을 굳게 잡아 아무도 네 면류관을 빼앗지 못하게 하라"(계 3:11).

그분은 약속대로 곧 오신다. 그날까지 우리는 시대를 분별하며 깨어 있는 신부가 되길 바라는 마음이 간절하다. '말씀 사수'가 중요한 이유는 다시 오실 예수께로 인도하실 분은 성령님이시며, 성령님의 인도하심을 받는 가장 효과적인 방법이 '말씀 사수'라고 하나님께서 성경을 통해 명백하게 말씀하시기 때문이다.

'사수'는 목숨을 걸고 간직한다는 뜻이다. 내 목숨을 사수하는 것보다 작은 믿음일지라도 생명인 말씀을 목숨 걸고 사수하자. 그러면 성령께서 우리의 신앙과 영원한 목숨까지 사수해주셔서 예수님을 맞이하게 해주실 것이다.

프롤로그

다음세대를 사수하라

말씀 씨앗을 심다

땅, 물, 빛

열매를 맺다

PART

1
다음세대를
사수하라

이는 그들에게 증거가 되려 함이라 … 사람들이 너희를 끌어다가 넘겨줄 때에 무슨 말을 너희에게 주시는 그 말을 하라 말하는 이는 너희가 아니요 성령이시니라 형제가 형제 들이 부모를 대적하여 죽게 하리라 또 너희가 내 이름으로 말미암아 모든 사람에게 미움 을 받으리라 너희는 스스로 조심하라 사람들이 너희를 공회에 넘겨주겠고 너희를 회당에서 력자들과 임금들 앞에 서리니 이는 그들에게 증거가 되려 함이라 … 사람들이 너희를 끌어 려하지 말고 무엇이든지 그때에 너희에게 주시는 그 말을 하라 말하는 이는 너희가 아니요 자식을 죽는 데에 내주며 자식들이 부모를 대적하여 죽게 하리라 또 너희가 내 이름으로 끝까지 견디는 자는 구원을 받으리라 너희는 스스로 조심하라 사람들이 너희를 공회에 나로 말미암아 너희가 권력자들과 임금들 앞에 서리니 이는 그들에게 증거가 되려 함이 에 무슨 말을 할까 미리 염려하지 말고 무엇이든지 그때에 너희에게 주시는 그 말을 하 라 형제가 형제를, 아버지가 자식을 죽는 데에 내주며 자식들이 부모를 대적하여 죽게 하 사람에게 미움을 받을 것이나 끝까지 견디는 자는 구원을 받으리라 너희는 스스로 조심 희를 회당에서 매질하겠으며 나로 말미암아 너희가 권력자들과 임금들 앞에 서리니 이는 이 너희를 끌어다가 넘겨줄 때에 무슨 말을 할까 미리 염려하지 말고 무엇이든지 그때에 너희가 아니요 성령이시니라 형제가 형제를, 아버지가 자식을 죽는 데에 내주며 자식들이 내 이름으로 말미암아 모든 사람에게 미움을 받을 것이나 끝까지 견디는 자는 구원을 받 희를 공회에 넘겨주겠고 너희를 회당에서 매질하겠으며 나로 말미암아 너희가 권력자 가 되려 함이라 … 사람들이 너희를 끌어다가 넘겨줄 때에 무슨 말을 할까 미리 염려하지 그 말을 하라 말하는 이는 너희가 아니요 성령이시니라 형제가 형제를, 아버지가 자식을 하여 죽게 하리라 또 너희가 내 이름으로 말미암아 모든 사람에게 미움을 받을 것이나 끝까 스스로 조심하라 사람들이 너희를 공회에 넘겨주겠고 너희를 회당에서 매질하겠으며 나로 서리니 이는 그들에게 증거가 되려 함이라 … 사람들이 너희를 끌어다가 넘겨줄 때에 무슨 그때에 너희에게 주시는 그 말을 하라 말하는 이는 너희가 아니요 성령이시니라 형제가 려 자식들이 부모를 대적하여 죽게 하리라 또 너희가 내 이름으로 말미암아 모든 사람에게 구원을 받으리라 너희는 스스로 조심하라 사람들이 너희를 공회에 넘겨주겠고 너희를 회 권력자들과 임금들 앞에 서리니 이는 그들에게 증거가 되려 함이라 … 사람들이 너희를 리 염려하지 말고 무엇이든지 그때에 너희에게 주시는 그 말을 하라 말하는 이는 너희가 지가 자식을 죽는 데에 내주며 자식들이 부모를 대적하여 죽게 하리라 또 너희가 내 이름 것이나 끝까지 견디는 자는 구원을 받으리라 너희는 스스로 조심하라 사람들이 너희를 공 으며 나로 말미암아 너희가 권력자들과 임금들 앞에 서리니 이는 그들에게 증거가 되려 함 때에 무슨 말을 할까 미리 염려하지 말고 무엇이든지 그때에 너희에게 주시는 그 말을 하 라 형제가 형제를, 아버지가 자식을 죽는 데에 내주며 자식들이 부모를 대적하여 죽게 하 사람에게 미움을 받을 것이나 끝까지 견디는 자는 구원을 받으리라 너희는 스스로 조심 희를 회당에서 매질하겠으며 나로 말미암아 너희가 권력자들과 임금들 앞에 서리니 이는 이 너희를 끌어다가 넘겨줄 때에 무슨 말을 할까 미리 염려하지 말고 무엇이든지 그때에 너 너희가 아니요 성령이시니라 형제가 형제를, 아버지가 자식을 죽는 데에 내주며 자식들이 내 이름으로 말미암아 모든 사람에게 미움을 받을 것이나 끝까지 견디는 자는 구원을 희를 공회에 넘겨주겠고 너희를 회당에서 매질하겠으며 나로 말미암아 너희가 권력자 가 되려 함이라 … 사람들이 너희를 끌어다가 넘겨줄 때에 무슨 말을 할까 미리 염려하지 그 말을 하라 말하는 이는 너희가 아니요 성령이시니라 형제가 형제를, 아버지가 자식을 하여 죽게 하리라 또 너희가 내 이름으로 말미암아 모든 사람에게 미움을 받을 것이나 끝까 스스로 조심하라 사람들이 너희를 공회에 넘겨주겠고 너희를 회당에서 매질하겠으며 나로 서리니 이는 그들에게 증거가 되려 함이라 … 사람들이 너희를 끌어다가 넘겨줄 때에 무슨 그때에 너희에게 주시는 그 말을 하라 말하는 이는 너희가 아니요 성령이시니라 형제가 려 자식들이 부모를 대적하여 죽게 하리라 또 너희가 내 이름으로 말미암아 모든 사람에게 구원을 받으리라 너희는 스스로 조심하라 사람들이 너희를 공회에 넘겨주겠고 너희를 회 권력자들과 임금들 앞에 서리니 이는 그들에게 증거가 되려 함이라 … 사람들이 너희 리 염려하지 말고 무엇이든지 그때에 너희에게 주시는 그 말을 하라 말하는 이는 너희가 지가 자식을 죽는 데에 내주며 자식들이 부모를 대적하여 죽게 하리라 또 너희가 내 이름으

CHAPTER 01

5G 시대를 대비하라

2018년 7월의 어느 주말, 여호사밧 복음사관학교 출신 청년들과 강원도 평창으로 1박 2일 엠티를 다녀왔다. 엠티를 마치고 청년들을 양재역에 내려준 나는 바로 집으로 가려다 룻선교회 회장님으로부터 받았던 초청을 떠올렸다. 그날 저녁에 열리는 선교음악회에 참석해달라는 초청이었다.

하지만 금요일 늦은 밤까지 은혜로운 엠티를 진행하고 장거리 운전까지 하고 나니 몸이 너무 피곤했다. 그래서 주일 집회 사역을 위해 룻선교회 회장님께 양해를 구하고 귀가하려 했다. 그럼에도 왠지 나는 어떤 강한 힘에 이끌려 서초동의 모차르트 콘서트홀로 향하고 있었다.

가상현실을 이기는 말씀 체험

1시간 정도 일찍 도착한 나는 차에서 잠시 눈을 붙이고 싶었지만, 역시 까닭 모를 어떤 강한 힘에 이끌려 바로 콘서트홀로 향했다. 콘서트홀 로비에 도착하자 롯선교회 회장님과 임원 권사님들이 반갑게 맞아주셨고, 로비에 마련된 테이블에 앉아 다과를 나누었다. 그 자리에 롯선교회 회원이신 김 권사님이 인사 겸 오셨다가 심각한 이야기를 꺼내셨다.

"앞으로 빅데이터, 인공지능이 활성화되면 다음세대들의 신앙을 지켜내기가 힘들어질 것 같아요. 그런 거대한 물결이 덮치기 전에 다음세대들을 말씀으로 무장시키기 위해서는 영생의 씨앗인 성경을 강력하게 암송하는 것이 정말 중요한 것 같아요. 지 목사님의 사역이 참으로 중요한 것 같습니다."

김 권사님의 이야기를 듣는 동안 내 귀가 쫑긋해졌다. 잠시 후 김 권사님은 손님들을 맞이하기 위해 자리를 뜨셨고, 몇 분쯤 후에 한 중년 남성분이 내 앞에 앉으셨다. H 선교사님이라는 분이셨는데, 나는 그 분의 말을 들으며 모차르트 콘서트홀로 나를 강권적으로 이끄신 분이 하나님이셨음을 확신할 수 있었다.

"저는 IT 분야의 전문가입니다. IT 분야에 대해 다루면서 다음세대를 하나님의 영적 전사로 만드는 사역을 하고 있습니다. 5G(세대) 이동통신 세상이 도래하는 것에 대비해서 각 분야가 서로 네트워크(network)를 이루어 다음세대를 세워야 된다고 생각합니다. 전도자이자 성경암송자이신 지 목사님이 이 분야를 아시면 시너지 효과가 날 것이라 생각했는데, 이렇게 만나뵙게 되어 반갑습니다."

"신기하네요. 그 말씀을 들으니 지금 이 자리에 제가 있게 된 것이 하나님의 강권하심이라고 믿어지네요."

하나님의 세밀한 인도하심으로 나는 H 선교사님을 만나서 앞으로 도래할 IT와 5G 이동통신과 양자컴퓨터 시대에 대해 들을 수 있었다. 그 분의 주장을 들어보자.

"5G 이동통신과 양자컴퓨터 시대가 도래하면 슈퍼컴퓨터로 처리하는 데에도 수년이 걸리는 데이터를 수초 이내에 처리할 수 있게 됩니다. 그렇게 되면 가상현실 세계와 현실 세계가 통폐합되는 시대가 오는데, 한마디로 상상을 현실로 만들 수 있는 엄청난 시대가 다가오는 것입니다.

현재 IT 산업의 발달로 인한 최첨단 게임 때문에 길거리로 나온 아이들이 60만 명이랍니다. 아이들은 각종 게임 속에서 신적인 위치에까지 오르려고 중독되어 있습니다. 인터넷 게임 속에서 획득한 아이템을 두고 현찰을 주고받는 거래가 이루어지기도 하죠.

요즈음 게임 세계에서 아이들은 1,2천만 원을 우습게 압니다. 그리고 아이들은 사이버 공간에서 부두술사들, 과격 이슬람 테러범들까지도 쉽게 만나 실시간 채팅으로 놀기까지 합니다. 또한 인터넷 게임 속에서 귀신을 만나면 더 높은 아이템을 얻기에 귀신 접하기를 좋아합니다.

'초대교회로의 회복'과 '인터넷, 미디어, IT세상'과의 접목이 중요합니다. 우리가 최첨단 기술들을 잘못 사용하면 회복이 불가능할 만큼 타락할 수도 있지만, 하나님나라를 실현하기 위한 효과적인 도구가 될 수도 있습니다.

5G 이동통신 시대가 시작되고 사물 인터넷, 빅데이터(Big Data), 인공지능(AI), 딥러닝(Deep Learning, 심층학습), 머신러닝(Machine Learnin, 기계학습), ICT(정보통신기술)의 발전이 급속하게 이뤄지면서 초연결 지능화 사회로의 디지털 변화가 일어나고 있습니다. 이와 같은 변화의 시대에 유비쿼터스 컴퓨팅(언제 어디서나 컴퓨터에 접속 가능)과 인공지능기술이 세상문화(미디어, 게임, SNS, 뮤직비디오, 뉴에이지 음악, 웹툰, 오컬트 문화, 동성애 등)와 결합된 결과물들이 보호장치 없이 가정과 교회 안으로 흘러들어오고 있습니다.

이런 세상이 다음세대들에게는 평범한 일상이 됩니다. 그 속에서 하나님의 자녀들이 영적 분별력을 갖추기 어려워지는 것은 물론이거니와 기본적인 믿음조차 지켜내기 힘들게 됩니다. 우리가 이러한 인공지능(AI) 세상으로의 변화에 따른 다음세대(N세대)들의 사고방식을 알아야 구체적으로 기도할 수 있습니다.

디지털 리터러시(Digital Literacy)란, 디지털 환경에서 정보를 찾고 사용하며, 더 나아가서 찾은 자료를 통해 협업, 팀워크, 사회인식, e-safety(안전, 보안) 인식 및 새로운 정보 창출을 가능케 해주는 능력을 말합니다. 믿음의 본질이 회복된 N세대(다음세대)가 디지털 시대의 소통수단인 SNS에서 읽고 쓰는 능력을 가지고 비판적으로 이해하고 활용할 줄 알아야 합니다. 그리고 스스로 생산까지 할 수 있는 종합적인 능력을 갖추도록 해야 합니다. 그것을 통해 다음세대가 다가올 5G 시대, 가상현실이 현실로 다가오는 세상을 잘 경영하고 다스림으로써 마지막 때에 믿음을 지켜 나가도록 해야 합니다.

하나님께서 맡겨주신 N세대들에게 인공지능 세상의 문화에 대처할 수 있는 영적 훈련과 하나님께서 주신 지혜가 필요합니다. 인공지능, 빅데이터, 정보통신기술이 융합되는 세상을 경영하고 다스릴 수 있도록 양육해야 합니다. 그러기 위해서는 그들을 오직 예수 그리스도를 향한 믿음 위에 견고히 세워야 합니다. 그래서 저는 말씀 암송의 중요성과 암송한 말씀을 적용하는 삶을 강조하고 있습니다. 우리가 우리 안에 계신 주 예수 그리스도의 영, 성령님과의 친밀한 교제를 나누기 위해 말씀을 암송하면 실제로 우리 뇌에 시냅스가 형성되는 효과가 나타납니다.

그리고 그렇게 1차적으로 암송 저장된 말씀을 꺼내 실제 삶속에 적용함으로써 열매 맺는 훈련을 해야 영적으로 적용되는 시냅스가 또다시 형성이 됩니다. 이렇게 영적 리터러시(적용 능력)와 디지털 리터러시를 함께 훈련해서 주의 길을 예비하는 다음세대가 되도록 치유와 회복과 비전을 제시하는 사역을 하고 있습니다.

이런 시대가 도래하는 것을 보며, 주님의 때가 가까이 다가오고 있음을 알리는 전도의 중요성을 더욱 절감합니다. 그런데 지 목사님이 그 일을 하고 계시지 않습니까? 성경을 대충 아는 정도로는 거대한 가상현실 세계가 현실을 위협하며 다가오는 것에 대비할 수 없습니다. 그래서 성경을 강력하게 암송해야 한다는 결론이 내려진 것입니다. 그런데 지 목사님은 낱권별 암송자이시기도 합니다. 참으로 중요한 사역을 하고 계신 것이죠."

"H 선교사님, 정말 감사합니다. 주님이 이곳으로 발걸음을 옮기게 하신 뜻이 분명히 있었군요. 저는 이틀 뒤에 전국에서 모이는 청소년들과 청년들에게 설교하기로 예정되어 있습니다. 그 집회에서 다음세대들에게 이것을 꼭 전해야 하기에 주님이 저를 선교사님 앞으로 인도하셨네요.

예수님이 인간으로 오셔서 행하고 선포하셨던 현장을 기록한 성경 장면 속으로 들어가는 낱권별 암송으로 하나님을 사랑하는 것이 최첨단 과학 시대의 도래에 대한 강력한 대안이며 원안이라는 확신이 듭니다. 그리고 '주님의 날이 다가오니 회개하고 주 예수를 믿으라!'라고 원색적으로 전도하는 것이 얼마나 중요한지 새삼 더 깊이 확신하게 되었습니다. 감사합니다."

사탄의 최첨단 전략에 맞서는 말씀 사수

H 선교사님과 대화를 마치고 콘서트를 감상한 후 집으로 돌아와

5G 이동통신에 대한 자료를 찾아보았다. 월요일에 청소년들과 청년들에게 자료화면으로 보여주기에 적당한 것을 찾을 수 있었는데, 그 자료 속에는 체육관에서 과학 수업을 하고 있는 장면이 있었다. 농구 코트 바닥에서 갑자기 고래가 뛰어나오는 장면이었다. 물론 실물 고래는 아니었고 홀로그램이었다. TV, 컴퓨터, 스마트폰, 태블릿 PC 등의 평면 모니터 속에서 보고 경험할 수 있는 것을, 3차원 공간에서 경험할 수 있도록 기술적으로 촬영하고 상영하는 것이 홀로그램이다.

요즈음 점점 인기를 얻고 있는 VR(Virtual Reality)은 고글 안경 같은 것을 머리에 쓰면 다른 사람은 볼 수 없는 상황 속에서 혼자 입체적인 공간을 체험할 수 있는 장치다. 그러나 홀로그램은 컴퓨터 모니터가 필요 없음은 물론, VR 장치를 착용하지 않아도 TV나 게임 속 장면을 실제 3차원 공간에서 즐길 수 있는 기술이다.

가상현실과 현실이 통폐합되어지는 세계의 작은 예는, 길을 걸어가거나 카페나 공공장소에 앉아 있을 때 어떤 사람은 실제 삶을 살아가고 있는데, 바로 옆에서 다른 사람은 가상의 현실을 즐기고 있는 상태가 공존하는 모습이다.

사탄은 현 시점에서도 어른들이나 아이들을 구분하지 않고 스마트폰이나 태블릿 PC 같은 기기에 중독되게 해서 하나님과 점점 더 멀어지게 하고 있다. 그렇다면 곧 다가오는 미래에는 훨씬 더 발전

된 최첨단 장치들을 이용해 '가상현실 체험'이라는 유혹으로 사탄이 얼마나 더 강력하게 영혼들을 낚아챌지 충분히 예상할 수 있다.

사탄은 아담과 하와를 유혹한 때부터 지금까지, 우리를 삼키려는 전략의 주제를 결코 바꾼 적이 없다. 그것은 '하나님을 무시하고 행동하라'는 것이다. 즉, 사탄은 "창조주 하나님이 주인이 아니다. 하나님을 무시해라. 너 자신이 주인이며 네가 왕이다. 네 마음대로 행동해라"라는 전략으로 항상 우리를 유혹한다.

그 유혹에 넘어가서 하나님을 무시하고 자기 마음대로 행동하여 죄를 짓는 인간은 생명의 근원이신 하나님과 분리되어 소외되고 영원한 심판을 맞이하게 된다. 죄의 결과 중 하나가 '소외'다. 죄는 하나님으로부터 자신을 소외시키며, 자신을 다른 관계와도 단절시킴으로 소외시킨다.

사탄은 아담 때부터 지금까지 기호, 그림, 조형물과 같은 매체, 활자매체, 음성매체, 영상매체 그리고 뉴미디어(스마트폰, 태블릿 PC) 등 점점 진보되어지는 모든 매체들을 통로로 우리를 공격해왔다. 또한 양자컴퓨터 및 5G 이동통신의 시대 속에서 VR 및 홀로그램을 뛰어넘어 더욱 발달된 공교한 시스템과 최첨단 기기들을 이용해 '스스로 하나님 노릇을 하라'라는 사상으로 우리를 강력하게 유혹해 올 것이다.

현시점에서도 남녀노소를 막론하고 스마트폰이나 그와 유사한 기기들에 중독된 사람들은 하나님과의 관계 단절은 물론이고, 한 공간 안에서 살고 있는 부모나 형제자매들과의 관계에서도 단절되고 소외된다.

더군다나 그 기기들을 통해 쉽게 체험할 수 있는 가상현실의 게임에서는 "실력이 올라갈수록 왕이 될 수 있고 신의 위치에 오를 수 있다"라고 부추긴다. 그들이 최고의 레벨까지 도달하기 위해 반드시 필요한 것은 더 강력한 아이템 구입을 위한 돈이며, 자연스레 돈이 우상이 되는 삶이 사탄에 의해 설계된다.

나는 H 선교사님의 이야기를 듣기 훨씬 전부터 사탄의 그런 최첨단 전략을 이기는 방법에 대한 확신이 있었다. 진리이신 하나님께서 직접 선포하시고 행하신 기록인 성경 장면을 강력하게 체험하는 '낱권별 암송'으로 뇌에 시냅스를 구성하는 것이 바로 그 방법이라고 생각하고 있었다.

CHAPTER 02

베드로의 **진리 폭격**

나는 H 선교사님을 만난 이틀 후 청소년과 청년들이 전국에서 모이는 집회에서 말씀을 전하고자 집을 출발하면서 암송예배를 시작했다. 2018년 6월 말, 한국을 방문하기 직전에 요한복음과 베드로후서와 요한계시록 1-4장까지를 새롭게 암송했는데, 그날 암송할 차례는 베드로후서였다.

그런데 뜻밖에도 집회 장소로 운전해 가는 도중에 베드로후서를 암송하는 내 목소리가 마치 베드로가 2천 년이 지난 지금, 스마트폰 및 최첨단 기기들에 중독되어가는 세상을 바라보며 외치는 목소리로 들려서 깜짝 놀랐다.

베드로는 알고 있었다

사탄은 컴퓨터, 스마트폰, 태블릿 PC 등 최첨단 기기 속의 공간에서만 홀로 기쁨과 평안을 느끼도록 사람들을 속이고 있다. 그러나 베드로는 하나님과 우리 주 예수를 아는 것으로 평강을 체험하라고 말한다(벧후 1:2).

사탄은 스마트폰 및 최첨단 기기들을 통해 드러나는 수많은 콘텐츠들을 동원해서 우리를 속인다. 하나님을 주인으로 섬기지 말고 자신 스스로 하나님 노릇을 해보라고 말이다. 특히 가상의 게임 속에서는 전투 실력을 끌어올리면 신적 능력이 생기는 것으로 착각하게 한다.

그러나 베드로는 신기한 능력은 주께서 주시는 것이며, 그 신기한 능력으로 생명과 경건에 속한 모든 것을 주셨고, 그것은 영광과 덕으로써 우리를 부르신 예수 그리스도를 아는 것으로 말미암는다고 말했다(벧후 1:3).

사탄은 손바닥만한 모바일 기기들을 비롯한 최첨단 도구들을 이용해 경험하는 세계 속에서 얼굴도 모르는 존재들과 벗하게 하고, 반면에 가족이나 이웃 등 실제적인 관계로부터는 소외시킨다.

그러나 베드로는 세상이 인간의 욕심으로 만들어진 것이며, 썩어질 것이라고 했다. 그리고 주께서는 썩어질 것들을 피하도록 지극히 큰 약속을 우리에게 주셨고, 그 약속으로 인해 신의 성품에 참여하게 하신다고 했다(벧후 1:4). 우리가 유일한 신이신 하나님을 향해 믿음에 덕을, 덕에 지식을, 지식에 절제를, 절제에 인내를, 인내에 경건을 쌓을 때 하나님의 성품에 참여할 수 있다고 구체적으로 말해주었다.

그는 최첨단 기기 속 가상의 공간이 아닌 실제적 관계인 형제우애, 그리고 형제우애에 사랑을 더해 그런 소외로부터 벗어나라고 말한다. 그리고 이런 여덟 가지 덕목을 갖춘 자는 그 자체로 만족하게 되며, 열매 맺는 자가 된다고 말한다(벧후 1:5-7).

사탄은 스마트폰 및 최첨단 기기들 밖으로 쏟아져 나오는 드라마, 영화, 다큐멘터리, 뉴스 등 다양한 퍼포먼스 장면들과 특히 가상현실의 게임 장면 속으로 사람들을 사로잡아서 진리를 진리가 아닌 것으로 속인다. 그리고 거짓을 진리로, 죄를 죄가 아닌 것으로 속여서 우리가 영원한 주의 나라에 들어가는 것을 방해한다.

반면에 베드로는 주 안에서의 부르심과 택하심을 굳게 하는 데 힘쓰고, 주 안에서 여덟 가지 덕목을 행하면 언제든지 넘어지지 않게 된다고 말한다. 그리고 구주 예수 그리스도의 영원한 나라에 들어가게 될 것이라고 한다(벧후 1:10,11). 그러면서 이어지는 네 구절 속에서 자신이 죽기 전에 성도들로 하여금 꼭 기억하게 하고 싶은 것이 있다고 세 번이나 반복하며 강조한다(벧후 1:12-15). 그 내용이 바로 16절부터 등장한다.

"우리 주 예수 그리스도의 능력과 강림하심을 너희에게 알게 한 것이 교묘히 만든 이야기를 따른 것이 아니요 우리는 그의 크신 위엄을 친히 본 자라"(벧후 1:16).

즉 베드로는 인간으로 오신 진리의 하나님께서 수많은 기적을 행하신 것, 특히 죽으셨다 부활하시고 승천하신 능력의 일들을 직접 보고 체험한 것이지 공교히 만든 이야기를 따른 것이 아니라고 했다. 그러면서 마가복음 9장의 변화산 체험이 실제였다고 말한다.

"지극히 큰 영광 중에서 이러한 소리가 그에게 나기를 이는 내 사랑하는 아들이요 내 기뻐하는 자라 하실 때에 그가 하나님 아버지께 존귀와 영광을 받으셨느니라 이 소리는 우리가 그와 함께 거룩한 산에 있을 때에 하늘로부터 난 것을 들은 것이라"(벧후 1:17,18).

베드로는 엘리야와 모세가 나타난 것을 실제로 보았으며, 하늘로부터 나온 하나님의 음성이 실제였다고 말한다(막 9:1-8). 마치 홀로그램과 VR을 통한 세계가 진짜인 줄 알고 거기에 빠져들어갈 오늘날의 사람들을 향해 말하고 있는 듯하다.

우리는 문명과 과학의 발달과 함께 다가오는 사탄의 이런 거대한 공격에 대비하며 오직 예수 그리스도께 집중해야 한다. 모세와 엘리야가 나타난 것을 목격하고 하늘로부터 하나님의 음성을 들은 베드로는 그 영적 체험이 너무 좋아서 그곳에 장막 세 개를 치고 싶다고 말했다.

그러나 문득 둘러보니 모세와 엘리야는 사라지고 예수와 자기들만 남았다. 모세와 엘리야가 예언한 내용도 다 예수 그리스도였기에 예수 그리스도께만 온전히 집중하면 된다고 하나님께서 말씀하시는 듯하다.

초자연적 체험보다 더 중요한 성경

예수님이 변화하신 크신 위엄도 직접 보았고, 엘리야와 모세가 직접 나타난 것도 보았고, 하늘로서 하나님의 음성을 친히 듣기도 했던 베드로. 그런데 그는 체험보다 더 중요한 것이 있다고 말한다. 그것은 이미 우리 손에 주어진 영생의 말씀, 즉 성경(구약)이다.

"또 우리에게는 더 확실한 예언이 있어 어두운 데를 비추는 등불과 같으니 날이 새어 샛별이 너희 마음에 떠오르기까지 너희가 이것을 주의하는 것이 옳으니라 먼저 알 것은 성경의 모든 예언은 사사로이 풀 것이 아니니 예언은 언제든지 사람의 뜻으로 낸 것이 아니요 오직 성령의 감동하심을 받은 사람들이 하나님께 받아 말한 것임이라"(벧후 1:19-21).

예수님은 성경(구약)이 자기에 대해 말하는 것(예언)이라고 분명히 말씀하셨다(요 5:39,40).

"모세를 믿었더라면 또 나를 믿었으리니 이는 그가 내게 대하여 기록하였음이라"(요 5:46).

구약이 예수님에 대한 예언임을 알았던 베드로는 그 예언이 변화산의 놀라운 체험보다 더 귀하고 확실한 것이라고 말했다. 그리고 성경의 모든 예언은 영원한 말씀이며(막 13:31) 영생의 말씀이기에 사사로이 풀어서는 안 된다고 했다.

베드로는 성령세례를 받기 전에 성경을 사사로이 푼 적이 있다. 예수님의 질문에 "주는 그리스도이십니다"라고 정답을 맞췄지만, 자신이 죽어야 한다고 말씀하시는 예수님을 향해 "그리 마옵소서"(죽지 마옵소서)라고 했다. 베드로는 인류 구원을 위해 죽으러 오신 예수님의 죽음의 길을 막아섬으로써 인류 구원의 길을 막아서는 사탄의 종 노릇을 한 셈이다(마 16:13-26). 그것은 베드로가 성경을 사사로이 풀었다는 것을 증명한다.

베드로는 성령세례를 받고 나서야 성경은 사람의 지식으로 푸는 것이 아니라 성령께 잠긴 자들이 하나님께 받아서 말하는 것임을 알게 되었다. 성령께 의탁하는 태도로 생명의 씨앗인 성경을 암송으로 사수하며 하나님을 사랑하는 것이 진정한 쉐마 신앙임을 알았다. 그래서 베드로는 "오직 주의 말씀은 세세토록 있도다 … 갓난아기들같이 순전하고 신령한 젖을 사모하라"(벧전 1:25; 2:2)라고 했다.

앞에서 살펴본 바와 같이 베드로후서 1장은 스마트폰, 태블릿PC, VR, 홀로그램, 그리고 5G 이동통신 및 양자컴퓨터의 시대가 도래한 21세기에도 충분히 반영될 수 있는 진리의 말씀이다. 이어지는 2장과 3장은 예수님이 재림하실 때 나타나는 지구 종말의 현상에 대해 정확히 말하고 있다. 사도 요한이 본 지구 종말의 환상과 일치하는 차원이다. 베드로가 세상 종말의 모습을 묘사했다는 것은 종말이 올 때쯤의 과학 시대를 환상으로 보았을 가능성도 있다는 것을 말해준다.

"옛 세상을 용서하지 아니하시고 오직 의를 전파하는 노아와 그 일곱 식구를 보존하시고 경건하지 아니한 자들의 세상에 홍수를 내리셨으며 소돔과 고모라성을 멸망하기로 정하여 재가 되게 하사 후세에 경건하지 아니할 자들에게 본을 삼으셨으며 무법한 자들의 음란한 행실로 말미암아 고통당하는 의로운 롯을 건지셨으니" (벧후 2:5-7).

하나님께서는 죄로 가득해진 세상을 물로 심판하기로 결정하시고, 노아에게 방주를 만들고 거기 들어가면 구원하겠다고 약속하셨다. 약속대로 하나님께서는 홍수로 세상을 심판하셨고, 노아는 건지셨다. 성적으로 타락한 소돔과 고모라를 멸망시키기로 정하셨을 때도 의로운 롯은 건지시고 그 성은 작정하신 말씀대로 불과 유황으로 멸망시키셨다.

이 두 사건은 먼 훗날, 경건치 않을 자들이 겪을 일의 모델이다. 즉 다시 성적인 죄가 가득해질 것이고, 하나님께서는 불로 멸망시키실 것이다.

"이로 말미암아 그때에 세상은 물이 넘침으로 멸망하였으되 이제 하늘과 땅은 그 동일한 말씀으로 불사르기 위하여 보호하신 바 되어 경건하지 아니한 사람들의 심판과 멸망의 날까지 보존하여 두신 것이니라 사랑하는 자들아 주께는 하루가 천 년 같고 천 년이 하루 같다는 이 한 가지를 잊지 말라 주의 약속은 어떤 이들이 더디다고 생각하는 것같이 더딘 것이 아니라 오직 주께서는 너희를 대하여 오래 참으사 아무도 멸망하지 아니하고 다 회개하기에 이르기를 원하시느니라 그러나 주의 날이 도둑같이 오리니 그날에는 하늘이 큰 소리로 떠나가고 물질이 뜨거운 불에 풀어지고 땅과 그중에 있는 모든 일이 드러나리로다"(벧후 3:6-10).

가상현실을 이기는 진리 사수

나는 청소년들과 청년들이 모이는 전국 집회에서 설교하기 위해 달려가는 차 안에서 베드로후서를 끝까지 암송했다. 그러면서 H 선교사님에게서 들은 이야기나 5G 이동통신 시대에 대해 조사해본 내용과 베드로후서가 깊게 연결되는 것을 확신했다.

이런 확신을 가지고 집회시간에 5G 이동통신 및 양자컴퓨터에 대한 자료화면을 보여주면서 앞서 설명한 내용들을 직접 암송설교로 청소년들과 청년들에게 전했다.

"제가 암송으로 설교하는 것을 보고 계시죠? 저는 성경을 낱권별로 암송하며 늘 성경의 장면 속에서 주님을 만납니다. 마귀는 스마트폰뿐 아니라 앞으로 더 놀라운 최첨단 기기들로 우리를 삼키러 달려오고 있습니다. 마귀는 이전에는 상상조차 할 수 없었던 최고의 기술로 우리를 더 음란하게 하고 스스로 주인 노릇 하게 하며 돈을 더 숭배하도록 무서운 속도로 달려오고 있습니다. 가짜를 진짜인 것처럼 속이며, 우리를 진리에서 떠나게 하려는 전략입니다.

그런데 그것을 이길 수 있는 길이 있습니다. 영생의 씨앗인 성경을 강력하게 암송해서 진짜 진리의 장면 속으로 들어가 진리의 영 안에 잠기십시오. 성경암송을 통해 진리이신 분이 2천 년 전에 인간으로 오셔서 행하시고, 선포하시고, 능력으로 역사하셨던 장면 안으로 들어가 진짜 리얼리티를 경험하십시오.

저는 22년 전부터 성경암송으로 성령님을 예배하고 있습니다. 결국 성경을 낱권별로 통째로 암송하게 되었고, 계속 복습해서 암송하고 있습니다. 이미 암송이 완성된 마가복음, 요한복음, 서신서 여덟 권, 십자가의 말씀들, 성령 구절들, 그리고 현재 암송이 진행 중인 창세기 1-9장과 히브리서 1-9장 등 약 3,900구절들을 간직하고 사수하는 것이 저의 예배입니다.

연기자가 최고의 연기를 하기 위해 대사를 수없이 암송하면서 자기 캐릭터와 장면 안으로 깊이 들어가듯이, 저는 22년 전부터 영생의 씨앗인 성경을 암송하면서 성경의 장면 속으로 들어가는 체험을 하고 있습니다.

그 결과로 성경 장면 속의 예수님 및 등장인물의 캐릭터가 고스란히 몸과 생각에 강력하게 입력되어 성경대로 살아가는 사람이 되었습니다.

성경대로 살아가고 있다는 것은 제가 완벽하다는 의미가 아닙니다. 저도 여전히 연약하며 부족합니다. 그러나 성경을 암송하며 걸으면서, 성경 장면을 체험하면서 현실에서 그 말씀과 일치되는 일을 경험하다 보니 잘 넘어지지 않게 되고, 연약함으로 넘어져도 즉시 진리의 말씀을 붙잡고 벌떡 일어나게 됩니다. 성경 속에서 말하는 복음에 합당한 삶을 살아가며 주님 오실 길을 준비하며 살아가게 된 것이죠.

여러분, 최첨단 기술에 의한 거대한 가상현실의 파도가 우리를 향해 달려오고 있습니다. 돈이 있어서 장비만 갖추기만 하면 손가락 하나만 까닥해도 내가 왕이며 신으로서 행세하도록 부추기는 세상이 다가오고 있습니다. 그렇게 돈은 더 강력한 우상이 됩니다.

거대한 최첨단 기기들을 통한 디지털 장면 속으로 우리를 사로잡아 넣으려는 사탄의 계략을 이길 힘은 반대로 아날로그적인 데 있습니다. 영생의 씨앗이며 진리인 성경을 입술과 혀(몸)와 뇌를 사용해 낱권별로 암송하여 사수함으로써 진리이신 예수님을 성경 장면 안에서 직접 만나는 체험으로 무장합시다.

하나님께서는 베드로에게 엘리야와 모세를 홀로그램으로 보여주신 것이 아닙니다. 그들은 진짜 나타났습니다. 예수님이 수많은 기적을 일으키신 것, 하늘로부터 들린 하나님의 음성, 구약과 신약의 수많은 기적들이 공교히 만든 이야기였습니까? 말씀이신 하나님께서는 말씀만으로 우주 만물을 창조하셨습니다. 그 말씀으로 모든 기적들을 일으키셨습니다.

　말씀이신 분이 이 땅에 사람으로 직접 오셨고, 능력을 행하셨으며, 인류 구원을 위해 십자가에서 죽으셨다 부활해 승천하셨고, 성령으로 마가의 다락방에 강림하셨습니다. 그리고 교회들을 통해 복음이신 예수님과 토라(성경=구약)를 열방에 전하게 하셨습니다.

　사도들은 예수님과 함께 경험했던 모든 것, 부활 승천하시고 성령으로 오셔서 행하셨던 모든 것들을 기록해 성경이 되게 했습니다. 특별히 사도 요한과 베드로는 미래에 있을 일들을 직접 환상을 통해 보았고, 그것을 기록에 남겼습니다.

　이제 마지막 때에 우리 주 예수 그리스도의 영원한 나라에 넉넉히 들어가 영생을 누리려면 신의 성품의 열매를 맺어야 합니다. 그 열매를 맺기 위해서는 영생의 씨앗인 말씀이 우리 마음에 강력하게 심겨져야 합니다.

　영생의 씨앗인 성경이 진짜 리얼리티입니다. 생명의 씨앗을 잘 심으면 열매는 자연히 맺혀지게 됩니다. 생명의 씨앗인 성경을 늘 암송하며 진리의 영을 예배함으로써 성경의 장면 속에서 예수님을 직접 만납시다. 강력한 말씀암송 신앙으로 우리의 영을 무장해서 다가오는 거센 파도를 헤치고 주와 함께 하늘로 날아오릅시다.”

CHAPTER 03

임박한 심판의 때에 외쳐야 할 복음

"영생은 곧 유일하신 참 하나님과 그가 보내신 자 예수 그리스도를 아는 것이니이다"(요 17:3).

이것은 예수님이 죽으시기 직전에 만물 위 보좌에 계신 아버지를 향해 외치신 말씀이다. 영생을 위해서는 유일하신 하나님께서 보내신 예수 그리스도를 제대로 알아야 하고, 예수께서 하나님께 순종하신 핵심 사건을 알아야 한다.

창세 전에 예비되신 그리스도께서 이 땅에 성육신하셔서 이루신 핵심 사건은 죽음, 부활, 승천, 보좌에 앉으심 그리고 성령으로 강림하심이다. 이미 이루신 이 핵심 사건들은 마지막 남은 핵심 사건인 재림을 향한다. 그러므로 회개와 믿음으로 이미 이루신 복음의 사건들 속에 연합되어 이 땅에서부터 하나님나라 시민으로 살아가면서 재림 예수님을 온전히 맞이해 영생을 누리자.

하나님나라의 시민인 우리는 임박한 심판의 때에 "회개하십시오. 심판이 다가옵니다"라고 전도해야 한다. 그것이 마지막 때의 영혼들을 향한 아버지의 마음이다. 아버지께서는 아무도 멸망에 이르지 않고 다 회개하기를 원하신다(벧후 3:9). 또한 영생의 씨앗인 말씀 안에서 가정이 온전히 하나가 되길 원하신다. 이런 주님의 마음이 말라기서에 잘 나타나 있다.

말라기 선지자가 전하는 아버지의 마음

말라기서 마지막 장은 종말을 예고하는 표현으로 시작된다. 베드로후서와 요한계시록에서 묘사하는 불의 심판에 대한 묘사와 같은 맥락이다.

"만군의 여호와가 이르노라 보라 용광로 불 같은 날이 이르리니"(말 4:1).

2018년 여름은 111년 만에 찾아온 무더위로 실로 대단했다. 태양에 노출되는 순간 머리와 얼굴이 불에 덴 것 같던 날씨 속에서 크리스천이 아닌 일반 과학자들까지 이구동성으로 동의하는 과학적 사실에 대해 많이 생각했다.

태양은 주기적으로 폭발하면서 태양풍을 발산하며, 지구의 자기장은 그 태양풍으로부터 지구를 보호해주는 역할을 한다. 그런데 지구의 자기장이 점점 얇아지고 있다는 것이다. 자기장이 어느 정도 얇아지거나 없어지면 태양풍이 지구의 오존층을 파괴해 태양광의 자외선이 지표면으로 직접 쏟아져 들어오게 된다. 태양에서 발산되는 전자, 양성자, 헬륨, 원자핵 같은 입자들이 지구에 쏟아지면 지구의 기체들은 모두 우주 밖으로 떠밀려 나가게 되는데, 그러면 지구에서 산소가 사라져 인간을 비롯한 생명체들은 멸종된다.

베드로는 마치 이런 현상을 본 것처럼 그의 두 번째 편지에서 다음과 같이 묘사하고 있다.

"하나님의 날이 임하기를 바라보고 간절히 사모하라 그 날에 하늘이 불에 타서 풀어지고 물질이 뜨거운 불에 녹아지려니와 우리는 그의 약속대로 의가 있는 곳인 새 하늘과 새 땅을 바라보도다"(벧후 3:12,13).

예수님의 초림부터 재림까지 예언된 책인 구약성경 39권의 배열 순서에도 성령님의 의도하심이 분명히 있다. 그렇다면 구약성경의 구조로 볼 때에도 마지막 책인 말라기서가 주는 의미가 크다. 말라기서 4장 6절은 말라기서의 마지막 절일 뿐 아니라 구약성경 전체의 마지막 구절이다. 그야말로 구약의 최종 결론인 이 구절은 이렇게 되어 있다.

"그가 아버지의 마음을 자녀에게로 돌이키게 하고 자녀들의 마음을 그들의 아버지에게로 돌이키게 하리라 돌이키지 아니하면 두렵건대 내가 와서 저주로 그 땅을 칠까 하노라 하시니라"(말 4:6).

하나님께서 저주로 이 땅을 치시는 심판을 피하기 위해서는 아버지의 마음과 자녀들의 마음이 서로를 향해 돌이켜져야 한다. 구약의 마지막 절에서 하나님께서 그렇게 결론을 내리셨다. 인류가 처음에 한 가정으로 시작했음을 상기한다면, 가정의 중요성을 다시 한 번 인식할 수 있는 구절이다. 이는 마지막 심판, 영생과 관련된 가정의 회복을 말한다.

말세에 더욱 중요한 쉐마 신앙

이것을 인식한 지도자들이 컨퍼런스나 여러 집회들에서 아비들과 자녀들을 앞으로 나오게 해서 서로 용서하고 화해하는 퍼포먼스를 하곤 한다. 참으로 아름다운 모습들이다. 그러나 말라기서 4장 6절은 이런 퍼포먼스로 해결되는 일을 말하지 않는다. 어떻게 서로에게 돌이키도록 할 수 있는지, 말라기서 안에 숨겨진 구체적인 하나님의 마음을 모르면 일시적인 퍼포먼스로만 끝날 뿐이다.

하나님께서 아비와 자녀들이 서로를 향해 어떻게 돌이키기 원하시는지는 말라기 선지자의 말을 듣는 대상이 어떤 사람들인가를 보면 쉽게 알 수 있다. 그것을 알 수 있는 구절이 바로 4절이다.

"너희는 내가 호렙에서 온 이스라엘을 위하여 내 종 모세에게 명령한 법 곧 율례와 법도를 기억하라"(말 4:4).

6절에 집중하는 사람들도 4절을 놓치는 경우가 많다. 또한 4절에 집중하더라도, 4절 속에 있는 하나님의 뜻에 근접하기만 하지 그 핵심 안으로는 들어가지 못하는 경우도 많다.

4절에 표현된 '법'의 히브리어는 '토라'인데, 이는 모세오경을 뜻한다. 즉 말라기 선지자의 말을 듣는 대상은 이스라엘 백성, 그러니까 주전 15세기 경에 모세오경을 받은 사람들이다. 그리고 신명기 6장 4-9절에 의해 쉐마 신앙으로써 모세오경을 간직하고 사수해온 백성이다. 모세오경을 암송한 부모가 자녀들에게도 모세오경을 암송하도록 가르쳐서 주전 400년경까지 약 천 년 동안 대대로 영생의 씨앗인 말씀을 간직하고 사수해온 백성이다.

그 옛날, 모음 없이 자음만으로 기록된 모세오경 전체를 간직하고 사수하고 보존하여 전 세대에 걸쳐 전달할 방법은 암송밖에 없었다. 그러므로 4절과 6절을 합쳐 보면 하나님께서 다음과 같이 말씀하시는 것으로 들린다.

"내가 천 년 전에 모세를 통해 너희에게 준 오경을 신명기 6장 4-9절의 쉐마 신앙으로 간직하고 사수하고 보존하라. 모세오경을 부모가 먼저 새기고 자녀들에게 새기도록 가르쳐서 그 신앙 안에서 아비와 자녀들이 서로를 향해 돌이켜야 한다. 너희 마음속에 동일한 영생의 씨앗이 심겨 있어야 한다."

앞으로 시대가 흐를수록, 세상의 목소리에 타협하지 않으면 먹고 살기 어렵다는 주장과 어떤 핍박이 와도 성경을 진리로 먹고 살아야 한다는 주장이 한 가정 안에서 더욱 엇갈리게 되리라 예상된다.

같은 교회를 다닌다 해도 가정 안에 분열이 일어나는 구체적인 이유가 있다. 그것은 부모와 자녀가 성경에 대해 서로 다른 데이터를 가지고 있고, 다른 태도를 보이기 때문이다. 그래서 하나님께서는 구약의 마지막 구절을 통해 한 가정이 한 마음이 되어 영생의 씨앗인 성경을 간직하고 사수하고 보존하는 쉐마 신앙이 말세에 가장 중요한 신앙이라고 강조하신 것이다.

심판을 예비해야 할 가정

말라기서의 마지막 절에서는 '그'가 와서 아비와 자녀의 돌이킴을 위한 역할을 한다고 했다. 그는 누구일까? 바로 앞의 구절인 5절에 답이 있다.

"보라 여호와의 크고 두려운 날이 이르기 전에 내가 선지자 엘리야를 너희에게 보내리니"(말 4:5).

말라기 선지자는 엘리야가 와서 아비와 자녀들을 서로에게 돌이키게 한다고 말했다. 그런데 당시 엘리야는 지구에 존재하는 사람이 아니었다. 그렇다면 누구를 말하는 것일까? 예수님은 그가 세례 요한이라고 말씀하신다.

"내가 진실로 너희에게 말하노니 여자가 낳은 자 중에 세례 요한보다 큰 이가 일어남이 없도다 그러나 천국에서는 극히 작은 자라도 그보다 크니라 세례 요한의 때부터 지금까지 천국은 침노를 당하나니 침노하는 자는 빼앗느니라 모든 선지자와 율법이 예언한 것은 요한까지니 만일 너희가 즐겨 받을진대 오리라 한 엘리야가 곧 이 사람이니라"(마 11:11-14).

만약 '그'가 세례 요한이라면, 말라기 선지자가 말한 '크고 두려운 날'은 우선 예수님의 초림을 가리킨다. 예수님이 오시기 전에 먼저 오는 자가 세례 요한이라고 하셨기 때문이다(마 11:10). 예수님의 초림은 기쁜 소식이며 동시에 크고 두려운 날이다.

"하나님이 그 아들을 세상에 보내신 것은 세상을 심판하려 하심이 아니요 그로 말미암아 세상이 구원을 받게 하려 하심이라 그를 믿는 자는 심판을 받지 아니하는 것이요 믿지 아니하는 자는 하나님의 독생자의 이름을 믿지 아니하므로 벌써 심판을 받은 것이니라"(요 3:17,18).

예수님이 이 땅에 오신 것은 모든 사람을 구원하시기 위함이었다. 그렇기에 믿는 자들에게는 영생의 기쁜 소식이지만, 믿지 않는 자들에게는 영원한 심판을 위해 오신 셈이니 크고 두려운 날이 맞다. 즉, 예수님이 오셨을 때 말세가 시작된 셈이다.

또한 '크고 두려운 날'은 말라기서 4장 1절에서 말한 바와 같이 마지막 때, 즉 예수님 재림의 때를 말한다. 그러면 예수께서 재림하시기 전에 보내질 엘리야도 세례 요한일 것이다. 크고 두려운 날이 이르기 전에 주님이 세례 요한을 다시 보내실 수도 있다. 그러나 엘리야가 지구에 존재하지 않을 때 '보내실 엘리야'가 세례 요한이라 하셨듯이, 세례 요한이 존재하지 않는 이 시대에 신부인 교회가 세례 요한의 영성으로 신랑 되시는 예수님을 예비하도록 하라는 뜻으로 볼 수도 있다.

세례 요한은 주의 길을 곧게 하도록 보냄을 받은 광야의 외치는 자의 소리로, 죄 사함을 얻게 하는 회개를 외쳐서 사람들을 초림 메시아께로 이끌었다. 세례 요한은 자신이 주의 길을 예비하는 자로 보냄 받았음을 확실히 알았다(사 40:3). 그러나 엘리야로 보냄 받은 것은 몰랐다(요 1:19-23). 그러나 우리는 세례 요한의 두 가지 정체성을 알아야 한다.

이제 임박한 이 말세의 때에 하나님의 자녀인 우리는 세례 요한처럼 회개를 외쳐야 한다. 그래서 세상 사람들이 심판을 피하도록 초림 예수님께로 이끌어 회개케 하여 예수님과 연합하도록 해야 한다. 그래서 재림 메시아를 심판주가 아닌 구원자 신랑으로 맞이하도록 그들을 영생으로 이끌어야 한다. 또한 쉐마로서 말씀을 사수하도록 해서 가정이 하나 되도록 하는 세례 요한의 영성을 소유해야 한다.

세례 요한은 이사야서 40장 3절의 모습과 말라기서 4장 4-6절의 모습으로 온 선지자다. 즉, 광야의 외치는 자의 소리로서 주의 길을 예비한 자이며, 아비와 자녀가 하나 되도록 돌이키게 할 자로 왔다. 따라서 사실상 세례 요한이 외친 '광야'는 '세상'과 '가정'이었다.

세례 요한이 세상에서 선포하는 모습은 전도였고, 가정을 향한 세례 요한의 선포는 암송신앙을 향한 촉구였다. 세례 요한의 두 모습은 크고 두려운 날, 심판의 때가 이르기 전에 들림 받을 거룩한 신부들에게 다시 한 번 반영되어야 할 말씀이다.

입을 열어 전해야 할 복음

어느 날 히브리어 교수님과 복음 전도에 대한 이야기를 나누고 있었는데, 교수님이 이렇게 말씀하셨다.

"이사야서 61장 1절의 '주 여호와의 영이 내게 내리셨으니 이는 여호와께서 내게 기름을 부으사 가난한 자에게 아름다운 소식(복음)을 전하게 하려 하심이라'에서 '복음을 전하다'의 히브리어가 '바싸르'입니다. 원래 '육체'(몸)라는 뜻인데, 왜 '복음을 전하다'라는 뜻으로도 쓰였는지 이해가 안 갑니다. 아주 오랫동안 고민하며 연구하고 있는데 그 연결고리가 되는 자료를 아직 못 찾았습니다."

그 이야기를 듣는 나에게 성령께서 깨닫게 해주셔서 다음과 같이 답해드릴 수 있었다.

"교수님, 저는 간단히 이해가 됩니다. 말씀이시며(요 1:1), 영생이시며, 복음 자체이신(막 1:1) 예수님이 육체로 오셔서 복음(하나님의 나라)을 전파하실 계획을 창세 전에 세우셨잖아요(막 1:14,15). 그래서 바싸르(육체)가 '복음 전함'으로도 쓰인 것이라고 믿어집니다. 이사야서 61장이 메시아에 대한 구절이고, 복음(말씀)이신 예수님이 육체로 오셔서 복음을 전파하실 것이라는 의미를 바싸르(육체) 속에 집어넣으신 것 같아요."

그리고 옆에 있던 전도 피켓을 들어 보이며 "저도 말씀이신 예수께서 복음을 선포하신 것처럼, 제 육체(바싸르)로 말씀을 암송하여 지키며(샤마르), 복음을 전하고(바싸르) 있잖아요"라고 말했다.

2018년 9월 12일 뉴욕 브루클린에서 노숙인에게 전도할 때의 일이다. 그날 나는 카트를 끌고 오는 노숙자에게 다가가 전도지를 건네며 복음을 전했다. 전도지를 받아든 그가 배고프다며 하소연을 하기에, 나는 노숙자를 만나면 주려고 넣어놓았던 1불을 꺼냈다.

그런데 1불인 줄 알았던 지폐가 5불짜리였다. 5불을 본 노숙자의 동공이 좀 커졌다. 사람들이 노숙자들에게 5불을 주는 경우는 거의 없기 때문이다. 나는 1불짜리 지폐를 주려고 5불을 주머니에 도로 넣으려 했는데, 아쉬워하는 그의 얼굴을 보고는 그냥 주는 것이 낫겠다 싶어 그대로 주었다. 그러면서 그에게 솔직히 말했다.

"당신도 아시다시피 5불을 주고 가는 행인은 거의 없지 않아요? 1불인 줄 알고 꺼냈는데, 도로 집어넣으려다가 주님이 5불을 주라고 하시는 것 같아서 드립니다. 제 이름은 조엘입니다. 당신 이름은 어떻게 되시죠? 축복합니다."

"저는 스캇입니다."

스캇은 내가 준 전도지 1면에 적힌 "God is love!"(하나님은 사랑이

시다!)라는 문장을 보더니 요한이 하나님의 사랑에 대해 말한 요한
일서의 구절들을 유창하게 암송하며 내게 하나님을 자랑했다. 전도
하다 보면 겉으로 보이는 행색은 허름해 보이는 노숙자들 중에 하
나님을 뜨겁게 사랑하는 분들을 많이 만난다. 그래서 전도할 때 외
모로 사람을 판단하는 일이 금물이라는 것을 느낀다.

"와~ 요한서신을 꿰뚫고 계시는군요. 그런데 당신의 오른손 엄지
와 검지 사이를 보니 좀 아파 보이네요. 제가 당신을 위해 기도해드
려도 될까요?"

내 말에 스캇은 "기도해주시면 감사하지요"라고 했다. 나는 그의
어깨에 손을 얹고 기도하기 시작했다.

"주님, 스캇을 주님의 손에 올려드립니다. 당신의 능력과 사랑으
로 치료해주소서. 스캇이 당신의 치료의 능력을 체험하고 당신의 사
랑을 전하게 하소서. 주님의 심판의 날이 다가옴을 증거하는 증거자
로 사용해주소서. 주 예수 그리스도의 이름으로 기도합니다. 아멘!"

이후 우리는 이런 대화를 나누었다.

"조엘! 비록 홈리스(집이 없는 사람)이긴 하지만 저도 하나님을 뜨겁
게 사랑합니다."

"스캇! 아까 당신이 요한서신 구절을 줄줄 암송했죠? 요한복음
14장 1절 이하에 보면, 예수께서 '너희는 마음에 근심하지 말라 하
나님을 믿으니 또 나를 믿으라 내 아버지 집에 거할 곳이 많도다 그

렇지 않으면 너희에게 일렀으리라 내가 너희를 위하여 거처를 예비하러 가노니'라고 하셨어요. 그중에서 특히 '내 아버지 집에 거할 곳이 많도다'라는 부분은 영어로 'There are many mansions!'라고 합니다. 베드로 사도도 그의 첫 번째 책인 베드로전서 1장에서 '예수 그리스도의 사도 베드로는 본도, 갈라디아, 갑바도기아, 아시아와 비두니아에 흩어진 나그네…'라고 하면서 우리가 하늘 본향에 집을 둔 '나그네'라고 표현했습니다. 이제 더 이상 자신을 집이 없는 노숙자라고 말하지 마세요. 하늘의 아버지 집에 거할 곳이 많다고 하신 예수님의 말씀을 믿으세요."

"조엘! 감사해요. 예, 믿습니다. 저는 분명히 믿습니다. 이제 앞으로 '홈리스'라고 하지 않겠습니다!"

"스캇! 당신이 아까 요한일서를 암송으로 선포하는 것을 보니 당신은 미국의 위대한 전도자들처럼 될 수 있겠습니다. 하나님께서 행하시면 분명히 그렇게 쓰임 받을 수 있습니다."

"조엘, 저는 부흥의 주역들인 조지 횟필드, 조나단 에드워드 같은 목사님들을 좋아합니다."

"당신은 분명히 그렇게 될 수 있습니다. 제가 한 번 더 당신을 위해 기도해드려도 되겠습니까?"

"예, 기도해주십시오."

"주님, 스캇을 주님 손에 다시 한 번 더 올려드립니다. 스캇이 치료를 경험하고 말씀에 더욱 깊이 심취하여 성령충만하게 하시고, 위대한 전도자들인 조지 휫필드나 조나단 에드워드처럼 쓰임 받게 해 주십시오. 주님 다시 오실 때가 심히 가까운 이때에 주님의 심판의 때가 다가오고 있음에 대해 스캇이 세상에 선포하게 하소서. 주 예수 그리스도의 이름으로 기도합니다. 아멘!"

기도가 끝나자 스캇은 나를 강하게 끌어안으며 말했다.

"조엘, 기억하십시오. 제가 하나님께 그렇게 쓰임 받고 나서 나중에 하나님 보좌 앞에 이르면 '아버지, 조엘이 그때 저를 위해 기도해 주어서 제가 이렇게 당신의 나라를 위해 쓰임 받았습니다. 조엘에게 상급을 주십시오'라고 말할 것입니다."

"스캇! 요한계시록에 보면 장로들이 자기들이 썼던 면류관들을 보좌 앞으로 던지며 '영광과 능력을 받기에 합당하신 주님을 찬양합니다'라며 모든 영광을 주께만 돌린다고 기록되어 있습니다. 스캇과 제가 함께 그런 퍼포먼스를 하게 될 것입니다. 할렐루야!"

내게 포옹을 한 스캇은 자신의 길을 가다 연신 뒤돌아보며 손을 흔들었다. 그와의 만남을 생각하니 '마지막 때', '세례 요한', '광야의 회개의 외침'(전도), '암송으로 하나 되는 가정'과 같은 단어들이 머리를 스치고 지나갔다.

CHAPTER 04

칭찬의 매임에서 벗어나라

"우리가 말씀을 살아내지 못하기 때문에 세상으로부터 '개독교'라는 말을 듣는 것입니다. 말씀을 살아냅시다."

많이 들어본 말일 것이다. 우리가 정결함의 열매를 맺지 못하는 모습 때문에 세상으로부터 이런 말을 듣는다면, 그래도 싸다. 하지만 말씀대로 산다는 것이 단지 크리스천들이 세상으로부터 무조건 칭찬만 받아야 하는 것을 의미할까? 과연 그것이 성경의 핵심 사상일까?

칭찬받는 것이 기독교의 본질은 아니다

그렇지 않다. 그것은 크리스천 일부의 모습이지 핵심은 아니다. 왜냐하면 정직이나 정결함, 청지기적 삶, 구제, 관용, 용서, 긍휼, 오래 참음, 자기 비움 등 다른 모든 선한 삶의 모습은 예수님과 상관없이도 세상이 흉내 낼 수 있기 때문이다. 심지어 남을 위해 죽는 삶까지도 다른 종교와 철학에 다 있는 것들이다. 그러므로 그 어느 때보다 미혹의 영이 강하게 기승을 부리는 지금, "오직 예수!"를 외치면서도 예수님과 그리스도인의 삶의 유일성을 강조하지 않는 유사품에 더욱 주의해야 한다.

세상과 완전히 구별되는 차원에서 '말씀대로 사는 삶'의 핵심은 예수 그리스도의 유일성을 '선포하는 삶'이라고 할 수 있다.

"2천 년 전 인류 역사 이래 최고의 저주의 자리, 십자가에서 죽은 한 사람! 그 이름 예수! 그가 우리의 유일한 창조주 하나님이요, 구원자이십니다. 그것을 증명한 것이 부활입니다. 예수님 앞에 회개하고, 그분을 주인으로 모셔 들이십시오. 그래야 영생을 얻습니다. 회개하지 않고 예수님을 주인으로 모셔 들이지 않으면 영원한 심판을 받습니다. 예수님이 심판주로 다시 오실 때가 가까이 다가와 있습니다."

2천 년 전 십자가의 처형은 로마법 차원과 종교법 차원에서 모두 최고의 저주의 자리였다. "그 저주의 십자가에서 죽은 한 사람, 예수가 창조주 하나님이시요 구주시다!"라는 유일성을 선포하는 모습만이 세상에 속한 사람들이 결코 흉내 낼 수 없는 모습이다. 그것은 세상이 가장 이해할 수 없는, 말도 안 되는 이야기이기 때문이다.

세상은 우리에게 "2천 년 전 저주의 십자가에서 처형당한 한 사람 예수가 어찌 유일한 내 창조주 하나님이며 내 주인이 될 수 있는가?

단단히 미쳤군!"이라며 우리를 바보 취급한다. 그런데 진정한 그리스도인들은 세상으로부터 바보 취급을 받는 것에 굴복하지 않고 항상 유일한 복음을 전하게 마련이다. 오늘 내 옆을 스쳐 지나가는 한 영혼이 예수님의 생명을 소유하지 못한 채 갑자기 죽음을 맞이한다면 영원한 심판으로 직행하는 것을 알기 때문이다. 그것이 잃어버린 영혼들을 향한 아버지의 마음이다.

이에 동의하는 사람은 교회 안에 팽배해 있는 교묘한 인본주의적 사상들을 정확히 구분해낼 수 있다. 어떤 이들은 거리 전도와 외침 전도 같은 모습을 전근대적이고 미련한 전도의 방법이라고 하는데, 그 주장은 인본주의 사상이다.

세상 사람들은 '인류 역사상 가장 저주스러운 자리에서 죽은 한 사람이 어찌 모든 인류, 모든 사람들의 유일한 창조주요 주인이란 말인가?'라며 합리적 이성을 들이댄다. 그래서 교회의 탈을 쓴 자들이 전하는 인본주의적 가짜 복음 속에는 그 유일한 예수 그리스도를 '선포하는 전도'가 그다지 중요하게 다루어지지 않는다.

그러나 전도의 본질은 선포다. 예수님이 마가복음 1장 38절에서 쓰신 '전도'라는 단어의 헬라어는 '케륏소'인데, 그 뜻은 '선포하다'이다. 성경은 미련한 전도의 방법이 있다고 말하지 않는다. 오히려 전도 자체가 미련한 것이라고 했다. 바울의 목소리를 들어보라.

"십자가의 도가 멸망하는 자들에게는 미련한 것이요 구원을 받는 우리에게는 하나님의 능력이라"(고전 1:18).

"하나님의 지혜에 있어서는 이 세상이 자기 지혜로 하나님을 알지 못하므로 하나님께서 전도의 미련한 것으로 믿는 자들을 구원하시기를 기뻐하셨도다 유대인은 표적을 구하고 헬라인은 지혜를 찾으나 우리는 십자가에 못 박힌 그리스도를 전하니 유대인에게는 거리끼는 것이요 이방인에게는 미련한 것이로되 오직 부르심을 받은 자들에게는 유대인이나 헬라인이나 그리스도는 하나님의 능력이요 하나님의 지혜니라"(고전 1:21-24).

핍박 앞에서도 복음을 선포하는 삶

예수님이 죽으신 이유, 예수님의 제자들과 초대교회 성도들을 비롯해 교회사 속에서 수많은 그리스도인들이 순교하게 된 이유가 무엇일까? 그들이 세상에게 칭찬받을 만한 모습으로만 살았다면 순교당할 이유가 하나도 없다. 그들이 순교하게 된 이유는 때를 얻든지 못 얻든지, 바로 위에서 말한 유일한 복음을 선포하는 삶을 살았기 때문이다. 예수님이 산상수훈을 통해 주신 교훈들의 핵심도 바로 순교적 삶이다.

"심령이 가난한 자는 복이 있나니 천국이 그들의 것임이요"(마 5:3).

원어의 의미를 최대한 살려서 '심령이 가난한 자'를 다시 표현한다면 '하나님 앞에서 떠는 자(terrify)'이다. 이 표현 속에는 모든 인류를 향한 공의의 심판이 이루어진 십자가 앞에서 두려워 떨며 진정한 회개를 시작한 자가 하나님의 나라를 소유하게 된다는 의미가 들어 있다.

그러한 자는 자신의 죄로 인해 애통하는 회개로 하나님의 나라를 소유하게 되며, 하나님의 위로를 받게 된다(마 5:3,4). 그리고 그 유일한 구원의 축복을 받은 자는 핍박받는 삶을 살게 된다고 예수님이 강조하셨다. 이것이 산상수훈의 핵심이다.

"의를 위하여 박해를 받은 자는 복이 있나니 천국이 그들의 것임이라 나로 말미암아 너희를 욕하고 박해하고 거짓으로 너희를 거슬러 모든 악한 말을 할 때에는 너희에게 복이 있나니 기뻐하고 즐거워하라 하늘에서 너희의 상이 큼이라 너희 전에 있던 선지자들도 이같이 박해하였느니라"(마 5:10-12).

많은 사람들이 그리스도인의 삶의 핵심 모습에 대해 산상수훈이 결론인 것처럼 말하지만, 그렇게 말할 때 조심해야 한다. 의를 위해 핍박받고 예수님의 이름으로 인해 욕먹는 삶을 핵심으로 강조하지 않는 산상수훈의 강조는, 가장 중요한 그리스도인의 삶의 모습을 누락시킨 것이다. 그 핵심을 빼버린다면 아무리 성경을 인용한다 해도, 성경의 인물들을 예로 든다 해도 다른 인본주의 종교나 철학 사상에서도 얼마든지 흉내 낼 수 있는 차원에서의 강조와 다를 바 없다.

참된 초대교회의 제자들과 그리스도인들은 산상수훈 속의 윤리적 삶들을 부단히 살아내면서도 성경에서 말하는 창조주 하나님만을 두려워하고 떨었으며, 때를 얻든지 못 얻든지 유일한 복음을 외치는 전도자의 삶을 살았다. 그리고 성령을 좇아 성경에서 말하는 죄를 죄라고 담대히 말하고, 의와 심판을 전하며, 세상을 책망했기 때문에 순교를 당했다(요 16:7,8). 예수님이 "또 너희가 내 이름으로 말미암아 모든 사람에게 미움을 받을 것이나 끝까지 견디는 자는 구원을 받으리라"(막 13:13)라고 하신 말씀을 놓치지 말아야 한다.

나는 전도의 현장에서 다른 세계관들을 가진 사람들을 무수히 만나면서 유일한 복음을 더욱 확인할 수 있었다. "저주의 십자가에서 죽었다가 부활한 한 사람, 예수만이 유일하신 창조주시요 구원자시며 인생의 주인이시다"라는 표현은 어떤 종교나 철학, 윤리, 도덕에서도 찾아볼 수 없었다. 유대교도 십자가상의 나사렛 예수는 창조주 하나님이 아니라는 사상이며, 이슬람, 여호와의 증인, 모르몬교, 통일교도 그렇게 말한다. 힌두교와 불교는 예수만이 하나님일 수 없다는 범신 사상이다.

특히 전도의 현장에서 여호와의 증인과 같은 이단들을 만나면 그들에게 어떻게 그곳에 가게 되었는지 물었는데, 그들의 대답은 한결같았다.

"정통교회에 다녔었습니다. 그런데 교회에서 싸우는 모습을 보며 실망해서 교회에 다니지 않다가 이웃 사람이 말없이 생명까지 내어 줄 정도의 사랑을 베푸는 모습에 큰 감동을 느끼고 반해서 따라가게 되었습니다."

이것은 선한 행동이 그리스도인에게서만 발견할 수 있는 모습이 절대 아니라는 증거 중 하나다. 다른 모든 종교나 철학, 윤리, 도덕, 신념도 얼마든지 선한 모습을 나타낸다. 오히려 이단 사이비들이 더 선한 행동으로 사람들을 유혹하기도 한다.

선한 행동을 부정하려는 것이 아니다. 우리는 하나님께서 성경을 통해 강조하시는 의로운 삶을 살아야 한다. 그러나 그와 함께 의로운 삶의 핵심, 즉 "오직 십자가에 못 박힌 예수님만이 의로운 분이시다"라는 유일한 복음을 증거하는 삶의 모습을 나타내야 한다. 그로 인해 세상으로부터 미련하다는 욕을 먹고 핍박을 받아 그리스도의 남은 고난을 우리 육체에 채울 수 있어야 한다(골 1:24).

미혹을 주의하라

지금 시대도 초대교회 시대와 마찬가지로, 말씀대로 사는 크리스천들이 칭찬보다는 핍박을 받을 수밖에 없는 상황으로 흘러가는 예들을 쉽게 찾아볼 수 있다. 한편으로는 미혹의 영도 그 어느 때보다 강하게 역사하고 있는 듯하다. 이런 현상들을 통해 우리는 주께서 재림하실 때가 성큼 다가오고 있는 것을 느낄 수 있다. 기독교인이 핍박을 받았던 로마 시대의 제자들에게 주셨던 예수님의 말씀에 유의해보자.

"예수께서 성전에서 나가실 때에 제자 중 하나가 이르되 선생님이여 보소서 이 돌들이 어떠하며 이 건물들이 어떠하니이까 예수께서 이르시되 네가 이 큰 건물들을 보느냐 돌 하나도 돌 위에 남지 않고 다 무너뜨려지리라 하시니라 예수께서 감람산에서 성전을 마주 대하여 앉으셨을 때에 베드로와 야고보와 요한과 안드레가 조용히 묻되 우리에게 이르소서 어느 때에 이런 일이 있겠사오며 이 모든 일이 이루어지려 할 때에 무슨 징조가 있사오리이까 예수께서 이르시되 너희가 사람의 미혹을 받지 않도록 주의하라 많은 사람이 내 이름으로 와서 이르되 내가 그라 하여 많은 사람을 미혹하리라"(막 13:1-6).

"너희는 스스로 조심하라 사람들이 너희를 공회에 넘겨주겠고 너희를 회당에서 매질하겠으며 나로 말미암아 너희가 권력자들과 임금들 앞에 서리니 이는 그들에게 증거가 되려 함이라 … 사람들이 너희를 끌어다가 넘겨줄 때에 무슨 말을 할까 미리 염려하지 말고 무엇이든지 그때에 너희에게 주시는 그 말을 하라 말하는 이는 너희가 아니요 성령이시니라 형제가 형제를, 아버지가 자식을 죽는 데에 내주며 자식들이 부모를 대적하여 죽게 하리라 또 너희가 내 이름으로 말미암아 모든 사람에게 미움을 받을 것이나 끝까지 견디는 자는 구원을 받으리라"(막 13:9,11-13).

예수님이 죽으시고 부활 승천하신 후에 인류의 역사 속에서 지금까지 자칭 그리스도라고 주장하는 사람들이 많이 나타났다. 자칭 그리스도라 하는 자들은 크게 두 부류다. 자신이 그리스도가 아니면서도 진짜 그리스도라고 착각하는 미친 사람, 혹은 자신이 그리스도가 아님을 잘 알면서도 그리스도 행세를 하는 사기꾼이다. 이 두 부류를 분별하기는 그리 어렵지 않다. 오히려 세 번째 사람들이 더 무서운 부류다.

좀처럼 분별하기가 쉽지 않은 이들은 "이것이 그리스도의 사상입니다"라며 성경의 이야기를 전개하지만, 예수님이 말씀하신 차원과 다르게 결론을 짓는다. 그런 부류 중 하나가 크리스천들이 세상으로부터 칭찬만 받아야 한다고 가르치는 자들이다. 예수님은 로마 핍박 시대에 제자들을 향해 "이러한 자들을 경계하라"라고 말씀하셨다.

초대교회 당시 로마는 태양숭배사상과 혼합시키는 차원에서 기독교를 공인하고 국교화하면서 크리스천들에게 좋은 제안을 했다.

"핍박받으며 죽어가지 말고 국가가 원하는 몇 가지 부분 – 진리를 살짝만 부인해도 되는 제안들 – 만 이행하면 편하고 칭찬받는 크리스천으로 살아갈 수 있다."

이런 타협의 유혹에 넘어간 사람들도 많았지만, 끝까지 진리를 수호하며 콜로세움 경기장에서 짐승의 밥으로 던져져 순교의 길을 택한 크리스천들도 있었다.

"서머나교회의 사자에게 편지하라 처음이며 마지막이요 죽었다가 살아나신 이가 이르시되 내가 네 환난과 궁핍을 알거니와 실상은 네가 부요한 자니라 자칭 유대인이라 하는 자들의 비방도 알거니와 실상은 유대인이 아니요 사탄의 회당이라 너는 장차 받을 고난을 두려워하지 말라 볼지어다 마귀가 장차 너희 가운데에서 몇 사람을 옥에 던져 시험을 받게 하리니 너희가 십 일 동안 환난을 받으리라 네가 죽도록 충성하라 그리하면 내가 생명의 관을 네게 주리라 귀 있는 자는 성령이 교회들에게 하시는 말씀을 들을지어다 이기는 자는 둘째 사망의 해를 받지 아니하리라"(계 2:8-11).

서머나교회는 핍박받는 길을 선택했던 교회 중 대표적인 교회다. 예수님이 유일한 진리를 외치며 핍박과 고난을 받고 죽으신 것처럼, 서머나교회도 예수님을 따라 유일한 복음을 선포하며 진리대로 살았기에 핍박을 받았다. 진리를 사수한 서머나교회의 성도들은 자칭 유대인이라 하는 종교인들로부터 출교 당하고, 세상 권력인 로마로부터 핍박받고 죽임당했다.

예수님이 사도 요한에게 나타나셔서 서머나교회가 환난과 핍박을 받는 모습에 대해 묘사하신 말씀은, 요한복음 16장에서 핍박받을 미래를 대비하라고 제자들에게 주신 말씀과 깊이 상통한다.

"내가 이것을 너희에게 이름은 너희로 실족하지 않게 하려 함이니 사람들이 너희를 출교할 뿐 아니라 때가 이르면 무릇 너희를 죽이는 자가 생각하기를 이것이 하나님을 섬기는 일이라 하리라 그들이 이런 일을 할 것은 아버지와 나를 알지 못함이라 오직 너희에게 이 말을 한 것은 너희로 그때를 당하면 내가 너희에게 말한 이것을 기억나게 하려 함이요 처음부터 이 말을 하지 아니한 것은 내가 너희와 함께 있었음이라"(요 16:1-4).

제자들은 이 말씀대로 핍박을 받으며 순교했고, 종교인들은 제자들을 죽이는 것이 하나님을 더 잘 섬기는 길이라고 생각했다. 예수님을 죽였을 때처럼 말이다.

참된 제자들이 종교인들로부터 출교를 당하고 세상 권력에 의해 핍박받고 순교당한 이유는 오직 하나다. 십자가에 못 박히신 예수님만을 창조주요 구주 하나님으로 선포했기 때문이다.

성령의 검을 가지라

"십자가에 못 박힌 한 사람 예수, 그가 유일한 창조주요 구주시다"라는 고백은 그야말로 우리를 세상과 구분 짓는 유일한 모습이다. 교회 안에도 겉으로는 훌륭해보이나 미혹하는 가르침들이 많이 있다. 예수 그리스도의 유일성을 선포함으로써 세상으로부터 미움과 박해를 받는 교회의 본질적인 모습은 다루지 않고 그저 교회가 세상의 본이 되어야 한다는 것만 가르치는 사상, 또는 영원한 심판이나 회개를 강조하지 않으면서 다른 종교나 철학, 사상들 속에서도 얼마든지 찾아볼 수 있는 삶으로 나아가야 한다는 것만을 강조하는 하나님나라 운동 등이 그것이다.

그리스도인로서의 유일한 구별성과 교회 안에 들어온 인본주의 사상들을 비교해서 생각하고 있을 때, 성령께서는 창조과학 강의로 유명한 김명현 교수의 강의를 통해 성령의 검 끝이 완전히 하나임을 보여주셨다. 또한 사람이 만들어낸 거짓 복음의 칼끝은 겉으로는 예리하고 훌륭해 보여도 그 끝이 하나가 아니고 여러 개라는 것을 보여주셨다.

김명현 교수는 어느 강의에서 하나님께서 만드신 작품과 인간이 만든 작품을 비교했다. 김 교수는 아주 광활한 지역에 노란 꽃들이 만발한 사진을 보여주며 청중들에게 어떤 장소인지를 추측해보라고 했다. 여러가지 틀린 추측들이 있었고, 김 교수는 "이것은 바늘 끝을 확대해본 것입니다"라고 했다. 바늘 끝이 육안으로는 예리하게 보이지만, 광학현미경으로 들여다 보니 투박하고 울퉁불퉁한 넓은 곳으로 보인 것이다. 노란 꽃으로 보인 것들은 대장균들이었다.

또한 그는 하나님의 창조물인 잠자리의 날개를 광학현미경으로 배율을 높여가면서 보여주었는데, 처음에는 그리 정교해보이지 않았지만 점점 더 깊이 들여다볼수록 더욱 정교하며 질서가 있고 아름다운 모습이었다.

성령의 검은 하나님의 말씀이다. 그리고 성경의 검 끝은 유일한 진리의 말씀이다. 그 하나의 검 끝에 해당하는 말씀이 바로 그리스도인과 세상을 구분 짓는 유일한 선포, "저주의 십자가에 달려 죽은 한 사람 예수, 그가 유일한 창조주요 구원자이시며 주인이시다. 회개하고 복음을 믿으라. 그렇지 않으면 영원한 심판을 받는다"라는 선포다. 신구약 66권의 모든 말씀들은 다 이 성령의 검 끝을 향하고 있다.

그래서 바울은 에베소서 6장에서 전신갑주의 핵심인 '성령의 검', 곧 하나님의 말씀을 표현한 뒤에 자신이 복음 때문에 감옥에 갇히게 되었다고 말한다. 그럼에도 불구하고 계속해서 복음의 비밀을 담대히 선포할 수 있게 하나님께서 말씀을 주시도록 에베소교회에 기도를 요청한다.

"또 나를 위하여 구할 것은 내게 말씀을 주사 나로 입을 열어 복음의 비밀을 담대히 알리게 하옵소서 할 것이니 이 일을 위하여 내가 쇠사슬에 매인 사신이 된 것은 나로 이 일에 당연히 할 말을 담대히 하게 하려 하심이라"(엡 6:20,21).

이 성령의 검 끝이 오직 하나인 그리스도인의 유일성에 대한 말씀이며, 그것을 선포하는 모습이 세상과 그리스도인의 유일한 구별점이라는 것에 동의할 수 있는 사람은 교회 안에 침투해 들어온 그럴 듯한 인본주의적인 가르침들, 즉 끝이 하나가 아니고 여러 개이며 울퉁불퉁한 가짜 검들을 쉽게 구분해낼 수 있을 것이다.

CHAPTER 05

새 계명 "서로 사랑하라"에 대한 오해

예수님은 요한복음 16장 4절에서 제자들에게 "오직 너희에게 이 말을 한 것은 너희로 그때(순교의 때)를 당하면 내가 너희에게 말한 이것을 기억나게 하려 함이요"라고 하셨다. 예수님이 제자들과 초대교회 성도들이 핍박과 순교의 때에 기억하도록 하신 내용은 바로 16장 이전 부분, 즉 요한복음 13-15장이다.

요한복음 13-16장 전체는 예수님이 죽으시기 전에 제자들에게 주신 유언이다. 유언의 시작인 13장 1절은 "유월절 전에 예수께서 자기가 세상을 떠나 아버지께로 돌아가실 때가 이른 줄 아시고 세상에 있는 자기 사람들을 사랑하시되 끝까지 사랑하시니라"로, 여기서부터 예수님의 죽음 이야기가 시작된다.

세상의 미움에 대비하라

예수님은 자신이 유일한 진리를 외침으로써 핍박을 당하고 저주의 십자가에서 처형당할 것을 아셨다. 그런 차원에서 제자들을 사랑하셨고, 사랑의 징표로 제자들의 발을 씻겨주셨다. 그리고 "내가 주와 또는 선생이 되어 너희 발을 씻었으니 너희도 서로 발을 씻어주는 것이 옳으니라 내가 너희에게 행한 것같이 너희도 행하게 하려 하여 본을 보였노라"(요 13:14,15)라고 하셨다. 그리고 "새 계명을 너희에게 주노니 서로 사랑하라 내가 너희를 사랑한 것같이 너희도 서로 사랑하라 너희가 서로 사랑하면 이로써 모든 사람이 너희가 내 제자인 줄 알리라"라고 하셨다(요 13:34,35).

여기서 "너희도 서로 사랑하라"(요 13:34)라는 말씀은 많은 사람들이 오해하고 있는 구절이기도 하다. 이 말씀은 세상에게 칭찬받기 위해 제자들끼리 서로 사랑하라는 의미가 아니다. 또한 세상에게 칭찬받을 수 있도록 세상 사람들을 사랑해야 한다는 말씀도 아니다.

물론 요한복음 3장 16절과 연결해서 본다면 "내가 세상을 사랑함으로 진리를 선포하여 박해받고 기꺼이 십자가에서 죽는 것처럼, 너희도 진리를 그대로 선포하여 박해받고 기꺼이 세상을 위해 죽으라"라는 차원의 세상 사랑도 포함되어 있다. 그러나 요한복음 13-16장의 유언의 말씀은, 예수님뿐 아니라 제자들도 세상에게 핍박받을 것을 염두에 두고 하신 말씀이라는 맥락에서 잘 이해해야 한다. 이 말씀을 주신 예수님의 의도는 이런 것이다.

"세상이 나를 미워한 것처럼 너희도 미워할 것이다. 내가 세상으로부터 미움을 받아가면서 죽기 전에 너희의 발을 씻겨주고 너희를 사랑했다. 그렇듯이 너희도 세상으로부터 미움을 받을 때 제자들끼리 서로 발을 씻겨주며 사랑하라. 그러면 세상이 나를 미워한 것과 똑같이, '과연 그 이상한 이단자 스승에 그 괴상한 제자들'이라며 너희가 내 제자임을 확실히 알게 될 것이다."

"내가 이것을 너희에게 명함은 너희로 서로 사랑하게 하려 함이라 세상이 너희를 미워하면 너희보다 먼저 나를 미워한 줄을 알라"(요 15:17,18).

예수님은 제자들에게 "서로 사랑하게 하려 함이라"라는 말씀 직후에 "세상이 나와 너희를 미워할 것이라"라는 내용의 말씀을 주셨다. 이 흐름을 보면 예수님이 무슨 말씀을 하고자 하셨는지 쉽게 발견할 수 있다. 18절 이후 계속 이어지는 말씀은 세상에게 칭찬받기 위해 제자들이 서로 사랑해야 한다는 말씀이 아니라, 오히려 세상의 미움에 대비하는 차원이라는 의미를 더욱 확실히 뒷받침해준다.

"너희가 세상에 속하였으면 세상이 자기의 것을 사랑할 것이나 너희는 세상에 속한 자가 아니요 도리어 내가 너희를 세상에서 택하였기 때문에 세상이 너희를 미워하느니라 내가 너희에게 종이 주인보다 더 크지 못하다 한 말을 기억하라 사람들이 나를 박해하였은즉 너희도 박해할 것이요 내 말을 지켰은즉 너희 말도 지킬 것이라 그러나 사람들이 내 이름으로 말미암아 이 모든 일(박해, 미움)을 너희에게 하리니 이는 나를 보내신 이를 알지 못함이라 내가 와서 그들에게 말하지 아니하였더라면 죄가 없었으려니와 지금은 그 죄를 핑계할 수 없느니라 나를 미워하는 자는 또 내 아버지를 미워하느니라 내가 아무도 못한 일을 그들 중에서 하지 아니하였더라면 그들에게 죄가 없었으려니와 지금은 그들이 나와 내 아버지를 보았고 또 미워하였도다 그러나 이는 그들의 율법에 기록된 바 그들이 이유 없이 나를 미워하였다 한 말을 응하게 하려 함이라"(요 15:19-25).

이 말씀은 이런 의미이다.

"내가 이제 종교인들과 로마 권력으로부터 핍박과 고난을 받고 죽을 때가 가까이 왔다. 지금은 너희가 내가 가는 이 고난과 핍박과 죽음의 길을 따라올 수가 없다. 그러나 나중에는 너희도 이 길을 가게 된다. 세상이 너희를 미워하는 이유는 내가 너희를 택했기 때문이다. 이러한 핍박과 죽음의 상황 속에서 내가 너희의 발을 씻겨준 사랑의 언약을 기억하라. 그런 차원에서 너희도 서로 발을 씻겨주며 서로를 목숨 걸고 사랑해야 그 핍박 속에서 실족하지 않고 승리할 수 있다. 이제 곧 너희가 핍박받아 순교할 때도 올 것이니 너희가 나를 사랑하고 또 서로 사랑함으로 나의 사랑 안에 거하라! 세상의 핍박이 와도 타협하지 말고, 서로 믿음을 격려하며 사랑으로 하나가 되어라. 그러면 너희가 내 제자인 줄 세상이 알게 될 것이다."

이것이 요한복음 16장 1절에서 예수님이 제자들에게 기억나게 하시려는 내용이다.

종교인들과 세상이 보기에는 자기를 하나님과 동일시하고, 죄 사함을 선포하며, 성전을 헐라고 모독하고, 유대인의 왕이라 자칭했던 예수님이 종교적 이단자요 세상법 차원에서는 황제를 반역하는 자였다. 제자들은 그러한 행동 때문에 저주의 십자가에 매달려 죽어간 예수님을 따르며, 십자가에서 죽으신 그 예수만이 창조주 구원자 하나님이시며 성전 자체시요 왕 중의 왕이시라고 고백했다. 세상과 완전히 구별되는 고백으로 말미암아 세상은 예수님도 미워했고 제자들도 미워했다. 그 고백은 세상으로부터 미움과 박해를 받는 가장 큰 이유였다.

반면에 제자들은 그 고백 때문에 당할 순교의 행렬 가운데에서도 예수님의 말씀을 기억하여 서로 발을 씻겨주며 사랑했다. 그래서 종교인들과 세상은 예수님과 똑같은 모습으로 기꺼이 순교당하면서도 서로 사랑하는 사람들이 예수님의 제자인 줄 알게 되었다.

좋으신 예수님은 제자들에게 "너희는 마음에 근심하지 말라 하나님을 믿으니 또 나를 믿으라 내 아버지 집에 거할 곳이 많도다 그렇지 않으면 너희에게 일렀으리라 내가 너희를 위하여 거처를 예비하러 가노니 가서 너희를 위하여 거처를 예비하면 내가 다시 와서 너희를 내게로 영접하여 나 있는 곳에 너희도 있게 하리라"(요 14:1-3)라고 하셨다. 예수님은 자신이 핍박받아 죽으실 것이지만, 결국 부활 승천하셔서 아버지께로 가실 것이며, 그곳으로 제자들을 인도하실 것이라고 말씀하셨다. 그러므로 부활의 소망으로 핍박을 이길 것을 암시하셨다.

이는 환란과 궁핍과 순교 가운데 놓인 서머나교회를 향해 "서머나 교회의 사자에게 편지하라 처음이며 마지막이요 죽었다가 살아나신 이가 이르시되 … 내가 생명의 관을 네게 주리라 귀 있는 자는 성령이 교회들에게 하시는 말씀을 들을지어다 이기는 자는 둘째 사망의 해를 받지 아니하리라"(계 2:8,10,11)라고 말씀하시며, 부활하신 주님을 믿고 오직 부활의 소망을 가지고 핍박과 순교를 견뎌내라고 권면하시는 내용과 같다.

주님은 순교의 때가 오면 이것을 기억나게 하겠다고 약속하셨다(요 16:4). 이 시대도 마찬가지다.

"저주의 십자가에서 죽은 한 사람, 예수만이 창조주시요 구주 하나님이십니다. 성경만이 진리입니다. 예수님을 구주로 모셔 들이십시오. 오직 예수님만이 아버지께로 가는 유일한 길이요 진리요 생명입니다. 거절하면 영원한 심판을 받습니다."

유일한 이 진리를 선포하며 거룩을 이루고, 세상을 향해 죄를 죄라고 말하면 세상은 반드시 우리를 핍박한다. 우리는 산상수훈을 말씀하신 예수님이 십자가를 향해 걸어가셨던 것을 놓치지 말아야한다. 진리이신 그분이 유일한 진리를 외치셨고, 세상으로부터 미움을 받아 십자가에서 죽으셨으며, 제자들도 그 길을 따라갔음을 잊지 말아야 한다.

"누구든지 나를 따라오려거든 자기를 부인하고 자기 십자가를 지고 나를 따를 것이니라"(막 8:34).

구원과 관련된 생명의 씨앗 심기

마귀의 전략은 굉장히 교묘하다. 진정한 회개의 단계를 거치지 않고 거듭나지 않아서 주와 연합되지 않고 여전히 자기 생각대로 살아가는 종교적인 교인들이 교회에 많다. 마귀는 그들에게 성도, 교회, 기독교라는 이름의 탈을 씌워 교회를 욕먹이고 하나님을 욕되게 하는 전략을 쓴다.

상식 차원의 비윤리적인 행동으로 욕을 먹는 모습은, 엄밀히 말하면 하나님께서 세우신 성도의 모습이 아니다. 진짜 성도는 그렇게 살지 않는다. 하나님께서 부르신 성도들이 모인 교회는 거룩한 영이 생명으로 강력히 임재하시는 유기체다. 생명의 근원이신 하나님과 연합된 생명의 유기체로서의 성도와 교회는 거룩의 열매를 나타내게 마련이다.

참된 성도요 제자들은 윤리적인 면에서 세상이 업신여기지 못할 정도로 거룩의 열매를 맺으면서도, 유일한 진리의 선포 측면에서는 세상을 향해 담대히 외쳐서 미움을 받는 존재들이다. 진정한 성도요 제자요 교회라면 핍박을 두려워하지 않고 인본주의적인 가치관에 의해 세워지는 모든 법, 사회규범과 경제원리, 문화, 예술, 사상, 종교, 철학, 윤리, 과학에 대해 담대히 진리를 외친다.

예수님은 요한복음 13-16장에서 제자들에게 "세상이 나를 핍박한 것같이 너희도 핍박하리라"라고 말씀하신 직후, 멸망의 자식인 가룟 유다를 제외한 제자들을 만물 위에 계신 아버지께 의탁하셨다.

"내가 그들과 함께 있을 때에 내게 주신 아버지의 이름으로 그들을 보전하고 지키었나이다 그중의 하나도 멸망하지 않고 다만 멸망의 자식뿐이오니 이는 성경을 응하게 함이니이다"(요 17:12).

"내가 아버지의 말씀을 그들에게 주었사오매 세상이 그들을 미워하였사오니 이는 내가 세상에 속하지 아니함같이 그들도 세상에 속하지 아니함으로 인함이니이다"(요 17:14).

가룟 유다는 예수께 속한 척 했으나 세상에 속한 자였다. 그는 세상에게 칭찬받으려고 세상과 타협하는 기독교인의 탈을 쓴 자들의 전형이다. 마리아는 온 인류의 구원을 위한 예수님의 죽음을 기념하는 아름다운 영의 예배를 드렸다. 그런데 가룟 유다는 예수님이 인정하신 가장 아름다운 예배를 오히려 육적이며 인본주의적 차원에서 낭비라는 논리로 해석하고 책망하며 가난한 자들에게 인기를 얻으려 했다(요 12:4-6). 또한 그는 정치 세력에게 아첨하며 예수님을 팔았다. 그의 행동은 사탄의 말을 심은 결과다(요 13:2). 구원의 핵심인 십자가의 진리 앞에서는 인본주의와 거짓이 드러나게 되어 있다.

그러나 나머지 제자들은 "내가 세상에 속하지 않은 것같이 저희도 세상에 속하지 않아서 세상으로부터 미움을 받았습니다"라고 예수님이 하늘 아버지께 의탁하시는 축복을 받았다(요 17:14). 그 이유는 예수님이 "내가 아버지의 말씀을 그들에게 주었사오매"라고 인정하신 것처럼 제자들이 아버지의 말씀을 심었기 때문이다.

참 좋으신 예수님은 유언장(요 13-16장) 속에서, 제자들이 세상의 핍박과 미움을 넉넉히 이길 수 있도록 예수님을 사랑하고 제자들이 서로 사랑할 수 있는 결정적인 비밀을 숨겨 놓으셨다. 그것이 바로 "나를 사랑하면 나의 계명을 지키리라"(요 14:15)이다. 예수님은 15절 이후 21, 23, 24절에서 같은 표현을 네 번이나 반복하셨다. 여기서 '지키다'에 해당하는 헬라어는 '테레오'로 '간직하다', '사수하다', '보존하다'라는 뜻이다. 이 책의 핵심 주제 중 하나인 '지키다'에 대해서는 이후에 더 자세히 다루기로 한다.

CHAPTER 06

"아멘 아멘"으로 말씀을 심자

열매 맺는 삶의 핵심을 보여주신 분은 역시 예수님이시다. 나는 2018년 초에 요한복음 전체 암송을 끝내고 복습암송을 하는 동안 예수님이 하늘 아버지께 온전히 순종하실 수 있었던 비밀을 깨달았다. 그 비밀은 '진실로 진실로'라는 표현 속에 담겨 있었고, 이 표현은 요한복음 속의 여러 구절들과 연결되어 있었다. 다른 복음서에는 '진실로'가 한 번 쓰였지만, 요한복음에는 25회나 중복 사용된다.

'진실로 진실로'에 해당하는 히브리어는 '아멘 아멘'이다. 예수님은 제자들에게, 때로는 제사장들과 바리새인들에게 "아멘 아멘" 하며 말씀하셨다. '아만'(지지하다, 신뢰하다)이라는 동사에서 유래한 '아멘'은 구약에서는 일반적으로 '하나님의 말씀에 대한 동의', 또는 '맹세'라는 뜻이다.

진리이신 예수님에 대한 믿음

히브리어 단어들에는 각각의 형성 배경이 있는데, '아멘'도 귀한 배경을 가지고 있다. 갓난아기가 엄마 품에 안겨서 엄마와 하나라는 것을 완전히 믿는 상태를 의미하는 단어가 '아멘'이다. 이 단어의 수동부사는 '에무나'인데, 그 뜻은 '믿음'이다(합 2:4). 또 추상명사는 '에메트'인데, 그 뜻은 '진리'이다(시 25:10). 즉 '진리'와 '믿음'의 히브리어 뿌리가 '아멘'이다.

아멘의 유래와 에무나(믿음), 에메트(진리)라는 단어 속에는 하나님을 어떻게 믿어야 하는지, 어떻게 열매를 맺어야 하는지에 대한 원리가 숨겨져 있다. 갓난아기에게는 어머니의 나이, 이름, 사상 등에 대한 지식이 없다. 하지만 엄마 품에 안겨 있는 순간은 엄마와 완전히 하나라는 믿음 안에서 "아멘!" 하며 평안을 누린다.

영생이시며 진리(에메트)이신 하나님은 머리로 이해할 대상이기 이전에 믿음(에무나)의 대상이시다. 그래서 영생의 말씀을 대할 때는 지식적으로 나아가려는 자아를 부인해야 한다. 오히려 어린아이와 같이 순수한 영으로, 새 부대로 나아가야 한다.

이처럼 진리와 믿음이라는 단어의 뿌리가 '아멘'이라는 것을 통해 하나님은 진리이신 예수님에 대한 믿음은 어린아이와 같은 자세로 나아가야 한다는 것을 말씀해주신다.

"예수께서 보시고 노하시어 이르시되 어린아이들이 내게 오는 것을 용납하고 금하지 말라 하나님의 나라가 이런 자의 것이니라 내가 진실로 너희에게 이르노니 누구든지 하나님의 나라를 어린아이와 같이 받들지 않는 자는 결단코 그곳에 들어가지 못하리라 하시고 그 어린아이들을 안고 그들 위에 안수하시고 축복하시니라"(막 10:14-16).

십자가에서 죽으시고 3일 만에 부활하신 예수님을, 회개를 통해 주인으로 모셔 들인 자는 예수님과 함께 죽었고(갈 2:20), 살았으며(엡 2:5), 만물 위 보좌에 계신 아버지 품속에 안긴 자녀들이 되었다(엡 2:6; 골 3:3; 요 17:21). 그런 우리가 그저 아버지 품에 안겨 있음을 믿고 "아멘" 하는 것이 진리(에메트)이신 예수님에 대한 믿음(에무나)의 표현이다.

그렇다면 예수께서 "진실로 진실로(아멘 아멘) 너희에게 이르노니"라고 두 번이나 반복하신 것은 얼마나 놀라운 표현인가? 첫 번째 아멘은 "내가 진리인 하나님이다"라는 선언이며, 두 번째 아멘은 "하지만 나는 또한 아버지 품에 안겨 있는 아들이다. 그래서 어린아이와 같이 아무것도 스스로 할 수 없다. 아버지께서 명령하시는 대로만 말한다. 행하라고 명령하시는 대로만 행한다"라는 고백이시지 않을까?

"내가 곧 길이요 진리요 생명이니"(요 14:6).

"본래 하나님을 본 사람이 없으되 아버지 품속에 있는 독생하신 하나님이 나타내셨느니라"(요 1:18).

"그러므로 예수께서 그들에게 이르시되 내가 진실로 진실로 너희에게 이르노니 아들이 아버지께서 하시는 일을 보지 않고는 아무것도 스스로 할 수 없나니 아버지께서 행하시는 그것을 아들도 그와 같이 행하느니라"(요 5:19).

"라오디게아교회의 사자에게 편지하라 아멘이시요 충성되고 참된 증인이시요 하나님의 창조의 근본이신 이가 이르시되"(계 3:14).

어린아이처럼 나아가자

진리이신 아들 예수님은 아버지와 본체이시며 아버지 품속에 계신다. 그러나 아버지와 동등 됨을 취할 것으로 여기지 않으시고 종의 형체인 사람의 모양으로 오셔서 죽기까지 순종하셨다(빌 2:5-8).

'아멘'이라는 단어가 갓난아기가 엄마 품에 안겨 있는 배경에서 만들어진 단어이듯이, 아버지의 품속에 계신 독생하신 하나님으로서 이 땅에 오신 예수님은 아버지를 온전히 신뢰하는 믿음을 가지고 "아멘, 아멘!" 하시며 그 무엇도 스스로 하지 않으셨다. 그렇게 아버지께 죽기까지 순종하심으로 우리를 낳으셨다.

"아멘, 아멘" 속에는 우리가 어떠한 순종으로 열매를 맺어야 하는가에 대한 놀라운 섭리가 들어 있다. 회개하고 예수님을 주인으로 모셔 들인 우리도 주님과 함께 죽고 부활하여 만물 위 아버지 품 안에 감추어진 존재다(골 3:3). 그 정체성을 가지고 우리도 이 땅에서 "아무것도 스스로 할 수 없으니 오직 하늘 아버지 품안에 안긴 존재로서 하나님의 말씀대로 말하며 하나님의 말씀대로 행하겠습니다"라고 고백하며 나아가야 한다.

우선 영생의 씨앗인 진리의 말씀을 우리의 작은 머리로 이해해서 섭취하려는 태도를 내려놓자. 갓난아기가 어미젖을 빨듯이 나아가자. 그것이 우리를 품으신, 만물 위에 계신 아버지께 "아멘, 아멘" 하는 태도이다.

"갓난아기들같이 순전하고 신령한 젖을 사모하라 이는 그로 말미암아 너희로 구원에 이르도록 자라게 하려 함이라"(벧전 2:2).

2018년 9월의 어느 날, 한국에서 오신 한 목사님을 만나기 위해 브루클린의 어느 건물 앞에서 목사님을 기다리며 전도하고 있었다. 그런데 한 흑인이 목발을 짚고 천천히 내 앞을 지나가고 있었다.

나는 그 흑인을 만나기 직전에 베드로전서를 암송하며 성령님을 예배하고 있었고, 그 사람이 지나가는 순간에는 "갓난아기들같이 순전하고 신령한 젖을 사모하라"라는 부분을 암송하게 되었다. 그 구절을 암송하던 나는 지나가는 그 흑인에게 전도지를 내밀며 "예수님이 당신의 치료자이십니다"라고 복음을 선포했다. 그러자 그 흑인은 멈춰 섰고 목발을 겨드랑이에 낀 채로 내가 건네주는 전도지를 겸손히 받았다.

그가 다시 길을 가려고 움직이는 순간, 나는 한 발자국 더 그에게 다가가며 "괜찮으시다면, 제가 당신을 위해서 기도해드려도 되겠습니까?"라고 물었다. 그랬더니 그는 다시 멈춰 섰고, 쓰고 있던 모자를 벗으며 "제가 좀 바쁘지만 기도를 받겠습니다"라며 겸손히 나를 향해 고개를 숙였다.

그는 '펄쥐'라고 했다. 나는 '조엘'이라고 소개하고는 그를 위해 기도했다.

"하늘에 계신 우리 아버지, 펄쥐를 주님 손에 올려드립니다. 펄쥐를 치료해주소서. 펄쥐가 치료를 경험하고 하나님을 창조주 구원자로 증거하게 하소서. 아버지, 당신은 펄쥐의 치료자, 위로자, 보호자이십니다. 주 예수 그리스도의 이름으로 기도합니다. 아멘."

기도를 마치자 그는 내 손을 꼭 잡으면서 친근하게 감사의 인사를 표했다. 떠나가는 펄쥐의 뒷모습을 보면서 그를 만나기 직전에 암송했던 베드로전서 2장 2절 말씀과 어린아이와 같이 말씀을 받아들이는 그의 태도가 일치함을 깨달았다.

바로 그 말씀을 암송하는 순간 만난 펄쥐는 다리도 다친 상태이고 바쁘기도 했지만 자신을 내려놓고 "아멘!"하며 어린아이처럼 전도지를 받아들었고, 더 어린아이같이 겸손히 기도를 받았다.

하나님은 겸손한 자에게 은혜를 주신다(벧전 5:5). 어린아이의 겸손을 배우자. 갓난아기가 어미 품에 안겨서 "아멘!" 하는 마음으로 젖을 빨듯이, 말씀을 암송으로 겸손히 먹으며 하나님 앞에서 "아멘, 아멘!" 하자. 만물 위 보좌에 계신 아버지 품에 안기는 믿음과 "나는 아버지께서 말씀하지 않으시면 아무것도 말할 수 없고 행할 수 없습니다"라는 믿음으로 아버지 앞에서 "아멘, 아멘!" 하자.

겸손히 말씀을 심은 사람들

열매를 보면 나무를 알 수 있다. 삶의 열매는 이미 씨앗에서부터 결정된다. 씨앗을 마음 밭에 생명으로 심었는가 아닌가가 삶의 열매를 결정한다. 그런데 그것을 정확히 아시는 분은 하나님 밖에 없다.

회개하고 복음을 믿어야 구원에 이른다. 그런데 그 회개와 믿음은 하나님께서 인정하시는 수준이어야 한다. 회개를 동반한 믿음이 구원받을 만한 믿음인지 아닌지는 주님이 판단하신다. 주님의 판단 기준은 크게 두 가지다.

첫 번째 기준은 열매이다. 삶의 열매를 보면 그의 믿음이 구원받을 만한 믿음인지 아닌지 알 수 있다. 두 번째 기준은 열매의 근원이 되는 씨앗에 해당하는 말씀이다. 말씀을 생명의 씨앗으로 겸손히 심은 자라면 깨끗한 자라고 하신다. 우리 주님은 진정한 삶의 열매를 보기 전이라도, 비록 연약함이라는 열매가 드러날지라도, 그가 말씀을 생명의 씨앗으로 심은 자인지 아닌지 아신다. 연약함의 시간을 보낸 후 성령께 깊이 잠기게 되면 성령의 인도하심을 따라 삶의 열매를 맺을 자라는 것을 벌써 아신다.

요한복음 13장에서는 예수님이 제자들의 발을 씻기시는 장면이

나온다. 거기서 가룟 유다를 제외한 다른 제자들은 다 깨끗한 자라고 말씀하셨다. 제자들, 특히 제자들의 대표적인 베드로는 이 말씀을 하신지 불과 몇 시간 뒤에 예수님을 모른다고 부인하고 저주한다. 다른 제자들은 모두 예수님을 버리고 도망간다. 이런 제자들이 어떻게 깨끗한 자일 수 있는가? 예수님은 이 질문에 대해 명쾌한 답을 주신다.

"너희는 내가 일러준 말로 이미 깨끗하여졌으니"(요 15:3).

예수님은 가룟 유다를 제외한 나머지 제자들이 모두 다 예수님의 말씀을 마음 밭에 겸손히 심은 깨끗한 자들이라고 인정하셨다. 예수님은 베드로가 생명의 씨앗인 말씀을 심은 것과 그의 나중 삶도 꿰뚫어 보고 계셨다. 비록 잠시 뒤에 예수님을 부인하고 저주할 것이지만, 훗날 어떠한 죽음으로 하나님께 영광을 돌릴 것인지도 아셨다(요 21:19).

요한복음 17장 6절에서 예수님은 "그들은 아버지의 것이었는데 내게 주셨으며 그들은 아버지의 말씀을 지키었나이다"라고 만물 위에 계신 아버지께 말씀하셨다. 앞에서도 말한 바와 같이 여기에서 '지켰다'의 헬라어는 '테레오'로 '간직하다', '사수하다', '보존하다'라는 뜻이다.

아직 성령의 세례가 임하지 않았기에 아버지의 나라가 십자가의 죽음과 부활을 통해 이루어질 것을 모르는 제자들이다. 그러나 예수님은 제자들이 성령의 열매의 근원에 해당하는 생명의 씨앗인 말씀을 심은 자들로 인정해주셨다.

예수님 옆에 못 박혔던 한 강도도 마찬가지다. 그는 예수님으로부터 "오늘 네가 나와 함께 낙원에 있으리라"(눅 23:43)라는 구원의 은총을 받았다. 그가 강도짓으로 십자가형을 받게 된 것을 보면 하나님을 주인으로 섬기는 삶을 살지 않았음이 분명하다. 이제 죽음을 앞에 둔 그가 행함의 열매를 보여줄 나머지 삶을 허락받은 것도 아닌데, 어떻게 죽기 직전에 극적으로 구원에 이르는 믿음을 소유하게 된 것일까? 열쇠는 창조주 구원자이신 예수님이 가지고 계신다.

예수님은 그 강도가 불과 몇 분 전까지는 십자가에 못 박힌 채로 예수님을 같이 욕했으나, 나중에 회개함으로써 예수님이 하신 말씀들을 겸손히 받아들인 것을 인정하셨다(막 15:32; 눅 23:40-43).

예수님 옆에 달린 강도와 같이 삶의 열매를 보여줄 시간이 충분히 허락되지 않은 초신자 같은 사람들, 연약한 사람들이 갑작스런 죽음을 맞는다면 그들의 구원은 어떻게 되는 것일까? 그들이 예수님의 말씀을 생명의 씨앗으로 심었는지 심지 않았는지는 주님이 평가하신다. 그러니 열매가 없는 삶을 사는 것 같은 사람이라도 함부로 "당신 삶의 열매를 보니, 당신은 구원받지 못했어!"라고 말해서는 안 된다. 그의 영혼 가운데 생명의 말씀이 심겨졌으나 아직은 열매를 맺지 못하는 시기일 수 있기 때문이다.

"입법자와 재판관은 오직 한 분이시니 능히 구원하기도 하시며 멸하기도 하시느니라 너는 누구이기에 이웃을 판단하느냐"(약 4:12).

그가 구원에 속한 자인지 아닌지를 판단하시는 주권은 오직 하나님만이 소유하고 계신다. 우리가 하나님의 자리에 함부로 앉아서는 안 된다. 그러나 이것을 이용해서 방종하는 태도도 위험하다. 또한 이것이 반복되는 죄를 짓는 미성숙함을 합리화하는 차원에서 모든 이들에게 반영되는 교리가 되어도 안 된다. 그렇게 합리화한다는 것은 구원받을 만한 믿음이 아님을 스스로 증명하는 것이다.

"이 술(옷단의 술)은 너희가 보고 여호와의 모든 계명을 기억하여 준행하고 너희를 방종하게 하는 자신의 마음과 눈의 욕심을 따라 음행하지 않게 하기 위함이라"(민 15:39).

반복되는 죄가 있다면, 우리가 진정으로 생명의 씨앗인 말씀을 심은 것인지 주께 여쭙고 겸손히 회개함으로 나아가야 한다. 반복되는 죄가 있으면서도 하나님께서 주신 믿음이 아닌, 자신의 신념만으로 섣불리 구원을 확신하지 말아야 한다.

가룟 유다도 다른 제자들과 다름없이 모세오경을 읽고 암송하며 여호와 하나님을 예배하는 자였을 것이다. 그는 토라의 실체로 오신 예수님의 말씀을 다른 제자들과 똑같이 들었다. 그러나 그는 예수님의 말씀을 생명의 씨앗으로 겸손히 심지 않았다.

예수님이 온 인류를 위한 대속적 죽음의 살에 해당하는 빵을 떼어

주시는 것을 먹었음에도 불구하고, 오히려 유다는 "예수를 팔아넘겨라"라는 사탄의 말을 마음에 심었다(요 13:2, 26, 27). 사망을 심은 것이다. 그는 하나님의 자리에 오르려 했던 사탄의 말을 쉽게 받아들였다. 그것은 자신 마음의 의자에 자신이 앉아 있었다는 것을 증명한다.

교만한 가룟 유다의 마음 밭에는 예수님의 말씀이 들어가 있을 곳이 없었다. 예수님이 유대인들에게 "나도 너희가 아브라함의 자손인 줄 아노라 그러나 내 말이 너희 안에 있을 곳이 없으므로 나를 죽이려 하는도다"(요 8:37)라고 말씀하신 것과 같은 이치다. 유대인들도 예수님을 죽일 생각을 품었다. 그들 마음속에 예수님의 말씀이 거할 곳이 없었기 때문이다.

하나님의 입으로부터 나오는 말씀을 영생의 씨앗으로 알고 겸손히 좋은 땅에 심자. 쉐마의 명령 그대로 말씀을 새기며 예수님을 사랑하며 예배하자. 그러면 말씀을 통해 주께서 우리 마음 안의 길가 밭을 기경하시고, 흙이 얇은 돌밭을 기경하시며, 가시떨기 밭을 기경하실 것이다. 그러면 우리 마음 밭이 좋은 땅이 되고, 그 좋은 땅에 말씀이 뿌려지고 심겨지게 된다. 그래서 우리가 밤낮 자고 깨는 중에도 알지 못하는 가운데 주께서 우리 마음 밭에서 씨가 자라게 하고 열매를 맺게 하신다(막 4:26-29).

말씀은 영이시다. 예수님의 말씀이 마음 안에 심겨진 자는 영으로

인 처진 자다. 그래서 예수께서 "너희가 내 말에 거하면 참으로 내 제자가 되고"(요 8:31)라고 하셨다. 예수님의 심판의 근거는 '말씀이 심겨졌는가, 심겨지지 않았는가'의 차원이다(요 12:48).

심판을 피할 수 있는 신앙, 회개하고 예수님을 주인으로 모셔 들이는 신앙, 영생의 씨앗인 말씀을 심는 신앙을 가지려면 어떻게 해야 하는지 궁금해하는 사람들이 많다. 예수님은 이미 진리를 선포해주셨다. 자기를 부인하고, 자기 십자가를 지고, 그분을 따르면 된다(마 16:24).

자기부인은 예수님과 함께 죽는 것이다. 이는 의지적인 자기억제가 아니다. 단순히 내가 계산할 수 있는 죄를 고백하는 차원이 아니라, 존재적으로 이미 죽은 자임을 아는 것이다.

우리가 체험적 앎으로 "나는 죄로 말미암아 하나님과 분리되어 이미 죽은 자구나!"라는 것을 존재적으로 인식하는 순간, 예수님과 함께 죽게 된다. 그것이 회개와 자기부인의 첫걸음이다. 그런 후에도 썩을 육신을 입고 있기에 끝없이 솟아오르는 자아의 습관, 그것이 죽은 것임을 선포해야 한다.

성령께서 활동하신 것을 기록한 성경, 성령께서 기록하신 성경말씀을 계속해서 암송으로 마음에 심으면서 자아를 부인하며 성령님을 향하자. 그것이 지속적으로, 존재적으로 드리는 회개다.

자아를 끊임없이 부인하고, 기록된 성경을 암송으로 마음에 심으며 성령님을 예배할 때, 성령께서 우리를 생수의 강에 잠기게 하신다. 간단하다. 성령께 잠기기 위해서는 말씀에 잠겨야 하고, 말씀에 잠기기 위해서는 지속적으로 심어야 한다.

성령을 좇아 행하는 삶

나는 멘토링 하고 있는 한 청년에게 자아를 부인하며 성령을 좇아 행하는 삶에 대해 말해주었다. 그와 주고받은 이야기가 본문을 보다 쉽게 이해하는 데 도움이 될 듯해 요약해서 소개한다.

◇◇
지 목사 "자기의 생명을 사랑하는 자는 잃어버릴 것이요 이 세상에서 자기의 생명을 미워하는 자는 영생하도록 보전하리라"(요 12:25).

예수님의 이 말씀에는 'it'이라는 대명사가 두 번이나 생략되어 있어. 이 구절을 영어로 표기해보면, "Whoever loves his life loses it, and whoever hates his life in this world will keep it for eternal life"가 되지. 그리고 이 구절에는 '생명'(life)이 두 번 나오는데, 헬라어 원어로는 두 개의 다른 단어가 사용되었어. 이 사항들에 주의해서 다시 번역해보면 이렇지. 한 번 들어봐.

"자기의 혼적 생명(헬, 추케이)을 사랑하는 자는 그 혼적 생명(헬, 츄케이)을 잃어버릴 것이요 이 세상에서 자기의 혼적 생명(헬, 추케이)을 미워하는 자는 영생(헬, 조오에)하도록 그 혼적 생명(헬, 츄케이)을 보존하리라."

내용이 더 선명해졌지? 그러면 예수님이 혼적 생명을 미워해야 영생하도록 혼적 생명이 보존된다고 말씀하신 뜻이 무엇인지 생각해보자. 그것을 알기 위해서는 먼저, 예수님이 어떤 상황에서 이 말씀을 선포하셨는지 알아야 해. 이 구절과 평행본문인 마태복음 16장 24,25절 속에 답이 있지.

"이에 예수께서 제자들에게 이르시되 누구든지 나를 따라오려거든 자기를 부인하고 자기 십자가를 지고 나를 따를 것이니라 누구든지 제 목숨을 구원하고자 하면 잃을 것이요 누구든지 나를 위하여 제 목숨을 잃으면 찾으리라."

베드로는 예수님이 메시아이심을 정확히 알고 "주는 그리스도이십니다"라고 고백했어. 그러나 예수께서 자신이 죽을 것이라고 하자 바로 "그리 마옵소서"(죽지 마옵소서)라며 온 인류를 구원하고자 죽기 위해 오신 예수님의 길을 막아섰지. 그래서 예수께서 "사탄아! 물러가라!" 하시고, "네가 하나님의 일(영)을 생각하지 않고 사람의 일(혼적인 것)을 생각한다"라고 하셨어.

인간은 하나님에 대한 정확한 지식을 가지고도 하나님(영)의 일을 막아설 수 있어. 그런 지식은 혼적인 생명에서 나온 것이 분명해. 베드로는 예수님을 메시아로 정확히 알아봤지만 자기 혼적 생명으로 안 것이기 때문에 그 정답을 가지고도 "메시아는 죽으시면 안 됩니다"라며 죽으러 오신 예수님의 인류 구원의 길을 막아서게 된 거야.

아무리 정확한 지식이라도 하나님의 일(영의 일), 즉 십자가와 충돌되는 지식이라면 그것은 영의 지식이 아니라 혼적 생명임을 입증하는 것이지.

바로 그때 예수께서 "나(영이신 하나님)를 따르려면 자기(혼적 생명)를 부인하고 자기 십자가를 지고 나를 좇을 것이니라"라고 하셨어. 베드로가 정답을 가지고도 그런 행동을 한 것은 그가 아직 성령세례를 체험하지 못했기 때문이야. 성령(거룩한 영, 영적 생명을 주시는 영)께 잠기지(baptize) 않았기 때문이지. 그래서 나중에 성령세례를 체험한 베드로는 이렇게 말했어.

"갓난아기들같이 순전하고 신령한 젖을 사모하라 이는 그로 말미암아 너희로 구원에 이르도록 자라게 하려 함이라"(벧전 2:2).

영이신 말씀은 혼적 생명(지식 차원)으로 먹는 게 아니야. 갓난아기는 엄마나 젖에 대해 분석하지 못하지만, 엄마 품에 안겨서 엄마와 하나가 되는 것에 대한 믿음을 가지고 있지. 아기는 엄마를 분석하려 하거나 젖을 분석하려고 빠는 것이 아니야. 혼적 지식으로 나아가는 것이 무조건 틀렸다는 것이 아니라 우선순위에 문제가 있다는 말이지.

하나님은 영(요 4:24)이시고, 아담도 하나님의 형상(영적 존재)으로 지음을 받았어. 그래야 영이신 하나님과 교제할 수 있기 때문이지. 그러나 죄를 지은 아담은 하나님의 형상(영)이 죽어서 자신의 혼적 생명으로 살아가는 존재가 되었어. 그러나 하나님께서는 구원하시겠다는 복음의 말씀(말씀=영, 요 6:63, 요일 5:6)으로 창세기 3장 15절을 주셨지. 그리고 그 복음을 더 구체적으로 표현해주셨어. 가죽옷을 지어 입히심으로 가죽옷 속의 그리스도(가죽은 짐승을 죽여서 만든 것, 살점이 뜯기고 피를 흘림=그리스도를 상징)를 말씀해주셨어(창 3:21). 아담은 죄로 인해 혼적 생명으로 살아가는 존재가 되었지만, 창세기 3장 15절이라는 복음 말씀(영)과 21절에서 보이신 가죽옷 속의 그리스도(영이신 하나님)를 믿음으로 다시 영적 생명으로 하나님과 교통하게 되었을 거야.

창세기 3장 15절과 '가죽옷 속의 그리스도'라는 아이디어는 아담이 지식적으로 뭘 깨달아서 하나님께 기도했기에 하나님께서 주신 것이 아니야. 하나님께서 일방적으로 결정하셔서 알려주셨어. 하나님은 인간의 지식을 초월하는 분이시라는 것이 성경의 가장 중요한 사상이야.

청년 지 목사님, 자세한 설명 정말 감사해요! 다 이해했어요. 하지만 아직은 혼적 지식을 포기하거나 미워하기가 정말 쉽지 않은 것 같아요. 주께 더 여쭤볼게요. 정말 혼적 지식을 미워하는 것이 하나님의 뜻이라면 그렇게 따라야죠.

하지만 지금까지는 혼적 지식도 개인의 신앙생활과 공동체를 위해 유익했던 것 같아서 아직 그것을 포기해야 한다는 것에 대한 확신이 없어요. 더 주께 여쭤보고 성경을 살필게요! 많이 도와주셔서 감사해요.

지 목사 그래. 네가 다 이해했다니 기쁘네. 기도할게. 내 생각에는, 네가 '혼적 지식을 미워하는 것이 하나님의 뜻이라면?'이라는 표현을 한 것에 대해, 하나님은 이미 요한복음 12장 25절, 마태복음 16장으로 답을 주셨다고 봐.

그리고 그것을 네가 이해했다고 했기 때문에, '그게 하나님의 뜻인가요?'라는 질문보다는, '그것을 내가 믿음으로 받아들이게 해주세요'라는 기도가 필요한 것 같아. 그 기도와 더불어 낱권별 암송기도로 먼저 진리의 영을 예배하는 변화를 가져봐.

성경을 이해하는 게 먼저인 신앙의 모습에서 벗어나서, 그저 어린아이같이 소리 내어 읽고 암송하며 진리의 영을 예배해봐. 예수님을 비롯해서 성경의 모든 저자들은 어린아이가 젖을 빨듯이, 그저 모세오경을 암송하며 하나님을 사랑하고 예배했지.

네가 알다시피 이스라엘에게는 '쉐마'(신 6:4-9)가 가장 기본 정체성이잖아. 쉐마를 잘 읽어보면, 이스라엘에서는 여호와 하나님을 사랑(예배)하려면 부모가 먼저 모세오경을 소리 내어 암송하며 새겨야 했고(히, 하야), 그것(암송)을 자녀들에게 가르쳐야(히, 샤난) 했지. 공부하라는 가르침이 아니라, 모세오경의 글자들의 소리를 가르쳤어.

주전 15세기 경 모세오경이 처음 기록될 때는 자음만으로 기록되었잖아. 자음만 기록한 첫 세대는 이미 암송으로 구전되던 것을 기록한 것이기에, 자음만 있어도 모세오경을 다 읽을 수 있었지. 하지만 그 다음세대들은 읽을 수가 없었어. 그래서 부모에 의해서 자음만 있는 모세오경을 암송하도록 가르침을 받아야 했지.

주후 7세기까지, 그러니까 적어도 2,100년 동안은 자음만으로 기록된 모세오경과 구약을 소리 내어 암송하는 방법 외에는 그 말씀을 간직하고 사수(히, 샤마르)할 수 없었지. 왜 하나님께서 이스라엘 백성에게 모세오경 암송을 쉐마 신앙으로 주신 것일까?

그렇게 최소한 2,100년 동안 길게는 지금까지 3,500년 동안 모세오경 및 구약이 간직·사수·보존되어야 했던 이유는, 성경이 여호와 하나님 곧 주 예수 그리스도께서 창조주이심과 구원자이심을 증거하는 책이기 때문이야. 그렇게 간직되어지고 보존된 성경은 법정에도 제출할 수 있을 정도로 확실한 증거지. 그렇기에 끝까지 보존되어 우리에게 전달되어져야 했지.

성경을 공격하는 여러 가지 움직임들로 인해 성경 자체가 위협을 받고 있는 이 시대에 성경을 사수하고 보존하는 신앙이 얼마나 중요한지를 알게 해주는 이야기야.

이스라엘은 모세오경 전체를 간직하고 사수하기 위해서 4-13세까지는 모세오경 전체를 암송해야만 했어. 그것은 이해가 먼저가 아니라, 우선 암송하며 쉐마 신앙으로 하나님을 사랑하도록 하시는 하나님의 놀라운 뜻이었지.

그러나 베드로는 모세오경을 암송하는 신앙이었지만, 성령세례를 받기 전에는 인류 구원의 길인 예수님의 죽음을 막아섰어. 그게 다 지식 차원에서 성경을 알았기 때문이야.

특히 가룟 유다 같은 사람은 유대 나라 해방 운동에 열정을 다했던 사람이지만, 자신의 해방 운동을 위해 예수님을 팔아넘겼어. 지금 한국에도 통일을 위한 하나님나라 운동을 부르짖는 사람들 중에 가룟 유다적으로 말하는 사람들이 있어.

마리아가 향유옥합을 깨뜨려 드리자, 가룟 유다는 "가난한 자들에게 줄 수 있었겠도다"라고 하면서 여자를 책망했어. 하지만 성경은 "저는 도둑이라 돈궤를 맡았으므로 거기 넣는 것을 훔쳐감"이라고 말하지(요 12:4-6). 그는 자기 지식적 차원으로 유대 나라의 회복운동을 위해 뛰는 사람이었는데, 자기 사상을 위해서는 사람들에게서 모은 돈도 함부로 쓰는 사람이었던 거야.

이에 대해 예수님은 "가만 두라 너희가 어찌하여 그를 괴롭게 하느냐 그가 내게 좋은 일을 하였느니라 가난한 자들은 항상 너희와 함께 있으니 아무 때라도 원하는 대로 도울 수 있거니와 나는 너희와 항상 함께 있지 아니하리라 그는 힘을 다하여 내 몸에 향유를 부어 내 장례를 미리 준비하였느니라 내가 진실로 너희에게 이르노니 온 천하에 어디서든지 복음이 전파되는 곳에는 이 여자가 행한 일도 말하여 그를 기억하리라 하시니라"라고 하셨어(막 14:6-9).

예수님은 가난한 자들을 생각한다면서 세상의 계산 논리로 뭔가를 낭비하는 것 같은 교회들을 비판하는 가룟 유다의 사상이 오히려 가짜라고 하셔. 큰 낭비를 하는 것 같지만 마리아의 행위와 같이 주의 복음을 위한 행동을 '거룩한 헌신'이라고 하시지. 그런데 지금 한국에서는 가룟 유다 사상이 오히려 인기가 있는 거 같아. 청년들이 거기에 많이 속고 있지.

예수님이 복음이 전파되는 자리마다 마리아의 행위를 기념하라고 말씀하신 것은 마리아의 행위가 오히려 십자가의 죽음과 관련이 있기 때문이야. 이 사건 바로 뒤에 가룟 유다는 예수님을 팔기로 작정하게 되지(막 14:10,11).

그래서 예수님은 새 포도주는 새 부대에 넣어야 한다고 하시면서, 모세오경을 암송한 사람들조차도 바리새적으로, 사두개적으로, 열심당(가룟 유다가 속한 곳)적으로, 자기 구원 사상을 가지고 있는 사람들의 지식적 시스템을 계속 책망하셨어.

"천지는 없어지겠으나 내 말은 없어지지 아니하리라"(막 13:31).

처음 하늘과 처음 땅도 사라지는데, 하물며 썩을 육신을 가진 우리가 지식적으로 뭘 좀 알았다고 하면서 자기의 확고한 신념에 묶여 있으면 많이 위험해. 오직 말씀만이 영원하시니, 그 영원한 말씀을 혼적으로가 아니라 어린아이와 같이 대하며 끊임없이 그 앞에 나아가야 하지.

내가 영의 말씀을 살피는 것이 아니라 영이신 말씀이 나를 살피시게 해야 해. 내 혼적 생명을 내어드리는 자기부인의 암송으로 성령님을 예배하는 것이 중요한 것 같아.

새 하늘과 새 땅을 기다리자. 베드로도 성령세례를 받은 후 "하나님의 날이 임하기를 바라보고 간절히 사모하라 그 날에 하늘이 불에 타서 풀어지고 물질이 뜨거운 불에 녹아지려니와 우리는 그의 약속대로 의가 있는 곳인 새 하늘과 새 땅을 바라보도다"(벧후 3:12,13)라고 선포했지.

당연히 부활하신 예수님의 몸을 닮은, 썩지 않을 부활 생명을(빌 3:20,21) 가지고 누릴 세상은 지금의 처음 하늘과 처음 땅이 아니라 새 하늘과 새 땅이지. 새 예루살렘 성은 위에서 내려오게 되어 있어.

"일곱 대접을 가지고 마지막 일곱 재앙을 담은 일곱 천사 중 하나가 나아와서 내게 말하여 이르되 이리 오라 내가 신부 곧 어린양의 아내를 네게 보이리라 하고 성령으로 나를 데리고 크고 높은 산으로 올라가 하나님께로부터 하늘에서 내려오는 거룩한 성 예루살렘을 보이니 하나님의 영광이 있어 그 성의 빛이 지극히 귀한 보석 같고 벽옥과 수정같이 맑더라"(계 21:9-11).

그런데 한국에는 지금의 이 처음 하늘과 처음 땅에서 우리가 완성해야 될 것처럼 말하는 지도자들의 가르침에 속고 있는 청년 세대들이 많아. 나는 그 모습이 너무 안타까워. 성경은 지식을 위해서 주신 책이기 이전에 믿음을 위해서 주신 책이야. 네가 먼저 성경을 살피려는 자아를 내려놓고 성경의 저자이신 성령께 계속 어린아이와 같이 암송으로 예배해 봐. 놀라운 일이 일어날 거야.

이스라엘에는 '하가'와 '하브루타'라는 것이 있어. '하가'(시 1:2; 수 1:8)는 '묵상'(잠잠히 생각하는 것)이라고 잘못 번역이 되었지만, 히브리어의 대가이신 교수님이 가르쳐주신 바에 의하면 '하가'는 성경을 암송해서 소리를 낸다는 의미야.

'하브루타'는 '하베르'(친구)라는 단어에서 파생되었는데, 상대방과 일대

일로 암송하고 있는 토라에 대해 토론하는 것을 말하지. 요즈음 한국에도 하브루타 붐이 일어나고 있지만, 많은 사람들이 중요한 것은 놓치고 있어. 그들이 모세오경을 암송했던 전통과 같이 낱권별로 암송했던 것은 따르지 않고, 그저 지식적 차원에서 토론하는 것만 강조하지. 유대인들이 하브루타의 재료로 삼는 것이 모세오경 암송인데 말이야.

청년 지 목사님, 정말 감사합니다. 낱권별 암송에 도전해보겠습니다. 기도해주세요.

청년과 이 대화를 나눈 후 약 1개월 뒤에 그 청년에게서 다음과 같은 문자가 왔다.

청년 한참 걸렸지만 이번 주에 요한일서 암송을 다 마쳤어요~~ ^^

지 목사 너무 고맙다, 잘 따라줘서. 요한일서를 계속 반복하며 성령님을 어린아이같이 예배하렴. 그러다 보면 장기 기억에 넘겨지지. 그러면서 다른 성경도 서서히 새롭게 암송해 봐. 복습암송을 하면서 새롭게 암송되는 책들을 늘려 가며 성령님을 사랑하다 보면, 천국 복음이 더 확실히 열리게 되리라 믿는다. 축복해!

청년 네. 요즈음 매일 반복하고 있어요. 장기 기억으로 넘어갈 때까지 반복해야죠~~

지 목사 할렐루야! 너 참 귀하다. 요한일서를 반복하면서 베드로전후서와 야고보서를 시도해보면 좋을 거 같아. 예수님께서 특별히 사랑하신 세 제자, 베드로, 야고보, 요한! 그 후에 마가복음이나 요한복음도 시도해보면 좋을 듯해.

청년 예, 알겠습니다. 감사합니다.

PART

2

말씀 씨앗을
심다

이는 그들에게 증거가 되려 함이라 … 사람들이 너희를 끌어다가 넘겨줄 때에 무슨 말을
에 너희에게 주시는 그 말을 하라 말하는 이는 너희가 아니요 성령이시니라 형제가 형제
들이 부모를 대적하여 죽게 하리라 또 너희가 내 이름으로 말미암아 모든 사람에게 미움
을 받으리라 너희는 스스로 조심하라 사람들이 너희를 공회에 넘겨주겠고 너희를 회당에서
자들과 임금들 앞에 서리니 이는 그들에게 증거가 되려 함이라 … 사람들이 너희를 끌어
려하지 말고 무엇이든지 그때에 너희에게 주시는 그 말을 하라 말하는 이는 너희가 아니요
자식을 죽는 데에 내주며 자식들이 부모를 대적하여 죽게 하리라 또 너희가 내 이름으로 말
가 끝까지 견디는 자는 구원을 받으리라 너희는 스스로 조심하라 사람들이 너희를 공회에
나로 말미암아 너희가 권력자들과 임금들 앞에 서리니 이는 그들에게 증거가 되려 함이
에 무슨 말을 할까 미리 염려하지 말고 무엇이든지 그때에 너희에게 주시는 그 말을 하
라 형제가 형제를, 아버지가 자식을 죽는 데에 내주며 자식들이 부모를 대적하여 죽게 하
사람에게 미움을 받을 것이나 끝까지 견디는 자는 구원을 받으리라 너희는 스스로 조심하
희를 회당에서 매질하겠으며 나로 말미암아 너희가 권력자들과 임금들 앞에 서리니 이는
너희를 끌어다가 넘겨줄 때에 무슨 말을 할까 미리 염려하지 말고 무엇이든지 그때에
너희가 아니요 성령이시니라 형제가 형제를, 아버지가 자식을 죽는 데에 내주며 자식들이
내 이름으로 말미암아 모든 사람에게 미움을 받을 것이나 끝까지 견디는 자는 구원을 받
희를 공회에 넘겨주겠고 너희를 회당에서 매질하겠으며 나로 말미암아 너희가 권력자들
가 되려 함이라 … 사람들이 너희를 끌어다가 넘겨줄 때에 무슨 말을 할까 미리 염려하지
그 말을 하라 말하는 이는 너희가 아니요 성령이시니라 형제가 형제를, 아버지가 자식을
하여 죽게 하리라 또 너희가 내 이름으로 말미암아 모든 사람에게 미움을 받을 것이나 끝
스스로 조심하라 사람들이 너희를 공회에 넘겨주겠고 너희를 회당에서 매질하겠으며 나로
서리니 이는 그들에게 증거가 되려 함이라 … 사람들이 너희를 끌어다가 넘겨줄 때에 무슨
그때에 너희에게 주시는 그 말을 하라 말하는 이는 너희가 아니요 성령이시니라 형제가
자식들이 부모를 대적하여 죽게 하리라 또 너희가 내 이름으로 말미암아 모든 사람에게
구원을 받으리라 너희는 스스로 조심하라 사람들이 너희를 공회에 넘겨주겠고 너희를 회
권력자들과 임금들 앞에 서리니 이는 그들에게 증거가 되려 함이라 … 사람들이 너희를
리 염려하지 말고 무엇이든지 그때에 너희에게 주시는 그 말을 하라 말하는 이는 너희가
지가 자식을 죽는 데에 내주며 자식들이 부모를 대적하여 죽게 하리라 또 너희가 내 이름으
것이나 끝까지 견디는 자는 구원을 받으리라 너희는 스스로 조심하라 사람들이 너희를 공회
으며 나로 말미암아 너희가 권력자들과 임금들 앞에 서리니 이는 그들에게 증거가 되려
때에 무슨 말을 할까 미리 염려하지 말고 무엇이든지 그때에 너희에게 주시는 그 말을 하
라 형제가 형제를, 아버지가 자식을 죽는 데에 내주며 자식들이 부모를 대적하여 죽게 하
사람에게 미움을 받을 것이나 끝까지 견디는 자는 구원을 받으리라 너희는 스스로 조심하
희를 회당에서 매질하겠으며 나로 말미암아 너희가 권력자들과 임금들 앞에 서리니 이는
너희를 끌어다가 넘겨줄 때에 무슨 말을 할까 미리 염려하지 말고 무엇이든지 그때에
너희가 아니요 성령이시니라 형제가 형제를, 아버지가 자식을 죽는 데에 내주며 자식들이
내 이름으로 말미암아 모든 사람에게 미움을 받을 것이나 끝까지 견디는 자는 구원을 받
희를 공회에 넘겨주겠고 너희를 회당에서 매질하겠으며 나로 말미암아 너희가 권력자들
가 되려 함이라 … 사람들이 너희를 끌어다가 넘겨줄 때에 무슨 말을 할까 미리 염려하지
그 말을 하라 말하는 이는 너희가 아니요 성령이시니라 형제가 형제를, 아버지가 자식을
하여 죽게 하리라 또 너희가 내 이름으로 말미암아 모든 사람에게 미움을 받을 것이나 끝
스스로 조심하라 사람들이 너희를 공회에 넘겨주겠고 너희를 회당에서 매질하겠으며 나로
서리니 이는 그들에게 증거가 되려 함이라 … 사람들이 너희를 끌어다가 넘겨줄 때에 무슨
그때에 너희에게 주시는 그 말을 하라 말하는 이는 너희가 아니요 성령이시니라 형제가
자식들이 부모를 대적하여 죽게 하리라 또 너희가 내 이름으로 말미암아 모든 사람에게
구원을 받으리라 너희는 스스로 조심하라 사람들이 너희를 공회에 넘겨주겠고 너희를 회
권력자들과 임금들 앞에 서리니 이는 그들에게 증거가 되려 함이라 … 사람들이 너희를
리 염려하지 말고 무엇이든지 그때에 너희에게 주시는 그 말을 하라 말하는 이는 너희가
지가 자식을 죽는 데에 내주며 자식들이 부모를 대적하여 죽게 하리라 또 너희가 내 이름

CHAPTER 07

씨앗이 핵심이다

열매는 일시적인 배부름과 지속적인 배부름을 동시에 가져다준다. 배고픈 자에게는 당장의 먹거리가 되어주기도 하고, 열매를 먹고 남겨진 씨를 심으면 또 다른 나무들이 생겨 수많은 열매를 맺게 한다. 그렇게 태어난 수많은 열매들은 또 그 수만큼의 사람들에게 배부름을 주며, 그 열매 속의 씨들을 심으면 기하급수적으로 많은 나무들로부터 수많은 열매를 만들어낼 수 있다. 이것이 단 하나의 씨앗으로부터 이루어진다. 즉, 열매 맺는 삶의 핵심은 씨앗에 있다.

말씀이신 하나님께서 사람으로 오사 이 땅에 한 알의 씨앗으로 심겨지셨다. 그리고 생명의 씨앗으로 오신 예수님은 아버지의 일을 온전히 이룸으로 양식을 섭취하시며 아버지를 영화롭게 하셨다.

"예수께서 이르시되 나의 양식은 나를 보내신 이의 뜻을 행하며 그의 일을 온전히 이루는 이것이니라"(요 4:34).

"아버지께서 내게 하라고 주신 일을 내가 이루어 아버지를 이 세상에서 영화롭게 하였사오니"(요 17:4).

아버지 뜻의 핵심은 '십자가'였다. 예수님은 십자가에서 죽으셨다. 말씀이신 분이 실제적인 죽음으로 이 땅에 자신을 심으셨다. 그리고 '부활'이라는 새 생명나무로 '죽음'이라는 땅을 뚫고 나오셨고, '승천'하셔서 '보좌'에 오르셨다. 그러나 예수님은 혼자만 올라가지 않으셨다.

십자가 앞에서 회개하고 예수님을 주인으로 모셔 들인 성도들의 옛 생명을 죽이셨고(고후 5:14), 모든 믿는 자들의 영을 함께 만물 위 보좌로 들어 올리셨다. 그리고 생명수 강가에 성도들을 심으셨고(엡 2:5,6; 계 22:1), 다시 세상 속으로 파송하셨다. 예수님이 생명의 밀알로 이 땅에 오신 것을 닮도록 우리를 또 다른 생명의 씨앗으로 보내셨다.

"예수께서 또 이르시되 너희에게 평강이 있을지어다 아버지께서 나를 보내신 것같이 나도 너희를 보내노라"(요 20:21).

말씀 사수로 하나님을 사랑하자

나는 1997년에 복음의 핵심인 연합의 진리를 경험적으로 깨달았다. 그러자 성령님은 열매의 근원이 되는 씨앗, 즉 말씀을 잘 심는 것이 열매 맺는 삶을 이루는 복음적인 방법이라고 알려주셨다. 그리고 정확히 그 방법으로 나를 인도하셨다.

그때로부터 22년 동안 말씀을 심는 차원의 암송으로 예수님을 사랑하고 있다. 주님은 씨앗인 '말씀'이 마음에 잘 심겨지는 만큼 '행함'이라는 열매가 맺히는 것을 경험하게 해주셨다.

회개하고 예수님을 주인으로 모셔 들인 우리는 가지로서 포도나무이신 예수님과 생명으로 연합되어 있다. 포도나무에 붙어있는 가지는 열매를 맺으려고 노력하지 않아도 열매가 맺히는 은혜를 누린다. 우리가 그저 주님께 생명(Life)으로 연합되었다는 진리를 믿고 누리면 삶(Life)의 열매가 맺히는 것을 체험하게 된다.

열매 맺는 삶을 위한 연합의 진리를 누리려면 어떻게 해야 할까? 이미 연합을 이루신 그분을 사랑하면 된다. 어떻게 사랑해야 할까? 하나님을 사랑하는 방법은 하나님께서 친히 정해놓으셨다. 우리는 하나님의 뜻대로 그분을 사랑해야 한다.

"너희가 나를 사랑하면 나의 계명을 지키리라"(요 14:15).

예수님을 사랑하는 것과 계명을 지키는 것은 떼려고 해도 뗄 수 없는 관계다. 여기서 '지키다'라는 말은 암송으로 새기는 것, '쉐마'(신 6:4-9)를 뜻한다. 쉐마에서는 '사랑하라' 하셨고, 그 첫 번째 방법으로 '말씀을 새기라'라고 명령하셨다.

우리는 쉐마에 순종해야 한다. 쉐마는 한마디로 주야로, 수시로 암송하라는 명령이다. 여호수아 1장 8절은 쉐마의 요약이다. 선택받은 이스라엘 백성은 쉐마를 가장 중요한 정체성으로 여기고, 토라를 목숨처럼 여겨 간직하고 사수했다(헬, 테레오).

"이스라엘아 들으라 우리 하나님 여호와는 오직 유일한 여호와이시니 너는 마음을 다하고 뜻을 다하고 힘을 다하여 네 하나님 여호와를 사랑하라 오늘 내가 네게 명하는 이 말씀을 너는 마음에 새기고 네 자녀에게 부지런히 가르치며 집에 앉았을 때에든지 길을 갈 때에든지 누워 있을 때에든지 일어날 때에든지 이 말씀을 강론할 것이며 너는 또 그것을 네 손목에 매어 기호를 삼으며 네 미간에 붙여 표로 삼고 또 네 집 문설주와 바깥 문에 기록할지니라"(신 6:4-9).

"이 율법책을 네 입에서 떠나지 말게 하며 주야로 그것을 묵상하여 그 안에 기록된 대로 다 지켜 행하라 그리하면 네 길이 평탄하게 될 것이며 네가 형통하리라"(수 1:8).

여호수아 1장 8절에 '지켜'와 '행하라'로 구분지어 표현된 것에 주의해야 한다. '지켜'의 히브리어는 '샤마르'(간직하다, 사수하다)로서 쉐마의 '새기다'와 관련이 있는 단어다. 간직하고 사수하려면 암송으로 새겨야 한다.

우리는 예배, 성경공부, 기도모임, 골방기도, 가정예배 등 주로 제한된 공간과 시간 속에서 말씀에 집중한다. 그것은 실제 현실 속에서 말씀을 살아내기 위함이다. 그런데 우리가 범사에 하나님을 더 살갑게 누리지 못하는 이유는, 늘 제한된 공간과 시간 속에서만 말씀에 집중하기 때문이다.

사람들은 일상 속에서 대부분의 시간을—공적인 업무와 관련된 상황 속에서 필요한 만큼 말을 할 때를 제외하고는—입을 다물고 자신의 생각에 잠긴다. 사실, 스스로의 생각에 잠겨 있는 만큼 어둠 속에 있는 셈이다. 인간의 생각은 만물보다 거짓되고 부패했음을 잊지 말자(렘 17:9).

하루 일과 중 멍하니 자신의 생각에 잠겨 있는 시간을 최대한 줄이자. 입술로 말씀을 암송 선포하며, 수시로 성령님을 예배하자. 최고의 기도인 '주기도'도 좋고, 시편 23편도 좋다. 하나님께서는 현실 속에서 말씀에 붙들린 삶을 살 수 있는 비밀을 이미 우리에게 알려주셨다. 그리 어렵지 않다. 우리는 그것을 쉐마와 여호수아 1장 8절에서 찾아볼 수 있다.

말씀을 소리 내어 하나님을 생각하자

히브리어 단어들의 뿌리를 연구하는 한 히브리어 학자가 이렇게 말하는 걸 들었다.

"히브리어에는 '생각하다'라는 동사가 없고, '말하다'라는 뜻의 히브리어 '아마르'가 '생각하다'로도 쓰입니다. 즉, 진짜 하나님을 생각하는 것은 하나님의 생각인 말씀을 소리 내는 것입니다. 이것이 진정으로 하나님을 생각하는 모습입니다."

나는 요즈음 혼자 있는(집필이나 사역을 하지 않을 때) 시간의 거의 대부분을 암송 소리로 하나님을 사랑하며 여호수아 1장 8절에 순종하고자 노력하고 있다. 그런데 그것이 너무 즐겁다. 지금은 말씀을 입에서 떠나지 않게 하는 것이 이렇게 즐겁고 기쁘지만, 시간을 거슬러 올라가보면 이 정도까지 수시로 암송하지는 않았다. 쉬고 싶고 좀 지겹게 느껴질 때도 많았기 때문이다.

말씀이 생명인 줄 알기에 말씀 자체가 지겨웠다는 의미는 아니다. 하루 중 수시로 입술로 소리 내는 것이 쉽지 않았다는 뜻이다. 그런데 시간이 흐르면서 성령께서는 수시로 암송하는 것을 지겨워하는 것이 옛 자아였음을 깨닫게 하셨다.

'하루 중 말씀을 암송으로 소리 내고 싶지 않은 만큼 내가 말씀을 사랑하지 않는 것이구나.'

요즈음 쉐마와 여호수아 1장 8절에 사랑으로 순종해보니, 말씀을 암송하며 하나님을 바라보고 있는 동안 하나님께서 방패로 나를 둘러 진을 치시는 것을 피부로 느낀다. 그로 인해 쉐마 명령이 얼마나 놀라운 주님의 사랑의 음성인지를 알게 되었다.

하루 일과 가운데 말씀을 입에서 떠나지 않게 순종하다 보면, 삶을 살아내는 중에 삶의 환경과 암송하고 있는 말씀이 일치되는 경험을 하게 된다. 그때가 삶의 현장에서 말씀이 실상이 될 때다. 그때 놀라운 지혜와 능력과 사랑이 하늘에 계신 아버지께로부터 내려온다.

많은 지도자들이 말씀이 가장 중요하다고 성도들에게 강조한다.

하지만 그 말씀을 심는 방법에 있어서 하나님께서 고안해내신 방법이 아니라, 자신의 소견대로 말씀을 사랑하며 행함과 순종만을 지나치게 강조하는 경우를 많이 본다.

성도들에게 좋은 설교를 하는 것만이 능사가 아니다. 좋은 설교 위주의 목회는 열매를 먹여 주기만 하는 셈이다. 성도들은 열매를 먹으면 순간적으로는 만족한다. 그러나 늘 누군가가 제공하는 열매를 받아먹는 차원의 신앙에만 길들여지게 된다. 그렇게 되면 열매는 먹으나 열매 속의 씨앗을 잘 심는 방법은 모르기에 마침내 신앙의 한계에 부딪히고 만다. 말씀을 누군가에게 수동적으로 받아먹기만 하니, 능동적인 신앙인이 되지 못하는 것이다.

진정한 지도자는 '말씀에 대해' 잘 가르치기만 하는 것이 아니라, '말씀을 스스로 잘 심는 방법'으로 인도하는 자다. 성도들에게 열매만 주는 것이 아니라, 열매를 먹게 하고 열매 속의 말씀 씨앗을 스스로 자기 마음 밭에 잘 심는 자로 세워줘야 한다. 그러기 위해서는 지도자부터 하나님께서 제정하신 방법인 쉐마에 순종해야 한다. 그것을 경험하는 자가 그것을 지도할 수 있기 때문이다.

'말씀을 지키다'에 대한 오해

열매 맺는 삶을 위해 생명의 씨앗인 말씀을 잘 심는 것과 관련된 표현이 '지키다'이다. '지키다'라는 표현 속에 하나님께서 직접 고안

해내신 말씀 심기의 방법인 '암송'의 비밀이 숨겨져 있다. 그러나 '지키다'에 대한 오해로 인해 말씀을 심는 것에 대해 심각하게 강조하시는 하나님의 음성을 듣지 못하는 안타까운 현실이다.

'지키다'에는 크게 두 가지 뜻이 있다. '약속을 이행한다'라는 의미와 '간직하다', '사수하다', '보존하다', '보호하다'라는 의미다. 많은 사람들이 "말씀을 아는 것에 머물지 말고 말씀을 지켜야 합니다"라는 말을 많이 한다. 그런데 이때 '지키다'를 '행함' 또는 '순종'을 뜻하는 것으로 이해하는 경향이 짙다. 약속을 했으면 그 약속을 행해야한다는 의미로만 인식하기 때문이다. 그러다보니 성경에서 '지키다'라는 표현이 나올 때 거의 모든 사람들이 '간직, 사수, 보존'의 의미보다는 무조건 '행함, 순종'의 뜻으로 인식해버린다.

이것은 큰 오해다. 구약에서는 '지켜 행하라'라고 말씀하심으로 '간직, 사수, 보존하는 것'과 '순종, 행함'을 명확하게 구분해서 표현한다.

"네가 네 하나님 여호와의 말씀을 삼가 듣고 내가 오늘 네게 명령하는 그의 모든 명령을 '지켜 행하면' 네 하나님 여호와께서 너를 세계 모든 민족 위에 뛰어나게 하실 것이라"(신 28:1).

이 구절에서 '지키다'에 해당하는 히브리어가 '샤마르'이며, '행하라'에 해당하는 히브리어는 '아싸'로 '순종'을 뜻한다. 즉, 하나님께서는 계명에 순종하는 것에 앞서서 간직하고 사수하고 보존하는 차원의 '지킴'을 특별하게 강조하시는 것이다. '샤마르'는 '울타리'라는 어원에서 파생된 단어로, '울타리를 만들다', '간직하다', '사수하다', '보호하다'라는 뜻이다.

"이같이 하나님이 그 사람을 쫓아내시고 에덴동산 동쪽에 그룹들과 두루 도는 불 칼을 두어 생명나무의 길을 지키게(샤마르) 하시니라"(창 3:24).

'샤마르'는 또한 쉐마 신앙을 강조하는 표현이기도 하다. 신명기 6장 4-9절에 나오는 쉐마의 핵심은 '말씀을 새기는 것'인데, 정확히는 '암송'으로 새기라고 하셨다. 쉐마는 선택받은 백성인 이스라엘의 가장 중요한 정체성이며, 그 정체성의 핵심은 말씀을 새겨서 지키는(암송으로 간직하고 사수하는) 것이었다.

시편 119편은 택함 받은 이스라엘 백성의 가장 기본적인 정체성인 쉐마(신 6:4-9) 속의 '말씀을 새겨서 지키는 것'이 얼마나 중요한가를 강조하고 있다. 그런데 시편 119편 중 스물아홉 구절(2, 4, 5, 8, 11, 17, 22, 33, 34, 44, 55, 56, 57, 60, 63, 67, 69, 88, 101, 105, 106, 115, 134, 136, 145, 146, 158, 167, 168절)에 동일하게 들어 있는 단어도 '지키다'이다. 이 중 대부분에 '샤마르'가 쓰였고, 몇 군데 '나짜르'라는 단어가 쓰였는데, 이는 '샤마르'의 동의어다.

반면 신약에는 '지켜 행하라'라는 표현이 세 군데 정도 등장한다.

"무엇이든지 구하는 바를 그에게서 받나니 이는 우리가 그의 계명을 지키고 그 앞에서 기뻐하시는 것을 행함이라"(요일 3:22).

이 구절에서 앞의 '지키고'에는 '간직하다', '사수하다', '보호하다', '보존하다'의 의미를 가진 '테레오'가 쓰였고, '행함이라'에 사용된 헬라어는 '포이에오'로 '행하다', '순종하다'라는 뜻이다.

"그러므로 무엇이든지 그들이 말하는 바는 행하고 지키되"(마 23:3).

이 구절 속에서도 '행하고'는 '포이에오'가, '지키되'는 '테레오'가 쓰였다. '행함'과 '지킴'이 정확히 구분되어 표현되었다. 구약과 정확히 일치하는 표현이다.

그런데 "그들을 데리고 함께 결례를 행하고 그들을 위하여 비용을 내어 머리를 깎게 하라 그러면 모든 사람이 그대에 대하여 들은 것이 사실이 아니고 그대도 율법을 지켜 행하는 줄로 알 것이라"(행 21:24)에서는 '지켜 행하는'이라고 구분해서 표현된 단어가 '휠라쏘'라는 한 단어로 사용되었다. 이는 '테레오'와 동의어로 '간직하다', '사수하다', '보존하다'라는 의미다.

그 외에는 신약 전반에 걸쳐서 '지켜 행하라'와 같이 구분지어 번역되지 않았고, '지키다'와 '행하라'라는 표현이 각각 따로 쓰이고 있다. 그 가운데 대부분의 '지키다'라는 표현에 '테레오'가 사용되었으며, 동의어인 '휠라쏘'가 소수 사용되었다.

'지키다'라는 표현이 '순종'의 의미를 가진 '포이에오'로 쓰인 곳은 요한복음 7장 19절, 요한일서 5장 2절, 마태복음 26장 18절의 세

군데 뿐이다.

요한복음 9장 16절에는 '안식일을 지키라'라는 표현이 나오는데, 거기에 해당하는 헬라어도 '테레오'이다. 안식일을 간직하고 보존한다는 것은 안식일에 해당하는 계명들을 행함으로써 그 안식일을 사수하라는 의미다. 계명은 얼마나 마음에 간직하고 사수하고 보존했는가에 따라 그만큼 행하게 되고, 행함으로써 그 계명을 사수하게 된다.

따라서 신약에서 '지키다'라는 표현을 '순종'과 '행함'이라는 뜻으로만 해석하면 쉐마의 '새기다'를 강조하신 하나님의 본 뜻을 놓치게 될 것이다.

CHAPTER 08

사랑하면 사수한다

'지키다'의 어원이 암송과 관련된 '간직하다', '사수하다', '보존하다'라는 것을 알게 된 뒤로부터, 나는 강의 때마다 한 가지 퍼포먼스를 한다. 항상 맨 앞자리에 앉아 있는 청중에게 마이크나 보드마커를 던져주며 "잘 간직해주세요. 누구에게도 빼앗기지 않게 잘 사수해주세요. 그리고 다른 사람에게 전달할 수 있도록 잘 보존해주세요. 성경 속의 '지키라'라는 의미로 사용된 헬라어로 '테레오'가 바로 그런 의미입니다"라고 말한다.

이스라엘에 있는 박경진 목사님이 2017년 8월 '브엘세바 컨퍼런스'를 열었을 때 나도 강사로 동역했다. 나는 여느 때와 다름없이 '테레오'를 설명하려고 맨 앞줄에 있는 청중 한 사람을 바라보았는데, 그날은 뒤쪽 멀리 있는 사람에게 보드마커를 던져주고 싶은 마음이 들었다.

그 생각이 드는 순간, 박 목사님이 오른쪽 바닥에 앉아 있다가 벌떡 일어났다. 나는 거의 반사적으로 "아우, 이거 받아요" 하고 보드마커를 던졌다. 그리고 그것을 받아든 박 목사님에게 "잘 간직해주세요. 잘 사수해주세요. 잘 보존해주세요"라고 외쳤다. 그러면서 그것이 바로 '테레오'로서 예수께서 "나를 사랑하면 내 말을 지켜라"라고 말씀하시며 쉐마를 연상케 하신 것이라고 설명했다. 그리고 하나님을 사랑하는 말씀암송이 바로 이 '테레오'와 관계가 깊다는 내용으로 강의를 진행했다.

강의가 끝나고 쉬는 시간이 되었는데, 박 목사님이 내게 말했다.

"아시다시피 저는 예배할 때 성령께서 '엎드리라'라고 하시면 엎드리고 '손을 들어라' 하시면 손을 들고 그러잖아요. 그런데 형님의 강의를 듣고 있는데 순간적으로 성령님이 '일어서라'라고 하셨어요. 그래서 일어서는 순간, 형님이 제게 보드마커를 던지며 테레오를 외쳐주신 거예요.

제가 보드마커를 받아 들고 간직하는 순간, '샤마르'라는 단어가 머릿속에서 번뜩였습니다. 하나님께서 제게는 '언약'이라는 관점에서 말씀을 깊이 풀어주시는데 '언약을 지키다'가 '샤마르'로부터라는 것을 그 퍼포먼스를 통해 순간적으로 깨닫게 되었어요. 할렐루야!"

말씀 사수로 예수님을 사랑하자

가지인 우리가 열매를 맺으려면 줄기 되신 주님과 연합된 정체성, 즉 포도나무 줄기에 붙어있는 정체성을 믿어야 한다. 붙어있으려고 노력하는 것이 아니라, 붙어있음을 믿어야 한다. 그 정체성 안에서 생명의 씨앗인 말씀 안에 거해야 한다. 말씀 안에 거하기 위해서는 마음 밭에 씨앗을 잘 심어야 한다.

예수님은 "너희가 내 말에 거하면 참으로 내 제자가 되고 진리를 알지니 진리가 너희를 자유롭게 하리라"(요 8:31,32)라고 하셨다. 이 구절은 두 가지 의미를 내포하고 있다. 첫째, 앞에서 말한 존재적 정체성으로서의 표현이다. 주님은 이런 의미로 말씀하신 듯하다.

"회개하고 나를 주인으로 모셔 들여라. 그러면 내가 말씀이므로 너희가 내 안에 거하게 되어 내 제자가 된다. 내가 진리이므로 진리인 나를 통해 죄로부터 그리고 모든 것으로부터 자유를 얻게 된다."

둘째, 새로 태어난 우리의 새 자아를 향해 의지적 선택을 요구하시는 표현이다. 우리가 말씀이신 주께 붙어있는 가지라면, 그 정체성을 가지고 의지적으로 성경 말씀을 잘 심음으로써 주님의 말씀 안에 거하는 제자 됨을 증명해보여야 한다. 그래야 자유를 누릴 수 있다.

참 제자가 된 사람은 진리의 말씀이신 주님과 연합된 자다. 그래서 그에게 나타나는 가장 두드러진 변화는 저절로 성경 말씀이 좋아지는 것이다. 말씀을 먹으라고 강조를 할 필요가 없는 존재가 바로 제자다. "말씀을 읽어라, 말씀을 사랑해라"라는 권면을 들어야 할 필요가 있는 자는 아직 주님과의 만남이 불분명한 자다.

진리와 사랑은 하나다. '사랑'이라는 성령의 열매를 맺기 위해서는 '진리의 말씀' 안에 거해야 한다. 말씀에 거하기 위한 첫 발걸음은 말씀을 간직하고 사수하며 보존하는 것이다. 예수님은 요한복음 14장의 네 구절 속에서 그것을 반복해서 강조하셨다.

"너희가 나를 사랑하면 나의 계명을 지키리라"(15절).

"나의 계명을 지키는 자라야 나를 사랑하는 자니"(21절).

"사람이 나를 사랑하면 내 말을 지키리니"(23절).

"나를 사랑하지 아니하는 자는 내 말을 지키지 아니하나니"(24절).

이 구절들 속에 나오는 네 번의 '지키다'는 모두 '테레오'로 '간직하다', '사수하다', '보존하다'라는 의미다. 요한복음 14장의 주제는 '성령'이며, 동시에 '말씀을 지킴으로(간직, 사수) 나를 사랑하라'이다. 그것이 말씀 안에 거하는 삶의 비밀이라고 주님이 말씀하신다.

이토록 짧은 구절들 속에 네 번이나 동일한 표현을 사용하며 강조하신 것은 그만큼 중요하다는 의미다. 이 구절들이 전개되는 흐름을 살펴보면 놀라운 것을 발견할 수 있다.

15절과 21절 사이에 해당하는 16-20절의 주제는 '성령'이다. 성령이 임하시는 오순절에는 선택받은 백성이 예수님과 온전히 연합되어 만물 위의 아버지 안에 있음을 알게 된다.

"그 날에는 내가 아버지 안에, 너희가 내 안에, 내가 너희 안에 있는 것을 너희가 알리라"(요 14:20).

이것은 성경의 핵심이며, 구원의 핵심이자 복음의 핵심이다. 복음의 핵심 구절들을 감싸고 있는 동일한 표현이 바로 "나를 사랑하면 내 말을 지키라"이다. 복음의 핵심 구절들을 앞뒤로 감싸고 있는 "사랑하면 지키리라"는 정말 중요한 표현이다. 예수님은 이 표현을 통해 쉐마의 핵심인 '새기라'를 연상하도록 의도하셨다.

"너는 마음을 다하고 뜻을 다하고 힘을 다하여 네 하나님 여호와를 사랑하라 오늘 내가 네게 명하는 이 말씀을 너는 마음에 새기고"(신 6:5,6).

쉐마에서 "하나님을 사랑하라"라는 표현 뒤에 바로 "말씀을 새기라"라고 말씀하셨듯이, 예수님도 "나를 사랑하려면 내 말을 간직하고 사수하고 보존하라"라고 말씀하셨다. 유대인으로 유대 문화에서 자라신 예수님은 신명기 6장에 기록된 쉐마의 명령대로 계명을 새기는 차원에서 모세오경을 암송하며 자라셨을 것이다. 그러므로 하나님을 사랑하는 방법이 말씀을 새기는 것이라는 진리를 너무나 잘 알고 계셨을 것이다. 그런 차원에서 "너희가 나를 사랑하면 내 계명을 지키리라(간직, 사수)"라고 말씀하신 것은 쉐마 신앙의 '새기라'를 염두에 두고 하신 말씀임에 분명하다.

그리고 요한복음 14장 26절에서는 "보혜사 곧 아버지께서 내 이름으로 보내실 성령 그가 너희에게 모든 것을 가르치고 내가 너희에게 말한 모든 것을 생각나게 하리라"라고 성령을 강조하셨다. 이것은 "너희가 내 말을 잘 사수함으로써 나를 사랑하면, 내가 성령으로 너희 안에서 모든 것을 가르칠 것이고, 내가 말한 모든 것을 생각나게 하고 진리로 너희를 자유케 할 것이다"라는 의미다.

오늘날 많은 성도들이 예수님을 사랑함으로써 그분의 말씀인 성경을 주야로 암송함으로 새겨서 간직하고 사수하고 보존해 심으려는 일에는 별로 관심이 없는 듯하다. 그러나 예수님은 "나를 사랑한다면 내 말을 사수하여 심는(새기는) 순종부터 하라"라고 강조하셨다. 그 말씀에 순종하자.

예수님의 말씀이 우리 속에 풍성히 거하면, 마음에 새겨진 그 말씀이 우리 육체의 행동을 이끌어 '사랑'이라는 열매를 맺게 한다. 이것이 말씀 안에 거하여 성령의 열매를 맺는 비밀이다.

암송으로 드리는 하가기도

말씀을 새기는(지키는) 암송은 율법적으로 흘러서는 안 된다. 예수님을 사랑하는 차원에서 말씀을 지키려는 암송을 해야 한다. 그래야 말씀의 주체이신 주님이 우리 안에서 우리를 위해 살아주시고, 우리는 주님을 좇아 행하게 된다.

말씀을 지키는(암송하는) 것을, 어떤 의무감에 묶여 율법적으로 하게 되면, 말씀이 죄와 사망의 법이 된다. 바울이 로마서 7장에서 자기 안에 죄의 법이 있다고 말한 것이 바로 그런 의미였다. '죄의 법'이라는 표현에서 '법'이라는 단어는 토라, 즉 말씀이다. 이는 죄로 이끄는 말씀이 있다는 의미가 아니다.

바울은 빌립보서 3장에서 자신은 예수님을 만나기 전에 율법의 의로 완전한 자였다고 했다. 행위로는 흠잡을 수 없다는 자신만만한 태도였다. 이런 차원에서 '죄의 법을 따른다'는 표현은 음란, 도적질, 살인, 거짓말, 미움, 증오와 같은 죄를 지었다는 것이 아니라 자기의 의로 말씀을 따랐던 모습을 의미한다.

아무리 선한 행위나 말씀을 따르려는 행위라도 자신이 주체가 된다면 그것은 죄다. 과거에 모세오경을 지켜(암송해서) 행했던 것이 자신이 주체가 되어 한 것이기에 바울은 그리스도를 알기 전의 모든 것을 다 배설물로 여기고 버렸다.

1997년부터 내 신앙은 그저 암송 소리로 성령님을 사랑하는 것이 전부였다. 성령님 안에 잠겨 있어서 성령님이 내 안에 계시는 것을 믿었기 때문이다(요일 4:13). 나는 그분이 진리의 영이시며, 그분이 완벽한 진리 그 자체이심을 믿는다.

배워서 채워지는 진리가 아니라 이미 내 안에 완전한 진리이신 성령님이 계신다. 내 안에 계시는 성령님을 예배하는 것으로 족하기 때문에 그냥 그분을 사랑하는 암송으로 22년 동안 '하가기도'를 해오고 있다. '하가기도'는 암송 소리로 기도한다는 의미다.

'하가'는 시편 1편 2절이나 여호수아 1장 8절에 사용된 '묵상'의 히브리어로, 한글 성경에서는 '묵상'(잠잠히 생각하다)이라고 잘못 번역되었다. 원래의 뜻은 '소리를 내다'이며, 쉐마의 '새기다'와 연결해서 보면 '암송 소리'를 뜻한다.

성경의 부분적인 모든 깨달음들은 예수님을 향하고, 예수님이 이루신 일의 핵심인 연합의 진리를 향하고 있다. 모든 작은 깨달음들이 지향하는 복음의 핵심인 죽음, 부활, 승천, 보좌에 연합된 정체성을 알고 누리게 하시는 성령님이 내 안에 계신다. 그렇기에 암송하는 동안에도 그 말씀을 깨닫고 싶은 욕구까지도 내려놓으며 성령님을 예배할 수 있다.

이미 하늘의 뜻을 이 땅에서 내 안에 다 이루셨으므로, '내가 지금 암송하는 이 말씀은 어떤 뜻일까?' 하며 애써 지성을 발동시키지 않아도 된다. 이미 다 이루어져서 만물 위 아버지 품에 안겨 있으니, 오히려 어린아이가 어머니 젖을 빠는 것같이 그저 암송하며 성령님만 사랑하며 바라볼 수 있다. 그럴 때 성령님은 놀라운 일을 행하신다.

어느 날 그런 차원에서 요한복음 17장을 암송하는 중에 성령께서 '테레오'의 중요성을 더 알게 하셨다.

"세상 중에서 내게 주신 사람들에게 내가 아버지의 이름을 나타내었나이다 그들은 아버지의 것이었는데 내게 주셨으며 그들은 아버지의 말씀을 지키었나이다 지금 그들은 아버지께서 내게 주신 것이 다 아버지로부터 온 것인 줄 알았나이다 나는 아버지께서 내게 주신 말씀들을 그들에게 주었사오며 그들은 이것을 받고 내가 아버지께로 부터 나온 줄을 참으로 아오며"(요 17:6-8).

"그들은 아버지의 말씀을 지키었나이다"라는 부분을 암송하는 순간, '지키다'가 순종의 행위가 아니라 말씀을 '사수한다'라는 헬라어의 '테레오'라는 성령의 조명이 있었다. 집에 와서 헬라어의 본문을 찾아보았다. 역시 '테레오'였다.

예수님이 아버지께 "제자들이 아버지의 말씀을 지켰습니다"라고 표현하신 것은 "제자들이 아버지의 말씀, 즉 토라(모세오경 및 구약)를 율법적인 차원이 아니라 생명으로 사수하고 지키고 보존했습니다" 라는 의미다. 그리고 7,8절은 그 말씀이 하늘 아버지께로부터 온 것인 줄 제자들이 알았다는 의미다. 즉 이 구절은 예수님이 하늘 아버지께 영생의 말씀을 간직하고 사수한 제자들의 영혼을 받아달라고 의탁하시는 장면이다.

예수께서 "나를 사랑하려면 내 말(성경)을 지키라"라고 말씀하신 것부터 순종하자. 성경을 암송하며 예수님을 사랑하고 예배하자. 말씀을 대할 때 내 노력과 지식으로 먼저 나아가려 하지 말고 어린아이가 어미 품에 안겨 평안을 누리듯이, 보좌에 계신 아버지 품에 감추어져 있는 정체성을 믿고, 참된 평안 가운데 임마누엘의 하나님을 누리자.

"이는 너희가 죽었고 너희 생명이 그리스도와 함께 하나님 안에 감추어졌음이라"(골 3:3).

'말씀 사수'를 강조한 요한

사도 요한이 쓴 서신서에는 특별히 '말씀을 지키라'라는 표현이 많이 나온다. 먼저는 영생의 씨앗인 말씀을 간직하고 사수하는 것이 구원과 관련 있다고 강조하신 예수님의 말씀을 부각시킨다.

예수님은 "진실로 진실로 너희에게 이르노니 사람이 내 말을 지키면 영원히 죽음을 보지 아니하리라"(요 8:51)라고 하셨다. 심지어 예수님도 아버지의 말씀을 지켰다(간직, 사수)고 하셨다(요 8:55).

"사람이 내 말을 듣고 지키지 아니할지라도 내가 그를 심판하지 아니하노라 내가 온 것은 세상을 심판하려 함이 아니요 세상을 구원하려 함이로라"(요 12:47).

이 구절에는 '테레오'의 동의어인 '휠라쏘'가 사용되어졌다. 초림 예수님은 심판하러 오신 것이 아니라 구원하러 오셨다. 그래서 초림 예수님의 말씀을 간직하고 사수하지 않은 사람이라도 심판하지 않으신다. 그러나 마지막 날 재림 때에는 그를 심판하실 것이다. 심판하지 않기 위해 베푸신 십자가의 은총을 거절하고, 예수님이 하신 그 말씀을 끝까지 지키지(심지) 않으며, 생명의 말씀이 그 속에 없는 자는 심판을 받는다.

"나를 저버리고 내 말을 받지 아니하는 자를 심판할 이가 있으니 곧 내가 한 그 말이 마지막 날에 그를 심판하리라"(요 12:48).

가룟 유다를 제외한 열한 제자가 열매 맺는 삶을 살기 전이었음에도 불구하고 이미 깨끗했던 이유는(요 13:10,11), 그들이 예수님이 이미 일러주신 말씀을 마음에 심었기 때문이다(요 15:3). 반면에 예수님의 정체성에 대해 논쟁을 벌였던 유대인들은 그 속에 예수님의 말씀을 심지 않았으므로 예수님을 죽이려고 했다.

"나도 너희가 아브라함의 자손인 줄 아노라 그러나 내 말이 너희 안에 있을 곳이 없으므로 나를 죽이려 하는도다"(요 8:37).

또한 요한은 예수님이 계명을 지키는(간직하고 사수하는) 것이 사랑 안에 거하는 것임을 강조하셨다고 설명한다.

"내가 아버지의 계명을 지켜 그의 사랑 안에 거하는 것같이 너희도 내 계명을 지키면 내 사랑 안에 거하리라"(요 15:10).

사도 요한은 이 말씀을 회상하며 말한다.

"우리가 그의 계명을 지키면(테레오) 이로써 우리가 그를 아는 줄로 알 것이요 그를 아노라 하고 그의 계명을 지키지(테레오) 아니하는 자는 거짓말하는 자요 진리가 그 속에 있지 아니하되 누구든지 그의 말씀을 지키는(테레오) 자는 하나님의 사랑이 참으로 그 속에서 온전하게 되었나니 이로써 우리가 그의 안에 있는 줄을 아노라"(요일 2:3-5).

그는 주 안에 거하는 것이 말씀을 간직하고 사수하여 지키는 삶이라는 것을 특별히 강조했다. 그리고 "무엇이든지 구하는 바를 그에게서 받나니 이는 우리가 그의 계명을 지키고(테레오) 그 앞에서 기뻐하시는 것을 행함이라(포이에오)"(요일 3:22)라고 말함으로써, 계명을 간직하고 사수하여 지키는 자가 결국 하나님께서 기뻐하시는 행함의 열매를 맺게 된다고 말한다.

생명의 말씀을 간직하고 사수하며 보존하여 마음에 심은 자는 생명 되신 주님 안에 거하게 된 자다. 요한은 사도행전 2장에서 성령의 부음을 체험하고 생명의 말씀이 지켜진 자 안에 성령이 거하신다는 것을 알았다.

"그의 계명을 지키는 자는 주 안에 거하고 주는 그의 안에 거하시나니 우리에게 주신 성령으로 말미암아 그가 우리 안에 거하시는 줄을 우리가 아느니라"(요일 3:24).

사도 요한은 예수께서 말씀하셨던 것과 동일하게 쉐마 신앙(사랑하려면 말씀을 새기라)을 염두에 두며 "하나님을 사랑하는 것은 이것이니 우리가 그의 계명들을 지키는(테레오) 것이라 그의 계명들은 무거운 것이 아니로다"(요일 5:3)라고 했다.

그의 계명이 결코 무겁지 않은 이유는 계명의 실체인 말씀이신 분을 온유함으로 그 영혼 가운데 모셔 들였기 때문이다(약 1:21). 그리고 계속해서 영혼 속에 계신 예수님을 사랑함으로써 계명을 심는 자들이기 때문이다.

요한은 계명을 마음에 간직하고 사수하고 지킴으로써 자신을 지켜 우상에게서 멀리하고 그분의 사랑 안에 거하라고 강조한다.

"자녀들아 너희 자신을 지켜(휠라쏘) 우상에게서 멀리하라"(요일 5:21).

요한은 계시록에서도 말씀을 간직하고 사수하며 보존하는 자가 복이 있다고 했다.

"이 예언의 말씀을 읽는 자와 듣는 자와 그 가운데에 기록한 것을 지키는(테레오) 자는 복이 있나니 때가 가까움이라"(계 1:3).

또한 사데교회에게는 받고 들은 말씀을 잘 간직하고 사수하라고 권면한다.

"그러므로 네가 어떻게 받았으며 어떻게 들었는지 생각하고 지켜(테레오) 회개하라"(계 3:3).

빌라델비아교회가 칭찬받은 가장 중요한 이유도 그들이 말씀을 간직하고 사수했기 때문이다.

"내가 네 행위를 아노니 네가 작은 능력을 가지고서도 내 말을 지키며(테레오) 내 이름을 배반하지 아니하였도다 … 네가 나의 인내의 말씀을 지켰은즉(테레오) 내가 또한 너를 지켜(테레오) 시험의 때를 면하게 하리니"(계 3:8,10).

하나님의 계명을 간직하고 사수한 자들이 사탄과 맞서 싸울 수 있다.

"용이 여자에게 분노하여 돌아가서 그 여자의 남은 자손 곧 하나님의 계명을 지키며(테레오) 예수의 증거를 가진 자들과 더불어 싸우려고 바다 모래 위에 서 있더라"(계 12:17).

성도들의 가장 아름다운 인내는 하나님의 계명과 예수 그리스도에 대한 믿음을 지키는(간직, 사수) 것이다.

"성도들의 인내가 여기 있나니 그들은 하나님의 계명과 예수에 대한 믿음을 지키는(테레오) 자니라"(계 14:12).

말씀을 목숨처럼 지키는(간직, 사수) 자는, 목숨을 버리는 순교를 통해서라도 인내로서 끝까지 그 신앙을 지켜나갈 것이다.

CHAPTER 09

니고데모와 바디매오

신명기 6장 4-9절을 강조하면 "왜 실패한 유대인들의 방법을 율법적으로 강조하나요?"라고 묻는 이가 있다. 그러나 이것은 율법적인 차원의 강조가 아니다. 그리고 모든 유대인들이 다 실패하지는 않았음을 알아야 한다.

초대교회 성도들의 주류는 유대인 크리스천들이었다. 당시 구약만을 가지고도 복음이신 예수 그리스도를 믿는 삶에 성공해서 하나님께 인정받은 수많은 유대인들이 있었다. 심지어 구약 시대에도 세 부류가 있었다.

첫째, 모세오경(토라)이 하나님을 율법적 차원으로 섬기게 하는 책이라고만 알던 부류다. 둘째, 토라가 계명을 지켜 행함을 요구하는 책이라는 것을 알고 메시아에 대한 계시가 있는 것도 알지만, 메시아를 만나지 못한 부류다. 셋째, 토라가 계명을 지켜 순종함으로써 하나님을 사랑하도록 강조하는 책이고 그 속에 메시아에 대한 계시가 있음을 알았을 뿐만 아니라 메시아를 직접 만난 부류다.

세 부류 모두 쉐마를 따라 토라를 암송하며 여호와 하나님을 사랑하는 자들이었다. 그러나 그들이 토라를 암송하며 여호와 하나님을 사랑하는 태도가 각각 다를 수밖에 없었던 이유는 바로 토라이신 메시아를 직접 만났는가 만나지 못했는가에 있었다.

수많은 유대인들이 모세오경 및 구약 전체를 다 암송했지만 율법적 삶에 치우쳐 있었다. 그러나 모세, 다윗, 엘리야, 이사야, 예레미야, 다니엘을 비롯한 성경의 저자들은 쉐마를 따르는 암송자들이었음에도 율법적 삶에 빠지지 않았다. 그 이유는 바로 자신들이 암송하는 모세오경이 장차 오실 메시아에 대한 책이라는 것을 알았을 뿐 아니라 메시아를 만났기 때문이다.

구약의 주요 인물들이 메시아를 만났을 것으로 묘사한 말씀들이 즐비해 있는 것은 참으로 놀랍다. 예수께서 그들의 신앙을 직접 대변해주신 표현들을 살펴보자.

"너희 조상 아브라함은 나의 때 볼 것을 즐거워하다가 보고 기뻐하였느니라"(요 8:56).

"이사야가 이렇게 말한 것은 주의 영광을 보고 주를 가리켜 말한 것이라"(요 12:41).

"다윗이 그리스도를 주라 하였은즉"(막 12:37).

"다윗이 그를 가리켜 이르되 내가 항상 내 앞에 계신 주를 뵈었음이여 … 그는 선지자라 하나님이 이미 맹세하사 그 자손 중에서 한 사람을 그 위에 앉게 하리라 하심을 알고 미리 본 고로 그리스도의 부활을 말하되 그가 음부에 버림이 되지 않고 그의 육신이 썩음을 당하지 아니하시리라 하더니 … 다윗은 하늘에 올라가지 못하였으나 친히 말하여 이르되 주께서 내 주에게 말씀하시기를"(행 2:25,30,31,34).

그들이 그리스도(메시아)를 만날 수 있었던 것은 메시아에 대한 책인 토라를 마음에 새기며 하나님을 사랑했기 때문이다. 구약은 실로 예수 그리스도에 대한 책으로 복음서라고 간주할 수 있다.

"너희가 성경에서 영생을 얻는 줄 생각하고 성경을 연구하거니와 이 성경이 곧 내게 대하여 증언하는 것이니라 그러나 너희가 영생을 얻기 위하여 내게 오기를 원하지 아니하는도다 … 모세를 믿었더라면 또 나를 믿었으리니 이는 그가 내게 대하여 기록하였음이라 그러나 그의 글도 믿지 아니하거든 어찌 내 말을 믿겠느냐 하시니라"(요 5:39,40,46,47).

제자들도 구약이 그리스도에 대한 내용임을 알았고, 구약에서 말한 그리스도가 바로 나사렛 예수이심을 알았다.

"빌립이 나다나엘을 찾아 이르되 모세가 율법에 기록하였고 여러 선지자가 기록한 그이를 우리가 만났으니 요셉의 아들 나사렛 예수니라"(요 1:45).

그러므로 우리는 구약 속 신명기 6장 4-9절의 쉐마를 율법적 신앙의 차원이 아닌 그리스도의 빛 안에서 보아야 한다.

보고도 깨닫지 못한 니고데모

율법적으로 말씀을 심었던 자 중 한 사람이 니고데모다. 그는 쉐마에 의해 토라를 암송하는 자였으나 토라 속에 예언된 메시아가 예수이심을 알아보지 못했다. 그리고 이스라엘의 선생이면서도 예수님의 말씀을 전혀 알아듣지 못했다(요 3:1-12).

2018년 9월 22일, 나는 유대인 사역을 위해 브루클린에 갔다가 예수님과 니고데모의 대화인 요한복음 3장을 암송 선포하던 중 니고데모와 같은 유대인을 만났다. 그날은 유대인 명절 중 하나인 장막절을 하루 앞둔 날이었다. 유대인 사역을 할 때 내가 늘 거니는 리에버뉴에 위치한 회당 앞 인도에 임시구조물 하나가 세워져 있었다. 유대인들이 장막절을 위해 설치한 것으로 짐작되었다. 그들은 장막절을 기억하고 즐기기 위해 텐트를 치기도 하고 나무로 공간을 만들어 장막의 분위기를 내기도 하기 때문이다. 그것을 확인하기 위해 지나가던 유대 청년에게 다가가서 물었다.

"샤밧 샬롬! 질문 하나 해도 될까요?"

"네."

무척 잘 생긴 외모를 가진 청년이었기에 잘 생겼다고 칭찬해주니 생글생글 웃음으로 반응했다.

"이 나무 구조물은 장막절을 위해 설치한 거죠?"

"맞습니다."

"장막절이 정확히 언제 시작되죠?"

"내일 저녁부터 9일 동안 진행됩니다."

"토다라바(매우 감사합니다). 샤밧 샬롬!"

유대인의 주요 절기들이 겹쳐 있는 기간이라 그런지 내게서 멀어지는 그의 얼굴에는 함박웃음이 떠나지 않았다. 웃으며 돌아서는 그의 뒷모습을 보는 내 마음 속에, 전 세계 및 뉴욕에 있는 유대인들이 주 예수 그리스도로 인해 웃게 되기를 바라는 마음이 일었다.

그런 마음으로 나는 전 세계에 있는 중보기도자들에게 현장의 모습을 공유하고 싶어 장막절 구조물이 있는 회당 앞에서 태블릿 PC로 SNS 생방송을 시작했다. 그날은 주로 에베소서를 선포하던 다른 때와 달리 나는 요한복음 3장 속에 있는 예수님과 니고데모의 대화를 암송으로 선포하고 싶었다. 니고데모를 향한 예수님의 선포가 전 세계 및 뉴욕에 있는 유대인들에게 임하기를 소원했다.

요한복음 3장을 선포한 후에 생방송 된 동영상을 SNS에 업로드하려는데, 한 중년 유대인이 다가와서 동영상을 찍는 것에 대해 물었다. 나는 그에게 "나는 토라(구약)를 사랑합니다. 유대인들도 사랑합니다"라고 대답했다. 그러자 그는 웃으며 물었다.

"어디 사십니까? 어느 나라 사람이지요? 왜 이런 일을 합니까?"

"저는 한국 사람이고, 뉴욕 퀸즈 후레쉬메도우스에 삽니다. 그리고 크리스천입니다."

"유대교와 기독교의 차이가 무엇이지요?"

뉴욕 브루클린 거리에서 유대인 사역을 한 이래 유대인에게 직접적으로 이런 질문을 받은 것은 처음이었다. 그 질문을 듣자마자 나는 성령께서 주시는 담대함으로 복음을 원색적으로 선포하기 시작했고, 나의 대답을 들은 그는 갑자기 격동하며 나를 공격해왔다. 하지만 나는 굽히지 않고 침착하게 계속 설명했다.

"토라에서 예언된 메시아가 2천 년 전에 이미 왔습니다. 그가 예수 그리스도이십니다. 우리는 그를 하나님으로 믿습니다."

"당신들은 틀렸습니다. 메시아는 아직 오지 않았습니다."

"아닙니다. 2천 년 전에 이미 오셨습니다. 신약을 읽어보셨나요? 신약 속의 마태복음은 유대인을 위해 기록되었습니다. 거기에 예수님의 족보가 아브라함으로부터 다윗까지 14대, 다윗부터 포로기 시작까지 14대, 포로기부터 예수님 때까지 14대로 정확히 나옵니다. 당신은 '14'가 다윗의 수라는 것을 너무 잘 알지 않습니까? 다윗의 후손으로 메시아가 이미 오신 것을 말하는 책이 신약입니다."

지금은 이 내용을 한꺼번에 기록하고 있지만, 이 모든 내용을 말하기까지 그는 내가 말하는 중에도 공격적인 말을 계속 퍼부었다. 마치 니고데모가 "어찌 그런 일이 있을 수 있나요?"라고 물었듯이.

"아닙니다. 메시아는 아직 오지 않았습니다. 진정한 유대인들은 그것을 믿지 않습니다."

나는 아랑곳하지 않고 침착하게 끝까지 말을 이어갔다.

"당신은 요즈음 이스라엘을 비롯해 미국의 많은 전통 유대인들이 2천 년 전에 오신 예수님이 메시아이심을 믿게 되었다는 말들을 못 들어보셨군요?"

"진정한 유대인은 그럴 수 없습니다. 그것은 절대로 사실이 아닙니다."

"저는 지금 제 의견을 말하는 것이 아닙니다. 당신이 인터넷을 통해서 조금만 살펴봐도 그런 소식을 접할 수 있습니다. 저는 지금 팩트를 말하고 있습니다. 한 가지 말씀드리겠으니 들어보시죠. 현재 캘리포니아 토렌스에는 코헨기독교신학교(Cohen University And Theological Seminary)가 세워져 있습니다. 당신도 알다시피 '코헨'은 '제사장'을 의미하는 히브리어입니다. 그 대학은 게리 코헨이라는 분이 설립했죠. 그는 아론의 147대 직계 후손이며, 19세 때 예수님을 메시아로 만나서 기독교로 개종하고 대학을 설립했습니다."

그는 사실이 아니라고 계속 우기며 자리를 떠나려고 했다. 그래서 내가 말했다.

"제가 말하는 것이 사실이 아니라고 당신이 확신한다면 지금 인터넷에서 코헨신학대학을 찾아서 보여드리겠습니다. 만약 당신이 이

자료를 보지 않고 떠난다면 나는 당신이 억지로 우기는 것으로 간주하겠습니다."

그러자 그는 떠나지도 못하고 안절부절못했다.

나는 인터넷에서 급히 검색한 코헨신학대학 홈페이지를 그에게 보여주었다. '코헨'(제사장)이라는 글씨가 나온 페이지 초기화면에 이어 구글 지도상에서 코헨신학대학이 위치하고 있는 부분도 손가락으로 가리키며 보여주었다. 그러나 그는 내가 손가락으로 가리키는 코헨 글씨와 구글 지도상에 표시되어 있는 코헨신학대학을 보면서도 계속 사실이 아니라고 우기며 뒤로 돌아섰다. 나는 돌아서는 그의 뒤통수를 향해 외쳤다.

"집에 가서 코헨신학대학과 게리 코헨의 삶을 검색해보세요."

약 10년 전부터 뉴욕에서 전도를 시작한 이래 정통 유대인에게 예수님이 메시아라는 표현과 마태복음의 족보, 그리고 게리 코헨의 사례 등을 명확하게 표현하며 전도한 것은 그날이 처음이었다.

요한복음 3장에서 니고데모에게 직격탄을 날리신 예수님의 선포 부분을 암송하자마자, 암송한 바로 그 말씀이 현실로 체험되어 토라를 율법적으로 대하고 있는 현대판 니고데모를 만난 것 같았다. 순간 바울이 천하에 퍼진 유대인을 소요케 했다는 말씀이 떠올랐고 (행 24:5), 토라를 율법적으로 대해 그리스도를 못 알아보고 있는 니고데모의 "어찌 그러한 일이 있을 수 있나이까?"(요 3:9)라는 음성이

들리는 듯했다.

보지 못하나 믿었던 바디매오

요한복음 7장 41,42절에 "어떤 사람은 그리스도라 하며 어떤 이들은 그리스도가 어찌 갈릴리에서 나오겠느냐 성경에 이르기를 그리스도는 다윗의 씨로 또 다윗이 살던 마을 베들레헴에서 나오리라 하지 아니하였느냐"라는 표현이 나온다. 반면에 걸인이며 시각장애인이었던 바디매오는 길가에 앉았다가 나사렛(갈릴리의 작은 동네)에서 자란 예수가 지나가신다는 말을 듣고 "다윗의 자손 예수여 나를 불쌍히 여기소서"라고 외쳤다(막 10:46,47).

스스로 선하다 생각하며 율법적으로 토라를 암송했던 유대인들은 정작 토라가 예언한 그리스도를 알아보지 못했다. 그러나 시각장애인이며 아무것도 가진 것이 없는 바디매오는 갈릴리 나사렛의 예수가 바로 다윗의 자손으로 오신 메시아이심을 알고 있었다.

비록 처지는 비참했으나 바디매오는 겸손히 그리스도의 복음 안에서 하나님의 입에서 나오는 말씀으로 토라를 먹는 자였다. 그는 그리스도를 알아보았고, 만났으며, 구원을 경험했다.

"예수께서 이르시되 가라 네 믿음이 너를 구원하였느니라 하시니 그가 곧 보게 되어 예수를 길에서 따르니라"(막 10:52).

매주 토요일, 유대인 사역을 위해 브루클린 리에버뉴에 가는 날이면 항상 경유하는 어느 지역 신호등 앞에서 구걸하는 노숙자가 있다. 나는 니고데모와 같은 유대인을 만나기 바로 전에 바디매오와 같은 그 노숙자가 여전히 그 자리에 있는 것을 보았다. 그는 내가 준비한 작은 선물을 받아들며 외쳤다.

"예수, 그분은 나의 구주, 나의 하나님, 나의 아버지이십니다! 우리는 아버지 안에서 서로 형제입니다!"

이 글을 쓰고 있는 지금도 바디매오 같았던 그 노숙자의 목소리가 내 귀에 은은히 들려온다.

CHAPTER 10

뿌리 깊은 나무가 높이 자란다

'엔트로피의 법칙'을 아는가? '이 세상의 모든 질서 있는 물질들은 무질서한 방향으로 흘러간다'라는 과학 분야의 열역학 제2법칙이다. 예를 들면, 우리가 살아 있을 때는 이목구비 등의 모든 신체 세포조직들이 뚜렷한 질서 아래 자리를 잡고 있지만, 죽으면 세포조직들의 질서가 다 무너지고 한 줌의 흙으로 돌아가는 것이 엔트로피의 법칙이 반영되는 모습이다.

이 법칙은 정보 분야에도 반영된다. 처음에 형성된 질서 있는 정보는 시간이 흐르면서 전달될수록 변질된다는 것이다. 그런데 정보 엔트로피 법칙을 거스르는 것이 하나 있다. 그것이 바로 '성경'이다. 성경은 수천 년 동안 전달되어왔지만 변질되지 않고 온전하게 보존되었다. 오직 성경만이 변질되지 않고 보존된 이유는, 성경에 기록된 주의 말씀만 세세토록 영원하기 때문이다.

"천지는 없어지겠으나 내 말은 없어지지 아니하리라"(막 13:31).

말씀이 사수된 하나님의 방법

하나님께서는 영존하시는 말씀인 성경이 변질되지 않도록 완벽한 장치를 마련하셨다. 하나님은 이스라엘 백성을 선택하시고, 그들에게 하나님을 사랑하는 방법으로써 성경을 암송해 간직하고 사수하고 보존하고 전달하는 쉐마를 명령하셨다. 그리고 이스라엘이 그 명령에 철저하게 순종하게 하셨다.

하나님께서는 이스라엘의 부모세대들에게 말씀을 새기라고 하셨고, 자녀들에게 그것을 가르치라고 하셨다. 여기에서 '가르치라'는 것은 그야말로 성경의 소리들을 잊어버리지 않고 암송하도록 가르치라는 의미다. 좀 더 구체적으로 살펴보자.

모세오경의 기초 자료들인 창조 이야기, 에덴동산 이야기 등은 아담 때로부터 암송으로 구전되어왔다. 그러다가 모세오경이 글자로 처음 형성된 때는 주전 15세기경이다. 모세오경을 글자로 기록하기 시작한 세대는 암송하던 내용을 기록했기에 알파벳 기호를 복잡하게 기록할 필요가 없었다. 그래서 모음기호 없이 자음만으로 기록했다.

하지만 부모가 자녀들에게 자음으로만 기록된 성경을 대충 몇 번 읽어주고 죽게 된다면 자녀들은 자음만 있는 성경을 완벽하게 읽을 수 없게 된다. 그러므로 신명기 6장에서 부모에게 말씀을 새기고 자녀들에게 가르치라고 한 것은 자녀가 자음만으로 기록된 성경의 모든 알파벳의 소리들을 암송할 수 있도록 가르쳐주라는 명령이었다.

그것이 바로 '모세오경'이라는 글자들의 소리가 전달되어온 원리다. 부모들이 그 소리들을 자녀들이 암송할 때까지 가르치다보면 자연스럽게 창조주 하나님에 대한 이야기, 에덴동산의 이야기 등 선조들의 모든 이야기들이 교육되었다.

모든 세대를 걸쳐 부모들이 자녀들에게 모세오경 전체(구약 전체)의 소리를 암송하도록 가르친 것은 바로 신앙교육이었고, 참된 역사교육이었으며, 진리의 선포였다. 이것이 바로 영존하시는 말씀이 보존된 원리였다.

부모들은 자녀들에게 어떻게 신앙을 전수해야 하는가? 크게 두 가지 차원이다. 첫 번째는 부모가 창조주 하나님에 대해 아는 지식과 하나님을 사랑하는 주관적인 마음을 전하고, 두 번째는 하나님이 어떤 분이신지를 객관적으로 말해주는 성경을 그대로 전수하는 것이다.

두 번째가 더 중요하다. 아무리 부모가 자신이 알고 있는 하나님을 전하고, 하나님을 사랑하는 마음을 전한다고 하더라도 '성경'이라는 객관적인 기준이 없다면 신앙이 제대로 전수되기가 어렵다.

쉐마에 의한 하나님을 사랑하는 방법인 성경암송 소리는 개인과 가정의 신앙에 머무는 차원이 아니었다. 그렇게 성경을 간직하고 사수하고 보존하고 전달하게 하셔서 모든 민족, 모든 나라, 모든 세대에게 오직 주 예수 그리스도만이 창조주시요 구원자이심을 알리고자 하시는 구속사적인 섭리였다.

하나님이신 예수 그리스도만이 창조주시요 구원자시며 주인이시라는 것을 객관적으로 증명할 방법은 오직 성경밖에 없다. 성경은 예수 그리스도만이 우리의 창조주요 구원자요 주인이시라는 것을 증명할 수 있는 책이다.

성경은 이미 고서검증법 차원에서, 수천 년 동안 간직되고 사수되어지고 보존되어 전달되어왔어도 전혀 오류가 없는 책임이 밝혀졌다. 이렇게 과학적으로 검증된 모세오경 및 구약 속에 메시아의 탄생, 사역, 죽음, 부활, 승천, 보좌에 앉으심, 성령을 부으심, 교회의 탄생이 예언되어 있다. 그리고 이는 예수 그리스도의 삶을 통해 그대로 성취되었다. 성경은 이제 주님이 다시 오시기 직전에 일어날 일들을 예언하고 있으며, 그 예언들은 하나하나 성취되어가고 있다.

이처럼 하나님께서 언약하신 바가 이 땅에서 이루어졌고, 계속해서 이루어지고 있다는 것을 뒷받침하는 증거가 바로 성경이다. 그래서 모든 언약 성취의 증거가 될 성경은 반드시 간직하고 사수하며 보존되어 전달되어야 했고, 하나님께서는 선택하신 이스라엘 백성의 쉐마 신앙을 통해 말씀을 암송함으로 사수하고 보존토록 하셨다.

유대인의 성경 교육

사탄은 여러 가지 사회적 이슈들을 통해 성경을 공격하고 있다. 언약 성취의 근거인 성경을 공격해야 자신의 목적을 이룰 수 있기 때문이다. 사탄은 다른 한편으로 사회적, 정치적 그리고 종교적인 여러 사상들을 통해 이스라엘을 공격하고 교회를 공격한다.

성경이 말하는 언약 백성인 이스라엘과 교회를 공격해서 이스라엘과 교회를 향한 성경의 언약들이 무효가 되게 함으로 결국 성경을 폐하려는 전략이다. 사탄은 그런 가증한 일들로 성경을 불법 책이 되게 하고 무효가 되도록 해서 성경이 말하는 하나님을 믿지 못하게 함으로 그 보좌를 찬탈하고자 전략을 펼치고 있는 것이다.

그래서 이스라엘을 통해 성경을 완전하게 간직하고 사수하며 보존, 전달하도록 하신 하나님은 이 시대에도 여전히 말씀이 지켜지기(간직, 사수, 보존)를 간절히 원하신다.

나는 약 1년 전 쯤 이스라엘에서 수십 년 칩거하며 성경을 원어로 연구하시는 어느 선교사님을 뵈었고, 그 분의 이야기를 듣고 무릎을 쳤다. 그 분은 다음과 같이 말했다.

"개신교의 초신자와 유대교 초신자의 처음 5년 신앙생활을 비교하면, 개신교 초신자의 성장이 월등히 빠릅니다. 하지만 5년 정도가 지나면 개신교 초신자의 성장은 멈추고, 유대교 초신자의 신앙은 기하급수적으로 성장합니다."

현재 기독교의 양육은 계속해서 성경을 분석하고 이해시켜주는 차원에서 이루어진다. 헬라적인 교육에 집중되어 있는 모습이다. '생명이 되는 말씀 자체'라는 씨앗을 심는 것이 아니라 말씀에 대한 해석과 적용 등을 전달해 수동적으로 받아먹도록 하며 지식을 채워주는 것에 치중한다.

반면 유대교의 성경 교육은 성경에 대한 교육이 먼저가 아니다. 그들은 성경 자체를 마음에 새길 수 있도록 성경을 계속 읽히고 암송시킨다. 그리고 암송한 것을 가지고 다른 동료와 하브루타(유대식 토론)를 하게 한다.

즉, 하나님을 사랑하도록 소리 내어 성경을 암송하고, 암송한 것을 토론 속에서 상대방에게 선포케 함으로 더욱 더 마음에 강하게 새겨지게 한다. 처음에는 알지 못한 채 입력하기만 하니 성장이 더딘 것처럼 보인다. 그러나 시간이 어느 정도 흐르고 나면, '말씀'이라는 씨앗이 충분히 깊게 뿌리를 내린 결과가 나타난다.

마음속에 강하게 입력된 말씀들이 토론을 통해 서로 연결되는 것들을 체험하며, 성경 전체를 하나로 연결하는 통찰력이 생긴다. 마치 씨앗이 깊이 심겨져 뿌리가 깊이 내리면, 그만큼 땅속 깊은 곳에 숨겨져 있는 생수까지 빨아올려 줄기가 튼튼하게 뻗어나가고, 가지가 풍성하게 퍼지며, 잎과 꽃이 만발해 풍성한 열매를 맺게 되는 것과 같다.

물론 현재의 유대교는 2천 년 전 베들레헴에서 태어나 나사렛에서 자라시고 십자가에서 죽어 부활 승천하신 예수님이 바로 메시아이며 창조주 하나님이심을 인정하지 않는다. 그러나 그들의 모습을 이와 같이 복음적인 눈으로 통찰해보면 하나님께서 왜 그들에게 성경을 간직하고 사수하고 보존하도록 쉐마를 명령하셨는지 쉽게 알 수 있다. 그렇게 할 때 하나님께서 바라시는 대로 하나님을 사랑할 수 있는 신앙을 소유하게 되기 때문이다.

행함의 목적도 말씀을 사수하는 것

"내가 주의 말씀을 지키려고 발을 금하여 모든 악한 길로 가지 아니하였사오며"(시 119:101).

어느 날 이 구절 속의 '지키려고'를 읽는 순간, '아하! 이 히브리어도 샤마르겠구나!'라고 직감했다. 히브리어를 찾아보니 역시 샤마르였다. 시편 기자는 악한 길로 가지 않는 행함의 목적도 말씀을 사수하기 위함이라고 말한다. 마지막 때에 하나님께서 심판하시는 기준은 하나님께서 하신 말씀이 그 안에 심겨져 있는가의 여부에 달려 있다.

"나를 저버리고 내 말을 받지 아니하는 자를 심판할 이가 있으니 곧 내가 한 그 말이 마지막 날에 그를 심판하리라"(요 12:48).

마음에 새겨진 생명의 말씀을 마귀에게 빼앗기지 않기 위해서는 악한 길로 가지 말아야 한다. 사탄은 우리에게 뿌려지는 말씀을 빼앗아가는 존재다. 유대인들은 예수님의 말씀을 심지 않고 그 말씀을 사탄에게 빼앗김으로 처음부터 살인한 마귀에게 조종당하며 예수님을 죽이려 했다.

"곧 말씀을 들었을 때에 사탄이 즉시 와서 그들에게 뿌려진 말씀을 빼앗는 것이요"(막 4:15).

"그는 처음부터 살인한 자요"(요 8:44).

"나도 너희가 아브라함의 자손인 줄 아노라 그러나 내 말이 너희 안에 있을 곳이 없으므로 나를 죽이려 하는도다"(요 8:37).

그들은 예수님의 말씀을 심지 않았기에 스스로 말하고 행동했다. 스스로 말하고 행동하는 자는 자기 영광만을 구한다. 그래서 그들 속에는 불의가 가득했다. 그러나 아들 예수 그리스도께서는 아버지의 영광과 아버지의 말씀만을 구하셨다. 그렇기에 그 속에 불의가 없으셨다.

"스스로 말하는 자는 자기 영광만 구하되 보내신 이의 영광을 구하는 자는 참되니 그 속에 불의가 없느니라"(요 7:18).

예수님은 그들에게 "사람이 하나님의 뜻을 행하려 하면 이 교훈이 하나님께로부터 왔는지 내가 스스로 말함인지 알리라"(요 7:17)라고 말씀하셨다. 그들이 만약 진정으로 말씀이 그 안에 거하고 말씀에 순종하는 자들이었다면, 아들 예수가 누구신지 알아차렸을 것이다.

그러나 유대인들은 아들이 말씀하시는 것이 아버지께로부터 온 것인지 알지 못했고, 그 말씀을 받아들이지 않아서 결국 예수님을 죽이려고 했다. 하나님의 뜻을 행하려 하지 않음으로써 말씀을 사수하지 못한 모습이다.

아무리 선하게 하나님의 일을 하는 것같고 열매가 많이 보여도 그 속에 생명의 말씀이 없으면 마지막 때에 주님이 하신 그 말씀이 그를 심판한다.

우리가 말씀을 읽고 듣고 간직하고 사수하는 만큼 행함의 열매가 나타난다. 그리고 간직한 말씀을 행할 때 말씀이 더 사수되어져서 심판의 날에 생명의 부활을 얻게 된다. 말씀이 생명이기 때문이다.

"선한 일을 행한 자는 생명의 부활로, 악한 일을 행한 자는 심판의 부활로 나오리라"(요 5:29).

CHAPTER 11

하늘의 신비를 체험하는 쉐마 신앙

요즈음 전통 유대인들 중에 예수님을 구주로 믿게 된 사람들이 늘어나고 있다는 소식이 들린다. 그들은 '메시아닉 쥬'라고 불린다. 메시아닉 쥬 중에는 조상 때부터 대대로 내려오는 제사장 계열에 속한 사람들도 있다. 제사장 계열 중에서도 오리지널 제사장 집안은 모세와 아론 집안이다. 그 집안에도 메시아닉 쥬가 있다. 앞에서도 잠깐 소개한 아론의 147대 직계 후손 게리 코헨이 바로 그 사람이다.

그는 현재 살아 있으며, 3500년 전 아론 때부터 대대로 이어져 내려오는 쉐마 신앙의 전통 속에서 모세오경 및 구약을 암송하고 있다. 그는 19세 때 예수님을 메시아 및 구주 하나님으로 직접 만나는 기적을 체험하며 기독교 신앙을 갖게 되었다. 그리고 개신교 신앙을 토대로 코헨신학대학을 세워서 히브리적 사고 아래 모세오경 및 구약과 신약을 복음적으로 가르치고 있다.

그의 제자 중 한 분이 김형종 박사님이시다. 김 박사님은 게리 코헨의 가르침을 따라 자신이 지은 책,《읽기만 해도 열리는 요한계시

록》에서 요한계시록이 유대적 배경에 의한 히브리 사고의 문장 구조
(키아즘 구조)로 기록되었음을 간과해서는 안 된다고 말한다. 그는
히브리 문장 구조로 보면, 요한계시록 1장부터 22장 끝까지의 전체
구조가 예배의 형식을 띄고 있다고 했다. 그가 말하는 바를 요약해
서 정리해보았다.

"반드시 해석해야만 할 것 같은 책이 요한계시록이다. 그러나 요
한계시록은 그 서두에서 '해석하는 자'가 아니라 '읽고 듣고 지키는
(테레오) 자'가 복이 있다고 했다(계 1:3). 요한계시록은 그렇게 원론
적인 권면만 하고 그치지 않는다. 요한계시록은 읽고, 듣고, 간직하
고, 사수(테레오)하도록 하는 방법인 '말씀선포예배'의 구조로 처음
부터 끝까지 구성되어 있다.

요한계시록은 그 자체가 편지이다. 그런데 이 편지는 1장 처음부
터 22장 끝까지, 성도들이 서로 같이 읽고 듣고 화답하는 예배 형식
으로 기록되어 있다. 로마의 핍박 가운데 있었던 초대교회 성도들은
실제로 예배 때마다 요한계시록 전체를 그렇게 읽고 듣고 화답하며
예배했다. 모일 때마다 요한계시록 전체를 반복해서 읽고 듣고 예배
하다 보니 초대교회 성도들은 요한계시록을 모두 다 암송할 수 있
었고, 그것은 지극히 일반적인 모습이었다.

읽고 들으면서 간직하고 사수하기만 하면 복이 임하는 이유는 요
한계시록 안에 이미 주님이 필요한 만큼 다 해석을 해놓으셨기 때문

이다. 단순히 읽고 들으며 암송으로 간직하고 사수하기만 해도 자연히 알게 되는 책이다. 그러나 이런 요한계시록을 계속해서 읽고 듣고 지키는 '말씀선포예배'를 드리지도 않고, 그저 자신의 지식을 가지고 자의적으로 해석하는 사람들이 많았다. 그래서 수많은 이단들이 나왔고 여러 이론들이 충돌하며 교회사 가운데 끊임없는 반목과 갈등을 가져왔다."

암송으로 드리는 예배

성경을 지식적으로 깨달으려는 것보다 더 중요한 태도가 있다. 성경 말씀은 영이다. 영이신 말씀 자체를 입술로 선포하며 영과 진리(말씀 자체)로 예배하는 것이 보좌 앞에 계신 주님 앞에서 보여드려야 할 겸손한 태도다. 주님은 요한계시록뿐 아니라 성경 전체에 필요한 만큼의 해석을 다 심어놓으셨다. 그렇기에 전체적으로 읽고 암송함으로 예배하다 보면 주님의 해석을 발견하게 된다.

말씀과 기도와 찬양, 이 세 가지는 예배의 3요소다. 바른 신앙은 말씀과 기도와 찬양이 조화를 이루는 모습이다. 그런데 말씀을 지키는(테레오) 것이 예배의 핵심이라고 표현하는 것에 대해, 기도와 찬양을 강조하지 않으니 균형을 이루지 못하는 모습이라고 오해하면 안 된다. 말씀을 테레오 하는 것은 기도와 찬양을 무시하는 것이 아니다. 오히려 기도와 찬양을 더욱 강화시킨다. 말씀과 기도와 찬양은 분리되어 있지 않다. 완전히 하나다.

기도의 본질은 주님의 뜻을 구하는 것이다. 성경은 주님의 뜻이며, 따라서 성경을 소리 내어 암송하는 것은 주님의 뜻을 선포하는 강력한 기도다. 찬양도 그렇다. 음악이 꼭 곁들여 있어야 찬양이라고 생각하는 사람들이 많지만, '찬양'의 히브리어 어원은 음악이 있든지 없든지 상관없이 주님의 섭리와 성품을 높이는 말과 표현이 찬양의 본질임을 말해준다. 그런데 성경은 주님의 섭리와 성품을 잘 알려준다. 그러므로 성경을 소리 내어 암송하며 하나님을 바라보는 것은 그 자체로서 강력한 찬양이 된다.

말씀을 테레오 하는 것에 대한 강조는 기도와 찬양을 무시하는 게 아니라 오히려 주님의 뜻에 맞는 기도와 찬양을 드리는 것이다. 이스라엘 백성은 쉐마 신앙으로 모세오경 및 구약을 암송하는 모습 자체가 기도와 찬양을 드리는 것임을 자연스럽게 이해하고 있었다. 그 전통을 이어받은 초대교회 성도들도 요한계시록을 읽고 듣고 지키는(테레오) 모습만으로도 하나님을 예배할 수 있었다.

하브루타, 토라 포션, 히브리적 관점의 핵심

'하브루타'는 유대식 성경토론이다. '토라 포션'은 유대인들이 토라(모세오경)를 일 년에 한 번 읽을 수 있도록 매 주간마다 분량을 나누어놓은 것을 말한다. '히브리적 관점'은 히브리어로 기록된 성경을 보다 잘 이해하고자 하는 태도다.

요즈음 이와 같은 모습들을 복음적으로 반영하는 움직임이 굉장히 활발하다. 아주 좋은 현상이다. 하나님께서는 중심을 보시니 어떤 방법으로든지 말씀을 사랑하는 모습들을 기뻐하신다. 그러나 그 모습들이 본질을 놓친다면 하나님께서 의도하신 핵심이 아닌 주변에서 맴돌게 될 수 있다.

유대인들이 히브리적 관점을 가지게 된 이유는 쉐마 차원의 모세오경 암송 신앙 때문이다. 유대인들이 '하브루타'로 토론하는 것의 본질도 모세오경 암송 신앙이다. 그냥 자기 생각을 주고받는 것이 아니라, 암송한 모세오경 말씀들을 주고받는 차원에서 토론을 진행하는 것이다.

토라 포션 성경읽기의 본질도 사실은 모세오경 암송 신앙에 근거를 둔다. 모세오경을 암송하는 차원, 즉 낱권별 암송 신앙의 토대 없이 히브리 관점을 논하고, 하브루타를 도입하고, 토라 포션 성경읽기를 하는 것은 수박 겉핥기에 머무는 모습일지도 모른다.

유대인들은 모세오경을 암송하는 신앙에서 히브리적 관점이 자연히 흘러나오고, 하브루타도 자연스럽게 이루어지는 것을 경험한다. 낱권별 암송에는 놀라운 비밀이 숨어 있다.

하나님을 사랑하기 시작한 하나님의 자녀들에게는 "하나님을 더 사랑하고 싶어요. 그래서 말씀에 더 집중하고 싶어요"라는 고백들이 늘 있다. 그런데 그렇게 고백하면서도, 그분을 사랑하라고 정하신 바로 그 방법대로 사랑하지 않고 여전히 자신이 원하는 방법에 머물러 있다면 그것은 좀 생각해 볼 문제다.

하나님께서 사랑하라고 하신 방법대로 사랑하는 것이 가장 격하게 하나님을 사랑하는 것 아닐까? 지금 우리에게 있는 갈급함이 아마도 하나님의 뜻대로 사랑하지 못한 데서 오는 것은 아닐까? 하나님께서는 "사랑하는 아들아, 딸아! 너는 항상 나를 이전보다 더 사랑하고 싶다고 간구하지 않니? 나는 그 중심을 보고 기뻐한단다. 그런데 네가 나를 더 사랑하는 방법의 가장 절정은 내가 원하는 차원으로 사랑하는 것이란다. 그것을 할 수 있겠니?"라고 물어보시는 것 같다.

자음만으로 기록된 성경을 모든 세대에 걸쳐 지속적으로 간직하고 사수하고 보존하고 전달하는 유일한 방법으로서 허락하신 것이 쉐마 신앙 차원의 모세오경 암송이다. 그 신앙대로 하나님을 사랑하는 것이 겸손이다. '쉐마'를 한 문장으로 줄인다면, "유일하신 하나님을 사랑하고 그분의 음성을 들으려면 어디를 가든지 언제든지 말씀을 새기고, 새긴 그것을 자녀들에게 가르쳐서 나를 사랑하게 하라"라는 의미다. 그리고 그 요약이 여호수아 1장 8절이다.

"이 율법책을 네 입에서 떠나지 말게 하며 주야로 그것을 묵상(하가, '소리를 내다')하여 그 가운데 기록한 대로 다 지켜(샤마르) 행하라

(아싸) 그리하면 네 길이 평탄하게 될 것이며 네가 형통하리라."

이스라엘 백성은 출애굽 직후부터 맛소라 학파에 의해 모음이 만들어진 주후 7세기 전까지, 적어도 2,100년 동안 자음으로만 기록된 모세오경 및 나머지 구약의 전승들을 암송으로 간직하고 사수하며 보존해서 전달해왔다. 그리고 게리 코헨 같은 아론의 147대 직계 후손들은 현재까지 3,500년 동안 그 신앙을 유지해왔다. 그것이 히브리적인 모습의 가장 중요한 기초다.

모세오경 전체를 통으로 암송하는 것, 즉 낱권별 암송의 모습이 '성경 하브루타', '토라 포션 성경읽기', '히브리적 사고', '히브리어 원어 이해' 등의 핵심이다. 엄밀히 말해서, 말로는 이런 것들을 주장하고 잘 가르치면서도 정작 본인이 낱권별 암송으로 성경을 먹지 않고 이성이 앞서는 헬라적 큐티에 머물러 있다, 그는 전혀 히브리적이지 않은 셈이다.

물론 하나님께서는 하나님을 사랑하는 중심을 받으시지만, 모세오경 암송과 같은 낱권별 암송을 하지 않는 만큼 영의 세계와 물질 세계를 다 받아들일 수 있는 신비한 뇌를 창조하신 하나님의 초월의 은혜를 덜 체험하게 된다. 영적인 차원뿐 아니라 실제적으로 명석한 두뇌를 만드는 가장 놀라운 비밀이 낱권별 암송에 있기 때문이다.

하나님의 소원대로 말씀사랑

낱권별 암송 신앙에는 특별한 은혜가 있다. 이것은 단지 지식적으로 발견할 수 있는 것을 말하지 않는다. 나는 낱권별 암송자로서 요한복음, 마가복음 및 서신서들 등 암송이 완료된 열 권을 비롯해 현재까지 창세기 1-8장(9장 진행 중)과 히브리서 1-9장(진행 중) 및 신구약성경의 주요 구절들을 합해 3,900구절 정도를 암송하며 22년을 살아왔고, 그것을 피부로 체험하고 있다. 하나님께서 이스라엘 백성에게 쉐마를 주시면서 모세오경을 암송하도록 하신 것이 하나님께서 우리를 사랑으로 이끄시는 최고의 방법이었음을 날이 갈수록 더 깊이 느낀다.

이 견해에 대해 시도해보지 않은 상태에서 섣부른 평가를 하지 않기를 바란다. 복음서 한 권이라도 암송해보고 그것을 적어도 3년 정도 꾸준히 반복해보면 충분히 알게 된다. 정말 놀라운 세계가 열리는 체험을 하게 되리라 확신한다. 왜 하나님께서 모세오경 암송 차원에서 쉐마를 허락하셨는지, 왜 그것을 예배의 중심으로 삼으셨는지를 알게 될 것이다.

나는 22년을 암송으로 성령님을 사랑해오면서 낱권별 암송자가 되기까지, 우리 안에 성경암송을 거부하는 자아가 있는 것을 발견했다. 성경암송을 싫어하는 자아, 암송이 어렵다면서 하나님께서 우리의 뇌를 놀랍게 창조하신 것을 거부하는 패배주의적 자아, 암송이 좋은 것을 알기에 시도하지만 헬라적 차원에서 주제별 암송에만 머무르며 편식하고 싶어 하는 자아, 낱권별 암송과 같은 히브리적 권별 암송은 엄두도 못내는 자아, '그렇게까지 할 필요가 있을까' 하는 자기 나름의 견해에 머무는 자아 등 많은 자아들이 있다.

특히 나름대로 사역을 출중하게 해내고 있는 주의 종들 가운데 그런 생각을 하고 있는 경우가 더 많다. 굳이 낱권별 암송을 하지 않아도 나름대로 사역이 잘 이루어지고 있다고 생각하기 때문이다. 그러면서도 한편으로는 "말씀을 더 사랑하고 싶어요"라고 고백한다. 참으로 아이러니하다. 단언하건대 하나님께서 사랑하라고 하신 방법대로 하지 않는 만큼 우리 안에 자아가 살아 있다고 보면 된다. 그런 차원에서 보면, 낱권별 암송의 놀라운 유익 중 하나가 자아 부인의 최고봉으로서 하나님을 예배할 수 있는 것이라 여겨진다. 정말 하나님을 사랑하기에 가장 유익한 방법이다.

'이왕 버린 몸'이라는 표현이 있다. 이왕 자아부인할 거 격하게 몸을 좀 버려보는 건 어떨까? 낱권별 암송 차원에서 쉐마에 그대로 순종해 하나님을 사랑해보자. 어마어마한 지혜가 부어지는 것을 체험하리라 믿는다. 쉐마를 명령하신 것이 지극히 놀라운 하나님의 사랑이라는 것을 몸으로 겪게 되리라 본다. 요한이서, 요한삼서, 유다서, 데살로니가후서, 베드로후서 등 분량이 적은 책부터 섭렵해보자. 그다음 복음서와 창세기를 동시에 암송해보라. 낱권별 암송의 본질을 체험할 수 있을 것이다.

신기한 것은, 낱권별 암송으로 성령님을 사랑하기로 결심하고 시도하는 순간부터 벌써 말씀을 사랑하는 태도 자체가 달라져 있는 것을 알게 된다. 이것은 현대 크리스천들의 여러 가지 중독을 끊을 수 있는 놀라운 원안이자 대안이기도 하다.

육적 도파민과 영적 도파민

어느 뇌 과학자의 강의를 들으니, 우리의 뇌는 새로운 것을 경험할 때 즐거워하고, 그때 '도파민'이라는 호르몬이 분비된다고 한다. 사실 우리의 뇌는 성경암송이 분명한 하나님의 명령이고 사랑이며 훌륭한 신앙의 모습임을 알면서도 그것을 싫어하고 어려워하며 중요하게 생각하지 않아서 시도했다가도 자꾸 중단하게 하는 범인이다. 같은 부분을 끊임없이 반복해야 암송이 되니, 뇌가 얼마나 재미없어 하고 싫어하고 가치 없는 일이라고 생각할까?

쉐마에 의해서 말씀을 새기라고 하신 하나님은 왜 우리의 뇌를 그렇게 창조하셔서 뇌가 암송에 재미를 느끼지 못하게 하셨을까? 하나님께서 실수하신 것인가, 아니면 우리를 골탕 먹이시려는 것일까, 아니면 숨은 신비가 있는가?

22년을 암송 예배자로 달려오면서 끊임없이 싸워온 것이 '또 반복해야 하나?'라는 자신과의 싸움이었다. 그런데 이제는 그것이 새로운 체험을 갈망하는 뇌의 당연한 반응이라는 것을 알게 되었다.

나는 1997년부터 "성경을 암송하여 예배하라!"라는 성령님의 사랑의 명령에 순종해서 반복 암송을 싫어하는 마음을 옛 자아로 간주했다. 그리고 반복 암송으로 계속해서 옛 자아를 십자가에 못 박으며 끊임없이 성령님을 향했다.

쉽지 않았지만, 그렇게 할 수 있었던 것은 진리의 영이 내 안에 계심을 진짜 믿었기 때문이었다. 나는 진리가 새롭게 배워서 채워지는 것이 아니며, 이미 완전한 진리이신 성령님 안에 내가 들어갔고 진리이신 성령께서 이미 내 안에 계시다는 것을 믿었다. 그리고 아무리 시간이 흘러도 낡아지지 않고 날로 새로운 진리인 복음의 핵심(죽음 연합, 부활, 승천, 보좌 연합, 성령 연합)을 믿었고, 그 진리를 믿게 하시는 성령님이 내 안에 계시기에 반복 암송으로 나의 옛 자아를 이겨낼 수 있었다.

재미없다고 생각하는 옛 자아를 계속 부인하며 진리인 성경을 암송하면서 진리의 영을 예배하는 순간마다 나는 전혀 예상치 못한 깨달음과 체험들이 하늘로부터 내려오는 것을 새롭게 체험했다.

그 체험을 통한 기쁨과 희열은 이루 말할 수 없다. 그것은 내가 1차적으로 경험하고 싶어 하는 육적 경험에서 나오는 도파민이 아니었다. 그것은 같은 일을 반복하면 지루해하는 뇌의 습성에 반해 오히려 반복 암송함으로써 얻게 된 영적 신선함이었다. 영이신 하나님께서 영적 차원으로 주고자 하시는 새로운 깨달음과 체험에서 비롯된 즐거움에서 나오는 영적 도파민이었다. 그러면서 '반복 암송하며 하나님을 사랑하는 쉐마 명령이 참 진리구나!'라는 것을 점점 더 확신하게 되었다.

세상에 속한 자연인은 세상 속에서의 새로운 변화로 얻을 수 있는 즐거움을 추구한다. 그리스도인이 되었어도 인간에게는 여전히 옛 자아의 습성이 남아있다. 그래서 성경을 통한 새로운 변화를 체험하고자 할 때에도 새로운 지식을 빨리 습득해 즐거움을 느끼고 싶어 한다.

성경을 반복 암송하는 것은 분명히 재미없는 작업이라고 뇌는 판단한다. 그래서 성경을 오래도록 반복 암송하는 지겨운 작업보다 차라리 주석이나 참고서를 찾아 성경을 빨리 이해하고 새로운 지식을 습득하고 싶어 하며, 지성적으로 관찰하고 해석하고 적용하고 싶어 하는 쪽으로 움직이기를 원한다.

그러나 영적 그리스도인으로서 더욱 풍성한 영적 삶을 누리기 위해서는 이런 삶의 태도를 바꿔야 한다. 눈에 보이, 귀에 들리고, 내가 감각할 수 있고, 내가 원하는 수준의 새로운 깨달음을 빨리 체험할 때 흘러나오는 도파민을 즐기는 데 머물 것인가? 아니면 세상의 습성을 부인하며 끊임없이 반복 암송하고 진리의 영을 예배하면서 영원한 차원, 영적인 차원의 새로운 것이 하늘로부터 부어지는 차원에서 나오는 도파민을 누릴 것인가?

지금 우리가 경험하는 이 세상은 사라질 것이다. 아무리 처음 하늘과 처음 땅에서 새로운 것을 경험한다 하더라도 해 아래 새것은 없다. 우리에게 오직 새로운 분은 변치 않으시는 하나님이시며, 그분이 예비하신 영원한 새 하늘과 새 땅이다. 그 영원한 새 하늘과 새 땅에 대한 것을 기록한 진리인 성경은 날로 새롭다.

새로운 경험으로 얻게 되는 진정한 기쁨은 요동하는 세상의 변화에 대한 경험과 다르다. 그리고 말초적인 변화들에 대해 즐거움을 느꼈던 세상 습성으로서, 여전히 성경을 빠르게 깨달으며 얻는 기쁨도 아니다. 우리에게는-물론 우리는 그리스도와 함께 죽었지만 그 죽음이 실제임을 누리기 위해서는- 너무 쉽게 변화하는 세상에 즐거움으로 반응했던 그 옛 자아의 습성을 부인하는 충분한 기간이 필요하다. "사랑하려면 말씀을 새기라"(반복 암송)라는 쉐마 명령을 허락하신 하나님의 의도가 바로 그것이다.

새로운 것을 경험할 때 기뻐하는 성질로 우리의 뇌를 창조하시고, 쉐마로 성경을 암송하라고 명령하신 하나님은 결코 실수하지 않으셨다. 비록 성경을 반복 암송하는 작업에 대해 뇌는 1차적으로 지루함을 느끼지만, 그 성질을 십자가에 계속 못 박기 위해서라도 반복해서 암송하자.

날로 새로운 진리인 성경을 반복 암송하며, 하늘의 영원한 것으로 날로 새롭게 역사하시는 진리의 영을 예배하자. 하늘 보좌로부터 생명수가 영적인 도파민으로 우리의 심령에 부어져 요동하는 세상 속에서도 진정한 기쁨과 평안과 안식을 누리게 될 것이다.

성경암송 배틀 게임

성경암송은 지루한 것이 아니다. 말씀을 암송하며 게임을 즐길 수도 있으니 말이다. 여호사밧 복음사관학교 6기 멤버 중 한 형제와 암송 배틀 게임을 한 적이 있다. 정말 즐겁고 유익한 시간이었다. 이를 소개하며 단체 카톡방에서 나눈 대화를 간략히 정리해 실어본다.

∞
지 목사 화이팅! 여러분, 암송예배를 열심히 드리고 계시나요? 지난 번 한국 방문 중 평창 엠티를 갔다 올 때 제가 운전하는 차 안에서 호현 형제와 마가복음 1-6장까지 암송 배틀을 한 것이 생각납니다. 얼마나 즐거운 암송 배틀이었는지 모릅니다.

암송 배틀은 처음부터 끝까지 둘이 함께 암송을 하는 것인데요, 한 절씩 번갈아 하는 배틀뿐 아니라 암송하다가 내가 끊고 싶은 곳에서 끊고 상대방에게 순서를 넘기는 게임이죠. 제가 개발했어요.

제가 운전하고 있을 때 호현 형제가 "목사님과 마가복음 암송 배틀을 하고 싶어요"라고 했죠. 호현 형제가 정말 암송을 잘하는 것을 보고 얼마나 감격했는지 몰라요. 여러분들도 다들 열심히 하고 계시다가 모두 모여 함께 마가복음으로 암송 배틀을 즐깁시다. 할렐루야!

∞
호현 형제 우와! 할렐루야! 엄청나게 부족한 제 실력을 지 목사님이 봐주시면서 암송 배틀을 해주셨지요. 뱁새가 황새 따라가다 가랑이가 찢어진다는데, 지 목사님을 따라가려면 한참 멀었습니다. 제가 중간에 미처 암송하지 못한 구멍 난 부분은 지 목사님이 메꾸어주시고 다시 이어가면서 진짜 감사하고 기쁘고 보람차고 행복한 시간을 보냈습니다.

암송 배틀 중간에 많은 이들이 잘못 해석하는 부분에 대해 지 목사님이 먼저 질문을 해주셔서 제가 생각해보고 답변도 하면서 지 목사님과 '하브루타'도 경험했습니다.

요즈음 골방에서 홀로 암송예배를 드리며, 평창에서 돌아오던 길에 지 목사님과 암송 배틀했던 것을 떠올리며 다시 힘을 내서 암송하곤 합니다. '쓱삭, 쓱삭'(성령의 검을 가는 소리). 지 목사님께 다시 한 수 배울 날을 고대하며 마가복음 성령의 검을 날카롭게 갈아봅니다. 할렐루야!

∞
지 목사 아니에요. 호현 형제, 그때 정말 잘했어요. 뱁새와 황새의 차이는 단지 암송 반복의 횟수의 차이일 뿐입니다. 제가 더 나은 것은, 대단한 게 아니라 단지 먼저 시작했을 뿐이고 더 많이 반복한 것뿐이에요. 반복을 많이 하다 보니, 말씀 한 구절 한 구절의 의미에 대해 성령께서 옳게 풀어주시는 것을 그냥 체험하게 된 것이죠.

여러분 모두 반복의 위대함을 체험하시기를 바랍니다. 말씀을 한 구절 한 구절 계속 반복 암송하다 보면 끊임없이 우러나오는 맛이 기가 막히답니다. 물론 한 번 깊은 맛이 나오고 나서는 지속적으로 반복해도 별로 더 깊은 맛이 안 나오는 것 같기도 하지만, 그래도 그에 개의치 않고 그냥 소리 내며 성령님을 사랑하는 것이 더 중요한 것 같아요. 그분이 진리 자체이시니까요.

호현 형제　지 목사님, 격려해주셔서 감사합니다. 아멘! 아멘! 때로는 딱한 구절만 가지고 1시간 동안 기도했던 때도 있었던 것 같아요. 반복의 위대함 속에서 우러나오는 말씀의 꿀맛을 기가 막히게 느꼈죠. 내 안에 임하신 완전한 진리의 성령님! 그저 성령께 시선을 고정하고 중얼중얼 하며 성령님을 사랑하렵니다. 우리 모두 낱권별 암송자로, 걸어 다니는 드라마 바이블이 되기를 꿈꾸며 함께 나누어요.

형제 1　주와 함께 보좌에! 내일은 멍 때리는 시간을 예수님을 더 사랑하는 시간으로 드리길 원합니다. 이렇게 예배하게 하시니 감사드립니다. 할렐루야!

형제 2　"암송하는 동안 그저 예수님의 사역 현장에 있게 되는 은총을 체험하라"라는 지 목사님의 표현이 단순 암송을 사모하게 만드는 것 같습니다. 아멘!

3

땅, 물, 빛

이는 그들에게 증거가 되려 함이라 … 사람들이 너희를 끌어다가 넘겨줄 때에 무슨 말을 너희에게 주시는 그 말을 하라 말하는 이는 너희가 아니요 성령이시니라 형제가 형제를 부모를 대적하여 죽게 하리라 또 너희가 내 이름으로 말미암아 모든 사람에게 미움을 받으리라 너희는 스스로 조심하라 사람들이 너희를 공회에 넘겨주겠고 너희를 회당에서 자들과 임금들 앞에 서리니 이는 그들에게 증거가 되려 함이라 … 사람들이 너희를 끌어다가 넘겨줄 때에 너희에게 주시는 그 말을 하라 말하는 이는 너희가 아니요 성령이시니라 형제가 형제를, 아버지가 자식을 죽는 데에 내주며 자식들이 부모를 대적하여 죽게 하리라 또 너희가 내 이름으로 말미암아 모든 사람에게 끝까지 견디는 자는 구원을 받으리라 너희는 스스로 조심하라 사람들이 너희를 공회에 넘겨주겠고 너희를 회당에서 매질하겠으며 나로 말미암아 너희가 권력자들과 임금들 앞에 서리니 이는 그들에게 증거가 되려 함이라 … 사람들이 너희를 끌어다가 넘겨줄 때에 무슨 말을 할까 미리 염려하지 말고 무엇이든지 그때에 너희에게 주시는 그 말을 하라 말하는 이는 너희가 아니요 성령이시니라 형제가 형제를, 아버지가 자식을 죽는 데에 내주며 자식들이 부모를 대적하여 죽게 하리라 또 너희가 내 이름으로 말미암아 모든 사람에게 미움을 받을 것이나 끝까지 견디는 자는 구원을 받으리라 너희는 스스로 조심하라 사람들이 너희를 공회에 넘겨주겠고 너희를 회당에서 매질하겠으며 나로 말미암아 너희가 권력자들과 임금들 앞에 서리니 이는 그들에게 증거가 되려 함이라 …

CHAPTER 12

씨와 땅이 만날 때

열매를 위한 씨앗은 반드시 땅을 만나 죽어야 한다. 땅은 새 생명을 위해 반드시 씨앗을 죽여야 한다. 이것이 땅에게 주어진 역할이다. 또한 땅은 씨앗의 죽음 위로 터져 나오는 새 생명에게 물과 양분을 내어준다. 땅은 씨앗에게 '죽음'과 '생명'이라는 상반된 두 가지 유익을 주는 것이다.

주님은 생명의 근원이시다. 그분이 한 알의 밀알로 죽기 위해 이 세상에 오셨다. 우리에게 생명을 주시기 위함이다. 주님은 이 땅에 심겨져 죽으셨고, 부활·승천하셔서 보좌에 앉으셨다. 십자가에서 죽으신 예수님 앞에서 회개하고 그분을 주인으로 모셔 들인 우리를, 주님은 또 다른 새 생명의 열매들로 탄생시키셨다. 주와 함께 우리의 옛 생명을 죽이셨고(갈 2:20) 다시 살리시어 보좌에 앉히신 후(엡 2:5,6) 우리를 이 땅으로 다시 보내셨다.

"예수께서 또 이르시되 너희에게 평강이 있을지어다 아버지께서 나를 보내신 것같이 나도 너희를 보내노라"(요 20:21).

이제 부활 생명을 받은 우리는 이 땅(세상)에 심겨져 죽어서 또 다른 생명들을 맺어야 할 밀알들이다.

"내가 진실로 진실로 너희에게 이르노니 한 알의 밀이 땅에 떨어져 죽지 아니하면 한 알 그대로 있고 죽으면 많은 열매를 맺느니라"(요 12:24).

많은 사람들이 "한 알의 밀알이 썩어져야 한다"라고 표현한다. 그러나 이는 잘못된 표현이다. 성경은 '죽으면'이라고 했지 '썩으면'이라고 하지 않았다. 썩는다는 것은 땅속에 심겨지는 것이 아니라 아스팔트 위에서 태양빛에 완전히 말라 쭉정이가 되어 그 씨앗 속에 있는 생명의 가능성 자체가 사라져버리는 것을 의미한다.

한 알의 밀알로 보냄을 받은 우리는 아스팔트 위에서 썩지 말고, 다른 생명의 탄생을 위해 땅속으로 들어가서 죽어야 한다. 고난과 역경이라는 땅속에서 죽어야 한다.

고난과 역경의 땅속에 묻히다

이미 주와 함께 죽었는데 왜 또 죽어야 하냐고 항변하지 말라. 맞다. 우리는 분명히 주와 함께 이미 죽었다. 그리고 새 생명으로 살리심을 받아 만물 위에 앉혀졌다. 분명히 우리의 위치는 주님이 계신 곳이다.

"아버지여 내게 주신 자도 나 있는 곳에 나와 함께 있어 아버지께서 창세 전부터 나를 사랑하시므로 내게 주신 나의 영광을 그들로 보게 하시기를 원하옵나이다"(요 17:24).

그러나 우리는 아직 이 땅에서 부활의 몸을 입지 못했다. 그래서 흙으로 돌아갈 육신을 입고 있는 한, 영광스러운 부활의 몸을 입기 전까지는 죄에 물든 죽은 옛 생명의 습관이 흘러나오게 되어 있다. 그것이 처리되어야 한다.

그래서 옛 생명이 주와 함께 죽었음을 믿는 만큼, 여러 환경의 어려움 가운데에서도 옛 생명이 죽었음을 실제로 체험하는 자아의 죽음 기간이 필요하다. 또 다른 하나의 열매를 위해서, 다른 영혼들에게 생명을 얻도록 하기 위해서다.

겉껍질은 그 속에 담긴 생명을 감싸는 기능을 감당한다. 땅에 떨어진 밀알이 싹을 틔우기 위해서는 외형적으로 자신을 뽐내던 반질반질한 겉껍질을 벗어야 한다. 딱딱한 겉껍질이 벗겨지는 만큼 껍질 속에 있던 생명의 씨앗이 겉껍질을 뚫고 나오면서 생명력을 발휘하기 시작한다.

우리는 썩지 아니할 부활의 몸을 받기 전까지는 썩을 육신을 입고 있기에 죄에 물든 옛 자아의 겉모습은 이 세상에서 계속 깨지고 벗겨져야 한다. 깨지고 벗겨지는 우리를 통해 생명이신 주님이 드러나서서 생명의 역사를 일으키신다. 보배이신 예수님이 질그릇 된 우리 안에 계신다. 우리의 질그릇이 깨질 때 주님이 흘러나오실 수 있다.

"우리가 이 보배를 질그릇에 가졌으니 이는 심히 큰 능력은 하나님께 있고 우리에게 있지 아니함을 알게 하려 함이라 우리가 사방으로 욱여쌈을 당하여도 싸이지 아니하며 답답한 일을 당하여도 낙심하지 아니하며 박해를 받아도 버린 바 되지 아니하며 거꾸러뜨림을 당하여도 망하지 아니하고 우리가 항상 예수의 죽음을 몸에 짊어짐은 예수의 생명이 또한 우리 몸에 나타나게 하려 함이라 우리 살아 있는 자가 항상 예수를 위하여 죽음에 넘겨짐은 예수의 생명이 또한 우리 죽을 육체에 나타나게 하려 함이라"(고후 4:7-11).

겉사람은 날로 후패해야 한다. 그래야 속사람이 새로워진다(고후 4:16). 이를 위해 주님은 그리스도인에게 '세상'이라는 땅을 허락하신다. 겉사람인 우리 속에 계신 예수님이 생명나무로 나타나시기 위해서는 우리의 겉사람이 '세상'이라는 땅속에서 죽어 이 세대를 본받지 않고 자기를 부인하며 자기 십자가를 지고 가야 한다.

그러나 우리의 옛 자아인 겉사람은 죽지 않으려고 몸부림친다. 자기 의로 참 빛이 아닌 가짜 빛을 찾아 길가로 올라가고 싶어 한다. 땅속의 욱여쌈이 고통스러워 자유를 얻기 위해 다른 것에 의지하고 싶어 한다.

혹시 고난과 역경 속에서 부글부글 끓는 속을 억지로 참아내고 있는가? 이는 주와 함께 죽은 자의 모습이 아니다. 옛 자아가 안 죽으려고 아스팔트 위에서 발버둥 치다가 결국 썩어져가는 모습이다. 그러면 모든 것을 잃어버리게 된다.

"자기의 생명을 사랑하는 자는 잃어버릴 것이요 이 세상에서 자기의 생명을 미워하는 자는 영생하도록 보전하리라"(요 12:25).

죽음의 과정을 잘 거쳤다 해도 그 후 탄생하기 시작하는 새싹은 너무나 연하다. 손으로 비비면 금방 짓이겨져 흔적도 없이 사라져 버릴 정도의 연약한 새싹이다. 그런데 그 싹이 딱딱한 껍질을 뚫고 나올 뿐 아니라 자신을 옴짝달싹 못하게 만들던 견고한 땅도 서서히 뚫어내며 뿌리를 내린다.

곧이어 연한 새순은 굳은 땅을 뚫고 밖으로 나오기 시작한다. 이것이 생명의 힘이다. 땅을 뚫고 나온 새싹은 땅에 있는 생명수와 영양분을 빨아올리며 줄기와 가지를 낸다. 잎사귀가 나오고, 꽃을 피우고, 새로운 열매들을 맺는다.

고난과 역경은 진정 우리에게 좋은 토양이다. 역경은 주와 함께 죽었음이 실제임을 나타낼 수 있는 기회의 땅이다. 주와 함께 진정으로 죽은 것을 믿는 자는 고난과 역경 속에서 아프고 힘들 때에도 주님과 연합된 것을 알기에 세상이 줄 수 없는 놀라운 평안을 누린다. 말씀을 인하여 환란과 핍박이 올 때 넘어지지 않을 수 있다.

세상에서 겪는 크고 작은 일, 좋고 나쁜 모든 일들을 묵묵히 감사함으로 받자. 그리고 모든 상황 속에서 묵묵히 주와 함께 죽었음을 선포하자. 주께서 생명을 다시 얻기 위해 십자가에서 죽으신 죽음이 바로 이런 의미다.

"내가 내 목숨을 버리는 것은 그것을 내가 다시 얻기 위함이니 이로 말미암아 아버지께서 나를 사랑하시느니라"(요 10:17).

말씀을 어떻게 들어야 할까

행위의 뿌리는 생각이다. 그러므로 열매 맺는 삶을 위해서는 생각이 먼저 지켜져야(헬, 테레오) 한다. 생각 속에서부터 말씀을 지켜야(간직, 사수, 보존) 한다. 스스로의 힘만으로는 순종할 수 없다. 열매 맺는 삶의 본질은 열매의 근원인 말씀(씨앗)을 마음 밭에 어떻게 뿌리는가에 달려 있다. 예수님은 이에 대해 구체적으로 말씀해주셨다. 그것이 바로 그 유명한 '씨 뿌리는 비유'이다.

어느 날 마가복음 4장을 암송하다 씨 뿌리는 비유의 첫 표현인 '들으라'에 이르렀을 때, 쉐마인 신명기 6장 4절도 '들으라'(히, 쉐마)로 시작한다는 것이 생각났다. 유대인들은 하나님께서 신명기 6장 4-9절에서 명령하신 대로 모세오경을 암송하며 순종하고 있다고 자부하는 자들이었다. 예수님은 그런 자들에게 "들으라!"라고 선포하시며 쉐마를 연상케 하셨다. 그리고 쉐마에 의해 모세오경을 암송하는 것이 마음 밭에 하나님의 말씀을 뿌리는 것이며, 하나님의 말씀을 듣는 마음의 상태를 점검해볼 수 있도록 하는 것이 씨 뿌리는 비유에 담긴 예수님의 의도다.

모세오경 및 구약 전체는 영생에 대한 기록이며, 영생을 얻기 위해 그리스도께 나아갈 것을 말하고 있다. 그런데 모세오경을 암송하며 하나님을 사랑하면서도 영생을 얻기 위해 그리스도께 나아가지는 않는 자들이 많았다(요 5:39). 그것이 바로 '성령의 열매를 맺지 못하는 모습'이라는 것이 씨 뿌리는 비유의 핵심이다. 예수께서는 그들에게 마음 밭에 말씀을 뿌리는 네 가지 유형의 사람들을 말씀해주셨다.

길가에 뿌려 말씀을 빼앗기다

길가 밭에 뿌려진다는 것은 마음 밭에 뿌려진 말씀을 사탄이 빼앗아가는 상태를 말한다. 전통적인 해석은 이것이 예수님을 믿지 않는 영혼을 상징한다고 본다. 그러나 예수님을 믿지 않는 자나 믿는 자나 모든 사람의 마음속에는 길가 밭이 있다. 예수님을 주인으로 모셔 들인 우리에게도 흙으로 돌아갈 육체를 입고 있는 한 죽은 옛 생명의 습관이 남아있다. 그로 인해 우리는 말씀을 대할 때 자신이 듣고 싶은 것만 듣고, 보고 싶은 것만 보는 연약함을 나타낸다.

모세오경을 엄격하게 암송했던 유대인들도 예수님의 말씀을 받아들이지 않음으로 오히려 예수님을 죽이려 했다(요 8:37). 그들이 토라를 암송하며 여호와 하나님을 사랑한다고 하지만, 그것이 바로 길가 밭의 모습인 셈이다.

베드로는 모세오경을 통해 하나님을 사랑하고 메시아를 기다렸으며, 결국 그분을 만났고 그분과 동행했다. 예수님의 물음에 "주는 그리스도이십니다"라고 정답까지 맞췄다. 그러나 예수께서 고난당하고 죽으실 것에 대한 말씀은 받아들이지 않았다. 오히려 예수님의 죽으심의 길을 막아서는 행동을 통해 인류 구원의 길을 막아섰다. 아주 견고한 길가 밭의 모습이다.

사람들이 "네가 누구냐?"라고 물었을 때 자신은 이사야 선지자가 말한(사 40:3) '주의 길을 곧게 하는 광야의 외치는 자의 소리'라고 답했던 세례 요한도 말라기서 4장의 말씀은 받아들이지 않았다(요 1:19-23). 반면 예수께서는 말라기서에서 예언한 엘리야가 세례 요한이라고 분명히 말씀하셨다(마 11:14; 말 4:5). 세례 요한 안에는 이사야서 말씀을 받아들일 옥토가 있었지만, 말라기서 말씀을 받지 못하는 길가 밭도 있었다.

니고데모도 모세오경을 암송하는 자로서 예수께서 하나님께로부터 온 선생인 줄을 알면서도 바로 그 모세오경이 영생(거듭남)에 대해 말하는 복음서임을 받아들이지 못하는 길가 밭의 마음을 가진 자였다(요 3:1-15).

누구에게든 죽은 옛 생명의 습관으로 하나님의 말씀을 듣지 못하는 길가 밭이 있음을 인정하자. 그리고 길가 밭의 옛 생명이 주와 함께 죽었고 새 생명으로 살아서 만물 위 아버지 품에 안겨있음을 믿자. 그래서 갓난아기가 엄마 품에 안겨 어미젖을 빨듯이 만물 위에 계신 하나님 품에 안겨 있음을 믿고, 그저 모든 말씀을 "아멘 아멘!" 하며 암송으로 마음에 새기자.

갓난아기는 아무것도 쓰여진 것이 없는 하얀 종이 같아서 무슨 정보든 다 받아들인다. 우리가 갓난아기와 같은 모습으로 하나님의 말씀을 암송하며 받아먹을 때, 내 안의 길가 밭이 기경된다. 그만큼 옥토가 된다.

말씀으로 인해 넘어지는 사람들

흙이 얇은 돌밭은 말씀을 받을 때 즉시 기쁨으로 받지만 그 속에 뿌리가 없으므로 말씀으로 인한 환란과 핍박에는 곧 넘어진다. 오병이어의 기적을 일으키신 예수님을 따라 배에 탄 제자들이었지만, 광풍이 일자 두려워하며 예수님을 원망했다. 예수님의 말씀을 좇아가다가 '풍랑'이라는 환란이 오자 곧 넘어진 것이다(막 6:35-52).

우리가 하나님의 말씀을 기쁨으로 받아 말씀대로 행하면 세상으로부터 환란과 핍박을 받게 된다. 세상은 하나님의 말씀과 반대로 움직이므로 그것은 우리가 당연히 겪게 될 결과다. 말씀으로 인해 환란과 핍박이 올 때면 그것을 힘들어하는 옛 생명이 느껴진다.

그럴 때 우리의 옛 생명이 주와 함께 죽었음을 믿자. 그리고 주와 함께 살아서 만물 위 아버지 품에 안겨 있음을 믿고 기뻐하자. 환란과 핍박은 오히려 우리가 주와 함께 연합되었음을 선포할 수 있는 주님의 선물이다. 환란과 핍박은 우리가 말씀을 잘 받고 따른 것을 반증해주는 것이니, 기뻐하고 감사하자.

유혹을 거절하지 못하는 사람들

가시떨기에 떨어진 씨는 말씀을 받지만 세상의 염려와 돈의 유혹과 기타 욕심이 들어와 결실하지 못하는 상태를 말한다. 성경에 나오는 부자 청년은 모세오경을 다 암송했으며, 자신이 하나님을 사랑하고 이웃을 사랑한다고 자부했다. 그럼에도 불구하고 자신에게 아직 영생이 없다는 것도 알고 있었다. 그래서 예수님을 찾아와 영생에 대해 여쭤봤다.

그러나 "가난한 자들에게 다 팔아 나눠주면 하늘에 보화가 있을 것이다. 그리고 나서 나를 따르라"라는 예수님의 말씀을 듣자, 재물이 많았던 그는 슬픈 기색을 띠고 근심하며 돌아갔다. 그는 가시떨기에 뿌려진 자였다. 가난한 자들에게 자기 것을 나눠줄 수 없는 상태로, 사랑으로 계명을 행한 것이 아님이 드러났다. 말씀을 암송하고 십계명을 다 지켜 행했지만, 사랑으로 한 것이 아니라 자기 욕심을 채우기 위해 행한 것이었다. 그는 세상의 염려와 돈의 유혹과 기타 욕심 때문에 결실치 못하는 자였다.

우리가 하나님의 말씀을 받을 때, 우리 안에 죽은 옛 생명의 습관을 따르는 염려, 욕심(이기심)이 말씀과 정면충돌할 때가 있다. 그럴 때 염려와 욕심의 뿌리인 옛 생명이 주와 함께 죽었음을 믿음으로 선포하고 말씀을 받아들이자. 말씀과 충돌해 우리 안의 옛 생명의 모습들이 뒤어나올 때마다 우리는 이미 주와 함께 연합되었다는 진리를 선포함으로 다시 주 안에 거해야 한다. 그래야 그 염려와 욕심이 제거된다.

열매를 맺는 사람들

좋은 땅에 뿌려진 자들은 갓난아기와 같이 언제든지 말씀을 잘 듣고 잘 받는다. 이들은 자신이 주와 함께 죽었다가 다시 살아서 만물 위 아버지 품에 안겨 있음을 잘 믿는 자들이다. 그럼에도 불구하고 자신이 연약한 줄 알고 늘 메시아를 기다리며 예배하는 자다.

자신이 죄인임을 철저히 알았던 사마리아 여인은 메시아를 기다리는 자였다. 비록 예수님이 메시아이심을 단번에 알아보지는 못했지만 결국에는 알아보았고, 물동이를 버려두고 동네에 들어가 메시아를 만났다고 외쳤다.

그 여인은 말씀을 '듣고 받은'(심고 지킨) 것에 멈추지 않고 받은 말씀을 선포함으로써 많은 사마리아 사람들이 예수께로 나와 믿게 했다. 30배, 60배, 100배의 결실을 맺은 것이다.

말씀은 생명의 씨앗이다. 나를 살린 생명의 말씀은 분명히 내 입술을 통해 선포되게 마련이고, 그 말씀을 통해 또 다른 많은 생명의 열매가 맺힌다.

당신은 진정으로 구원받은 백성인가? 그렇다면 또 다른 생명의 열매들을 맺고 있는지 점검해보아야 한다. 그것이 바로 말씀을 어떻게 듣고 있는가를 알려주는 척도다. 진정으로 듣고 있다면 심겨진다. 심겨졌다면 나를 살리는 말씀으로 경험된다. 그리고 다른 사람들을 구원의 길로 이끌도록 그 말씀을 선포한다.

좋은 땅이 되어주시다

주님은 생명의 씨앗인 한 알의 밀알로 이 세상에 죽으러 오셨다. 그는 성경(구약)대로 죽으셨고 부활 승천하셨으며 우리 안에 성령으로 오셨다(고전 15:3-6; 요일 4:13). 주와 합하는 자는 한 영이다(고전 6:17). 내 안의 영은 내 영이 아니라 주의 영이시다. 주의 영께서 내 안에 옥토가 되어 주셨다.

내 안에는 여전히 죄의 법을 따르는 옛 생명이 있고 하나님의 법을 따르는 새 생명(영)도 있다(롬 7:22,23). 새 영이 하나님의 법을 따를 수 있는 이유는 내 영 안에 예수님이 계시기 때문이며 그가 행하시기 때문이다.

하나님의 법을 따르기 위해서는 영이신 말씀의 씨앗을 길가 밭이나 흙이 얇은 돌밭, 가시떨기밭과 같이 죄의 법을 따르는 옛 생명에 뿌리면 안 된다. 옛 생명으로 영이신 말씀을 먹으려 하면 안 된다.

영이신 말씀은 새 영으로 먹어야 한다. 말씀은 영이기에 새 영에 뿌려야 한다. 영은 영으로 통한다. 옥토는 우리 안에 계신 거룩한 영이시므로 말씀을 암송하며 새길 때 영이신 말씀을 거룩한 영께 선포해드려야 한다.

"삶을 주께 드리리!"라는 가사의 찬양들이 많다. 삶을 주께 드리려면 먼저, 영이신 말씀을 내 안에 계신 거룩한 영께 선포해드려라. 우리의 삶을 내어드리기 위해서는 먼저 열매의 씨앗인 말씀을 옥토이신 그분께 뿌려야 한다.

우리가 말씀을 암송하며 옥토이신 주께 뿌려드릴 때는 암송하는 말씀에 대한 어떠한 과거 경험이나 지식도 개입하지 못하도록 순수하게 드려야 한다. 그것이 우리가 삶을 날마다 새롭게 드리는 비밀이다. 그것이 바로 날마다, 매 순간마다 새 부대가 되어 새 포도주를 마실 수 있는 비밀이다.

말씀을 암송함으로 옥토이신 성령께 뿌려드리는 영성이 갖춰지면, 우리 안에 계신 그분께서 직접 행하시는 일을 자연스럽게 경험하게 된다. 그래서 다시 "내가 사는 것은 더 이상 내가 사는 것이 아닙니다. 내 안에 주님이 사십니다"라고 고백하게 된다.

내 안에 변화된 중심이 있다. 이미 완전하게 변화된 새 영이 있고, 새 영 안에 거룩한 영이 그리스도로 계신다. 그리스도인의 삶이란 나의 옛 생명을 개조시키고 바꾸어 나아가는 것이 아니다. 옛 생명은 변화시켜야 하는 것이 아니라 죽여야 한다.

옛 생명은 오직 예수께서 죽으신 그 십자가에서만 죽일 수 있다. 회개하고 예수님을 구주로 모셔 들이는 자만이 그 옛 생명을 죽일 수 있다. 그리고 새 영으로 살리심을 받는다. 변화된 새 영 안에 계신 성령께 말씀을 선포해드리는 것이 변화된 삶을 살아가는 비밀이다.

CHAPTER 13

말씀의 포도나무 숲

사람의 생각(知)과 느낌(情)과 의지(意)는 하나로 연결되어 있다. 느낌과 행동은 그냥 흘러나오지 않는다. 반드시 그가 어떻게 생각했는가에 따라 느끼고, 그 생각으로 인해 행동하게 된다. 이러한 지, 정, 의를 '혼' 또는 '마음'이라고 한다. 그래서 "마음대로 한다"라는 말은 생각대로 행동한다는 의미다.

그런데 생각은 뇌 속 신경세포인 뉴런의 작용이다. 인간의 뇌 속에는 천억 개의 뉴런 신경세포가 있다. 뉴런들이 나무처럼 생겼으니, 우리의 뇌는 천억 그루의 뉴런 숲이 우거진 땅이라고 할 수 있다.

사람이 어떤 생각을 하면 뉴런이라는 나무의 가지에 그 정보가 입력된다. 새로운 생각을 할 때마다 새로운 뉴런 나무에 새로운 가지가 생겨난다. 그러므로 사람이 어떤 생각을 하고 있는가에 따라 뇌속에는 그 생각에 해당하는 뉴런 숲이 이루어지는 것이다.

우리가 말씀을 암송하게 되면 뇌에는 말씀이 저장된 뉴런 나무가 숲을 이루게 된다. 그 숲은 포도나무 숲이다. 예수님이 말씀이시며 포도나무이시기 때문이다. 그러므로 말씀을 암송할수록 뇌 속은 포도원이 된다.

포도나무이시며 말씀이신 예수님을 사랑함으로 암송을 하면, 그 말씀이 뇌에 새겨지는 만큼 마음에는 포도원이 생긴다. 그 마음속에는 성령의 포도 열매가 주렁주렁 맺힌다. 마음에 형성되는 포도원, 마음속에 열리는 포도 열매들은 그 사람의 삶의 열매로 드러난다. 그러므로 뇌는 실제적으로 준비된 포도원이다.

하나님의 생각을 생각하다

성경은 하나님의 생각이다. 하나님의 생각인 성경을 암송하는 것은 하나님의 생각을 생각하는 셈이다. 하나님의 생각인 성경을 생각할수록 내 생각의 원천인 뇌의 뉴런은 하나님의 생각으로 가득 채워진다. 그러면 하나님이 원하시는 포도원이 뇌 속에 형성된다.

이런 원리로 하나님의 생각으로 살아가는 사람이 되어 간다. 말과 행동은 뇌의 명령의 결과이니 뇌 속에 하나님의 생각을 많이 심어 넣어 뇌가 하나님이 원하시는 포도원으로 형성되면 그만큼 하나님의 생각대로 살아가게 되는 것이다.

자기 생각으로 가득한 사람의 뇌에는 자기 생각에 해당하는 뉴런 나무들이 많으므로 자기 생각의 나무들이 뇌 속에 숲을 이룬다. 자기가 만들어낸 마음속 포도원이니, 그 포도원을 가꾸기 위해서는 자기가 물을 대야 하고 자기가 비료를 뿌려 양분을 공급해야 한다. 그렇게 자기 의와 행위로 땀을 흘리면서 열매를 맺는 것처럼 착각한다. 그러나 그런 열매들은 자기 영혼을 만족시키지 못한다. 육체만 만족할 뿐이다.

우리는 자신이 만들어낸 포도원 밖으로 나와야 한다. 자기가 구축한 포도원에서 빠져나올 수 있는 길은 오직 진정한 길 되신 예수 그리스도 앞에 무릎을 꿇는 것밖에 없다. 회개하고 길 되신 예수님을 주인으로 모셔 들여야 한다. 그럴 때 예수께서는 거룩한 영으로 그 영혼 안에 들어가 포도원이 되어주신다.

그래도 그의 말과 행동을 주장했던 뇌는 아직 스스로 버둥거리며 살았던 자아에 물들어 있다. 그래서 옛 포도원으로서의 뇌를 주께 통째로 맡겨야 한다. 뇌를 맡기기 위해서는 주님의 생각인 성경을 암송으로 심어 넣어야 한다. 그것이 이루어지는 만큼 그의 뇌는 자기의 옛 포도원에서 주님의 포도원으로 바뀌어간다. 그렇게 바뀌는 만큼 새 포도원으로서의 삶이 흘러나올 것이다.

4,000송이를 맺은 포도나무

여호사밧 복음학교 6기 출신으로 함께 복음을 깊이 나누고 있는 전도자인 호현 형제가 있다. 어느 날, 나는 그에게 포도와 관련해 책을 집필하고 있다고 말했다. 그때 그는 내게 4,000송이를 맺은 슈퍼

포도나무에 대한 기사를 보내주었다. SNS를 통해 그 기사를 받으면서 지금까지 거의 10년 넘게 해당 SNS에서 활동했던 내 성향을 분석해서 내가 어떤 사람인지를 평가해주는 기능이 있는 것을 발견했다. 그 기능 중에 "당신에게 가장 알맞은 직업은?"이라는 분석이 있었다. 호기심에 살펴보니 공교롭게도 '포도 재배자'라는 직업이 나와서 놀랐다.

그 형제가 보내준 기사의 내용은 이랬다. 전북 고창군 성송면 계당리 희성농장에 있는 13년생 포도나무(일명 머루포도)에 4,000송이의 포도가 열렸다는 것이다. 일반 포도나무에서는 100송이 정도가 열리는데 40배가 열린 셈이다. 비공인 세계신기록이다. 게다가 일반 포도의 당도는 14브릭스인데 이 포도는 20브릭스다. 화학비료를 쓰지 않고 친환경 전통 퇴비만 쓴 것이 비결이라고 했다.

"아버님과 조상님들이 하던 대로 따라 한 것뿐이에요."

4,000송이라는 특별한 포도송이들이 열린 데는 특별한 노하우가 있지 않았다. 토양 관리를 제대로 해준 것뿐이었는데, 친환경 전통 퇴비만 쓴 것이 비결이란다. 선조들이 하던 대로 따라서 한 것뿐이란다.

기사를 읽고 보니 우리 마음의 포도원도 마찬가지라는 생각이 들었다. 하나님께서 명령하셨던 쉐마 신앙대로 마음의 토양을 관리한 믿음의 선조들 덕분에 지금 우리의 손에는 성경이 들려 있다. 우리도 하나님께서 명령하신 그대로, 우리 조상들이 성경을 간직하고 사수하고 보존해온 방법 그대로 성경을 사랑하며 마음 밭을 가꾸면 된다.

한국 교회 교단의 색깔은 제각각이라도 모든 교단들이 이구동성으로 "역시 말씀이지요!"라고 한다. 그런데 만약 말씀을 사랑함에 있어 하나님 소견대로가 아니라 자신들의 소견을 따른다면 어떻겠는가. 하나님은 중심을 보시지만, 하나님의 소견대로 말씀을 사랑하지 않으면 그만큼 유익을 얻지 못하게 된다.

하나님께서는 모세를 통해 "마음을 다하고 성품을 다하고 힘을 다해 하나님을 사랑하라. 그러기 위해서는 우선 말씀을 새겨라(암송하라). 그리고 그것을 자녀들에게 가르치라"라고 하셨다. 이것은 하나님께서 직접 제시하신 방법이다. 이스라엘 백성은 하나님께서 마련하신 방법 그대로 모세오경을 통째로 암송함으로 하나님을 사랑했다.

그 결과 그들은 말씀 그대로 모든 민족 위에 가장 뛰어난 민족이 되었고(신 28:1), 그 민족을 통해 메시아가 오셨으며, 재림 메시아께서 오시는 데 귀한 표징으로 쓰임 받고 있다.

마음속 길을 뚫자

예수님을 예배할 목적으로 말씀을 마음에 새기기 위한 성경암송에

배는 마음(뇌)속에 길을 만드는 것과 같다. 어떤 구절을 처음 암송할 때는 일사천리로 진행이 되지 않고 진행하다가 멈춰지고 진행하다가 멈춰지곤 한다. 마치 거친 황무지에 길을 내는 것과 같다. 그러다 암송을 반복하는 횟수가 많아질수록 진행이 수월해진다. 복습 암송이 최고조에 이르면 '뻥!' 하고 터널이 뚫린 것과 같이 암송을 할 수 있다. 다 뚫린 터널에 바람과 물이 시원하게 흐르듯이, 말씀으로 뚫린 마음속 길에 성령께서 바람처럼 생수처럼 역사하셔서 그 삶에 열매가 맺힌다.

마음의 길을 뚫어 주의 길을 예비하는 삶을 살았던 사람이 세례 요한이다(막 1:2-5). 그는 모세오경을 암송하며 주의 길을 예비했고, 광야의 외치는 자의 소리로 살았으며, 말씀에 합당한 열매를 맺었다.

"또 말하되 누구냐 우리를 보낸 이들에게 대답하게 하라 너는 네게 대하여 무엇이라 하느냐 이르되 나는 선지자 이사야의 말과 같이 주의 길을 곧게 하라고 광야에서 외치는 자의 소리로라 하니라"(요 1:22,23).

모세오경을 암송했던 세례 요한은 성경암송으로 마음속의 길을 뚫어냈을 뿐 아니라 주님이 오실 길을 곧게 했다. 세례 요한이 예비한 길로 오신 예수께서도 유대 문화 속에서 성장하시며 모세오경을 암송하셨고, 본격적으로 하나님의 나라를 선포하기 시작하셨다. 그리고 결국 십자가에서 죽으시고 부활·승천하심으로 아버지께로 가는 그 길(the Way)이 되셨다.

십자가에서 죽으시기 직전에 예수님은 제자들에게 "내가 어디로 가는지 그 길을 너희가 아느니라"(요 14:4)라고 하셨다. 그러자 도마가 말했다.

"주여 주께서 어디로 가시는지 우리가 알지 못하거늘 그 길을 어찌 알겠사옵나이까?"(요 14:5).

가는 곳을 모르니 당연히 그곳으로 가는 길도 모른다는 항변이었다. 그러자 주님은 "내가 곧 길이요 진리요 생명이니 나로 말미암지 않고는 아버지께로 올 자가 없느니라"라고 하셨다(요 14:6).

도마의 질문은 아주 합리적이었다.

"주님이 어디로 가시는지 모르는데, 하물며 그 길은 우리가 어떻게 알겠습니까?"

그 이성적 질문에 대해 예수님은 "내가 바로 그 길이고, 바로 그 진리고, 바로 그 생명이야. 나로 말미암지 않고서는 아버지께로 올 자가 없다"라고 하시면서, 당신은 창조주 아버지께로 가는 것이며, 자신이 아버지께로 가는 길이라고 하셨다.

회개하고 예수님을 주인으로 모셔 들인 자는 그 길(예수님) 안에서 아버지께로 이미 들어간 자들이다. 이 땅에서 아버지의 생명 안에 있음을 기뻐하고, 말씀을 주야로 암송하며, 길 되신 예수님을 예배할 때 마음에 말씀 길이 생긴다.

때로는 앞뒤가 꽉 막힌 것 같은 상황이 온다. 그러나 마음속에 이미 말씀 길을 낸 자라면 그 답답한 상황 속에서도 믿음으로 묵묵히 그 길을 걸어갈 수 있다. 주님이 길이시고, 마음에 말씀 길이 나 있기 때문이다.

나는 현재 약 3,900구절 정도를 암송하고 있다. 3,900구절에 해당하는 말씀 길이 뚫려 있는 셈이다. 한 절 한 절이 작은 오솔길이라면, 한 문단 한 문단은 좀 더 큰 길이고, 각 장들은 더 큰 길이다. 그리고 낱권별 암송이 이루어져 있으므로 각 권들에 해당하는 대로가 마음에 뚫려있어 삶의 어떤 난관에 봉착하든 성령께서 내 마음에 뚫린 말씀 길로 나를 인도하신다.

십칠 세겔에 밭을 산 예레미야

예레미야는 하나님의 음성을 대언한 후 오히려 왕의 시위대 뜰, 즉 감옥에 갇혔다. 하나님의 뜻인 예루살렘의 멸망을 선포했기 때문이다. 하나님은 감옥에 있는 예레미야에게 그의 사촌을 보내사 예레미야가 태어난 곳, 즉 아나돗에 있는 밭을 사라고 할 것을 미리 계시하셨다.

하나님의 계시는 그대로 성취되었다. 예레미야의 사촌이 어려운 일을 당해 밭을 팔아야만 하는 상황이 생겼고, 그는 하나님의 말씀대로 예레미야에게 "기업 무를(땅을 되찾을) 권리가 네게 있으니 밭을 사라"라고 말했다. 예레미야는 하나님의 계시대로 십칠 세겔을 주고 그 밭을 샀다(렘 32:1-9).

이것은 멸망할 예루살렘의 회복을 계획하신 하나님 뜻의 예표이다. 그리고 그것은 마귀에게 사로잡힌 영혼들을 도로 찾으실 하나님의 공의와 사랑의 예표이기도 하다.

"베냐민 땅과 예루살렘 사방과 유다 성읍들과 산지의 성읍들과 저지대의 성읍들과 네겝의 성읍들에 있는 밭을 은으로 사고 증서를 기록하여 봉인하고 증인을 세우리니 이는 내가 그들의 포로를 돌아오게 함이니라 여호와의 말씀이니라"(렘 32:44).

'기업을 무르는 자'(땅을 되찾을 자)는 히브리어로 '게울라'이며, 그 뿌리가 되는 단어는 '고엘'로 '구속자'를 뜻한다. 하나님은 예레미야에게 땅을 되찾을 권리가 있다고 묘사하심으로, 멸망이 선포된 예루살렘을 반드시 구속해 회복시킬 것을 암시하셨다.

예레미야는 하나님의 아들 예수 그리스도의 상징이다. 아담이 범죄함으로 마귀에게 사로잡히고 세상도 마귀에게 넘어갔다. 아담은 모든 인간의 대표격이다. 모든 인간은 하나님을 거역하고 스스로 하나님 노릇을 하려다 마귀의 권세 아래로 사로잡혔다. 우리 스스로의 힘으로는 마귀로부터 벗어날 수 없다. 빼앗긴 세상도 우리의 힘으로 도로 찾을 수 없다. 이에 하나님께서는 우리의 영혼과 세상을 되찾을 구속자로서 그 아들을 이 땅에 보내셨고, 예수 그리스도께서는 죽음 값을 지불하시고 마귀에게 사로잡힌 우리의 영혼과 세상을 구속하셨다.

"그가 우리를 흑암의 권세에서 건져내사 그의 사랑의 아들의 나라로 옮기셨으니 그 아들 안에서 속량 곧 죄 사함을 얻었도다"(골 1:13,14).

"그러므로 이르기를 그가 위로 올라가실 때에 사로잡혔던 자들을 사로잡으시고 사람들에게 선물을 주셨다 하였도다"(엡 4:8).

구속함을 받은 우리는 주와 함께 죽었다가 부활하여 만물 위로 건져올려진 자들이다. 우리는 만물 위 아버지 안에 감추어진 생명이다. 그리고 다시 만물 안으로 파송되어 만물을 충만케 하시는 아버지의 충만인 교회로 존재한다. 세상과 세상 속에서 죄의 종노릇하는 자들의 생명을 되찾으러 보내심을 받은 교회다.

"또 만물을 그의 발아래에 복종하게 하시고 그를 만물 위에 교회의 머리로 삼으셨느니라 교회는 그의 몸이니 만물 안에서 만물을 충만하게 하시는 이의 충만함이니라"(엡 1:22,23).

예레미야가 십칠 세겔에 밭을 산 것처럼 교회인 우리도 대가를 지불하고 영혼들을 되찾아야 한다. 죽음 값을 지불하신 예수 그리스도처럼 항상 자신의 생명을 드리는 자기 부인과 자기 십자가를 지고 주를 따르는 것이 우리가 치러야 할 대가다.

아버지의 뜻인 말씀을 선포해 마음에 심으며 아버지의 뜻대로 살아내는 것이 대가 지불이다. 하나님의 나라인 새 예루살렘성이 내려오는 것을 푯대로 삼아 그리스도 예수 안에서 하나님께서 위에서 부르신 부름의 상을 위해 좇아가야 한다(빌 3:14).

교회인 우리는 늘 하나님의 말씀을 대언해 선포함으로, 다시 오실 예수 그리스도께서 세상을 심판하시고 동시에 영혼들을 완전히 구속하러 오실 것을 나타내야 한다. 우리가 하나님의 말씀을 암송으로 선포할 때, 구속자 예수 그리스도께서 하신 일을 우리도 그대로 하게 된다(요 14:12). 하나님의 말씀을 계속해서 암송하며 선포하는 자들은 도로 찾을 영혼들과 도로 찾아올 세상과 영역과 민족들을 아버지께로 구속시켜 드리는 자들이다.

CHAPTER **14**

성경을 관통하는 '물'

"천지가 처음 창조되었을 때 에덴동산에는 무엇이 있었을까요?"

이런 질문을 하면 사람들은 대개 "생명나무와 선악을 알게 하는 나무요!"라고 대답한다. 물론 에덴동산에는 두 나무를 비롯해 보기에 아름답고 먹기에도 좋은 나무들이 있었다. 그런데 거기엔 그 나무들의 생명 근원이었던 강이 있었음을 놓치면 안 된다.

"강이 에덴에서 흘러 나와 동산을 적시고"(창 2:10).

사실 물은 에덴동산에 있기 전, 하늘에 먼저 있었다. 땅이 혼돈하고 공허할 때 하나님의 영이 물 위에 운행하셨다. 물 위에 운행하셨던 하나님의 영이 바로 생수의 강이시다(요 7:37-39). 또한 하나님의 영 아래 있던 물에서 땅이 나온다.

"땅이 물에서 나와 물로 성립된 것도 하나님의 말씀으로 된 것을"(벧후 3:5).

이렇게 성경은 물로 시작한다. 그리고 마지막 책인 요한계시록도 물로 끝을 맺는다.

"또 그가 수정같이 맑은 생명수의 강을 내게 보이니 하나님과 및 어린양의 보좌로부터 나와서 길 가운데로 흐르더라 강 좌우에 생명나무가 있어 열두 가지 열매를 맺되 달마다 그 열매를 맺고 그 나무 잎사귀들은 만국을 치료하기 위하여 있더라 … 성령과 신부가 말씀하시기를 오라 하시는도다 듣는 자도 오라 할 것이요 목마른 자도 올 것이요 또 원하는 자는 값없이 생명수를 받으라 하시더라"(계 22:1,2,17).

성경에서 물을 만나다

창세기 1장에 등장하는 물, 그리고 첫 창조의 이야기는 영원한 하나님의 나라인 새 하늘과 새 땅의 중심인 보좌의 생명수 강을 향하고 있다. 첫 창조의 세계인 천지는 없어질 것이며 말씀만 영원하다(막 13:31).

세상을 창조하신 하나님은 왜 세상을 다시 없애셔야 하는가? 하나님께서 실패하셨는가? 아니다. 하나님은 천지를 창조하시기 전부터 우리가 가야할 궁극적인 곳인 새 하늘과 새 땅을 이미 계획해놓으셨다. 첫 창조의 세상에서 물로부터 태어난 인간은 영원한 생명수의 강이 흐르는 새 하늘과 새 땅으로 인도함을 받는다.

그러기 위해서 우리는 반드시 생수의 강이신 성령으로 다시 태어나야 한다. 성령님은 성령으로 거듭난 자를 영원한 새 하늘과 새 땅으로 이끄신다. 이것은 인류를 향한 하나님의 완전한 마스터플랜이다. 물과 관련된 놀라운 러브스토리다.

하나님께서 물로 처음 세상을 창조하셨고, 세상이라는 무대에 세울 주인공 아담도 흙에 물을 적절하게 섞어 빚으셨다. 그러나 첫 창조된 아담은 하나님의 사랑과 섭리 가운데에서 축복과 사랑을 받고 있었음에도 불구하고 죄를 지었다. 첫 사람 아담 이후 모든 인간들은 죄를 지을 수밖에 없는 연약함을 가지고 어머니의 배 속에서 물과 함께 태어난다.

하나님의 창조가 불완전한 것이 아니다. 피조물인 인간은 하나님의 형상으로 지음 받았지만, 하나님처럼 완벽하게 자신을 통제할 수 있는 능력은 없다. 인간의 한계성을 아시는 하나님께서는 창조 이전에 인간을 향한 완전한 계획을 갖고 계셨다. 인간의 죄를 사하시기 위해 사람으로 오셔서 십자가에서 죽으사 물과 피를 쏟으심으로 인간의 죄를 덮기로 창세 전에 계획하신 하나님이시다.

하나님께서는 죄를 지은 아담과 하와의 죄의 수치를 덮어주시기 위해 짐승을 죽여 물과 피를 쏟게 하시고 그 짐승의 가죽으로 옷을 만들어 아담과 하와를 입히심으로써 인간의 죄를 덮으실 그리스도의 십자가의 물과 피를 계시하기 시작하셨다. 아담 이후 후손들에게는 어린 양을 제물로 드리게 하셔서 믿음의 제사를 드리는 자들을 생수의 강으로 이끄셨다. 그리고 마침내 아담의 가죽옷, 모세의 성막, 어린 양의 물과 피와 살을 통해 예표하신 대로 하나님께서 인간으로 오셨다.

이 땅에 오신 예수님은 세상 죄를 지고 가는 어린 양의 모습으로 십자가에서 물과 피를 쏟으셨다. 그리고 십자가 앞에서 회개하고 예수님을 구주로 모셔 들인 모든 자들을 예수님과 함께 죽음과 부활로 연합시키셔서 만물 위 보좌의 생수의 강에 잠기게 하셨고, 생수의 강이신 성령님이 믿는 자 안에 임재하셨다.

믿는 자 안에 계시는 성령님은 예수께서 재림하실 때까지 믿는 자를 생수의 강으로 이끄셔서, 생명수가 넘치는 새 하늘과 새 땅의 중심인 하늘 보좌로 인도하신다.

오순절 사건에서도 우리는 물을 발견할 수 있다. 많은 사람들이 오순절 성령 강림 사건을 불의 사건으로 알고 성령의 불을 구한다. 그러나 오순절 성령 강림 사건은 불의 사건이 아니라 빛의 사건이며 물의 사건이다.

예수님은 승천하시기 직전, 세례 요한의 물세례에 비유해 몇 날이 못 되어 제자들이 성령으로 세례(침례-물에 잠기게 됨)를 받게 될 것이라고 말씀하셨다. 예수님은 믿는 자가 받을 성령을 가리켜 생수의 강이라고 하셨다(요 7:37-39). 물과 빛은 생명이며, 성령은 생명을 주는 영이시다. 불(가연성 물질을 태워서 생기는 불)은 그렇지 않다.

"내가 주는 물을 마시는 자는 영원히 목마르지 아니하리니 내가 주는 물은 그 속에서 영생하도록 솟아나는 샘물이 되리라"(요 4:14).

"그 안에 생명이 있었으니 이 생명은 사람들의 빛이라"(요 1:4).

"예수께서 또 말씀하여 이르시되 나는 세상의 빛이니 나를 따르는
자는 어둠에 다니지 아니하고 생명의 빛을 얻으리라"(요 8:12).

생명을 살리는 물과 빛

2006년 9월, 나는 인생에 있어서 또 하나의 큰 전환점을 맞이했
다. 세 살 때부터 교회를 착실하게 다녔으나, 1992년 서른이 되어서
야 십자가에서 죽으신 예수님 앞에서 회개하고 죄 사함의 은총을 체
험하며 인생의 첫 번째 전환점을 맞았다. 그리고 5년 후에는 죄 사함
의 은총과 연합의 진리가 한 개념이라는 것을 깨닫게 되었고, 그것을
알게 하신 성령님을 더욱 사모하게 되면서 두 번째 전환점을 맞았
다. 그때부터 전도와 성경암송이 시작되었다.

9년이 지난 2006년 9월에는 성령님과 관련된 구절들을 암송하며
새롭게 성령님을 바라보기 시작했고, 하늘로부터 부어지는 놀라운
생수의 강을 체험하며 세 번째 전환점을 맞게 되었다. 그것은 이전에
맛보지 못했던 생수였다. 당시 마태복음 3장 11,12절을 암송하며
성령님을 예배할 때 "나는 생수의 강이다. 불은 심판과 관계 있다!"
라는 성령님의 분명하고 또렷한 조명이 있었다.

"나는 너희로 회개하게 하기 위하여 물로 세례를 베풀거니와 내 뒤

에 오시는 이는 나보다 능력이 많으시니 나는 그의 신을 들기도 감당하지 못하겠노라 그는 성령과 불로 너희에게 세례를 베푸실 것이요 손에 키를 들고 자기의 타작마당을 정하게 하사 알곡은 모아 곳간에 들이고 쭉정이는 꺼지지 않는 불에 태우시리라"(마 3:11,12).

그로부터 1년 후 지역교회의 부교역자 사역을 내려놓은 나는 노란 전도 피켓을 들고 세계의 중심 맨해튼 월스트리트로 나가 세계인들에게 복음을 전하기 시작했다. 그런데 1년도 채 안 되어 그 사역이 알려지게 되면서, 세계 여러 나라와 조국 대한민국의 여러 교회에서 복음의 핵심인 '연합의 진리'를 선포하기 시작했다. 그것은 1997년에 연합의 진리를 깨닫게 하시고 그 진리를 많은 사람들에게 전하게 될 것이라 하셨던 주님의 음성의 성취였다.

그러던 중 2009년에 한국을 방문했을 때, 몇몇 중보기도자들과 함께 전국을 다니는 기도의 여정이 있었다. 그 중보기도자들 중에는 새생활교회의 김용덕 목사님도 있었는데, 나는 그 분과 제주도에서 교제하게 되었고, 내가 생수의 강으로 역사하시는 성령님을 새롭게 체험한 해인 2006년에 김 목사님도 성령님으로부터 생수의 강의 역사를 강력하게 체험하셨다는 이야기를 듣고 적잖이 놀랐다. 같은 해에 동일한 것을 깨달았다는 것이 참으로 신기했다.

귀한 교제 가운데 김용덕 목사님이 말했다.

"'오순절 날 급하고 강한 바람 같은 소리'라고 할 때의 '같은'은 헬라어로 '호스페르'로서 '똑같은'이라는 의미이며, '불의 혀같이'라고 할 때의 '같이'는 헬라어로 '호세이'로서 '똑같은'이 아니라 '마치 그것처럼 보이는'이라는 뜻입니다. 즉, 불처럼 보이는 것이었지 불은 아니었습니다. 그럼에도 많은 사람들이 그것을 '불'이라고 단정 짓고 성령을 받도록 할 때 불을 구하라고 강조하는데 그것은 넌센스입니다. 오히려 불은 심판과 관련된 단어입니다."

불은 태우는 능력이 있어서 물을 없애며 증발시킨다. 과거에 '불'만을 집중적으로 구했던 사람들은 능력을 체험하기는 했지만, 불의 역사로 영혼 가운데 물이 고갈되면서 성령의 아홉 가지 열매를 잘 맺지 못하는 결과를 보았다.

강력한 은사 체험이 열매 맺는 삶으로 이어지지 않은 이유 중 하나가 '불'만을 구했기 때문일 수도 있다. 나무에 불이 붙으면 나무 안의 물이 증발될 뿐 아니라 나무도 타버려 소멸된다.

열매를 맺어야 하는 나무는 불이 아니라 물을 지속적으로 충분히 공급받아야 한다. 불은 심판 또는 죽음과 연관된 단어다. 이스라엘 백성은 죄를 속함 받기 위해 하나님께 제사드릴 때 제물을 불에 태워 죽였다. 소돔과 고모라성도 불과 유황으로 심판하셨다. 그리고 이 세상 끝 날에 마귀와 하나님께 순종치 않은 자들이 불과 유황으로 타는 못에 던져지는데, 그것이 둘째 사망이다(계 20:10; 21:8).

물론 히브리서 12장 29절은, "우리 하나님은 소멸하는 불이심이라"라고 했다. 여기에서 '소멸하는'에 해당하는 헬라어 '카타나리스콘'은 문법적으로 보면 능동형으로서 '하나님은 소멸시키시는 불'이라는 의미다. 즉, 하나님의 속성 중 하나는 거짓되고 헛된 것, 악한 것들을 태우시는 능력이다. 그래서 "불로, 불로, 불로써 역사하소서!"라고 구할 때 심령 가운데 심판의 불이 역사해 거짓된 죄들을 태우고, 질병과 저주가 태워지는 역사가 나타나기도 한다.

그러나 불만 구한다면 심판만 역사하게 되니 생명의 열매를 맺는 것과는 거리가 점점 멀어질 수도 있음을 염두에 두어야 한다. 은사 체험 자체가 나쁜 것은 아니다. 다만, 불의 역사를 은사로 체험하고 나서는 심령이 메마르지 않도록 반드시 생명수를 구해야 한다. 그렇지 않으면 최고의 법인 성령의 열매를 맺지 못한다(갈 5:22,23). 하나님은 악한 것을 태우시는 불의 능력을 가지셨지만, 그분의 본질은 생명이시다. 그분은 생명을 주시는 분이다.

오순절의 역사는 예수께서 말씀하신 그대로, 믿는 자가 받을 성령, 즉 생수의 강의 역사였다. 회개의 침례는 물에 잠겼다가 나오는 의식으로써 예수님과 함께 죽고 부활하는 것을 의미한다. 그것은 결국 생수의 강이신 거룩한 영 안에 잠기게 되는 진리와 연결된다.

제자들은 예수님을 정치적 메시아로, 자신들의 입맛에 맞는 메시아로 알았다. 그런데 오순절에 제자들은 옛 자아가 예수님과 함께 죽었고(갈 2:20), 새 생명으로 살았으며(엡 2:5), 주와 함께 만물 위의 생수의 강이신 거룩한 영에 잠겼음을 알았다(요 17:21; 요일 4:13). 제자들은 회개와 성령께 잠기는 역사를 통해 예수님이 하나님께서 의도하신 메시아임을 진실로 알게 되었다.

생명수의 강, 즉 물의 역사는 생명의 역사이며 동시에 능력이다. 쓰나미가 몰려오면 육지의 모든 것들이 초토화 된다. 이처럼 생수의 강에 잠기면 옛 생명은 초토화 되어 죽는다. 성령님은 생명을 주는 영이시며 생수의 강이시다. 성령님은 생수의 강을 부으셔서 제자들의 옛 생명을 덮어 죽이셨고 새 생명으로 살리셔서 만물 위 생명수 강에 잠기게 하셨다. 그것을 깨달은 날이 성령께서 마가의 다락방에 임하신 오순절이었다.

그렇다면 오순절에 성령께서 강림하셨을 때 불처럼 보였던 것은 무엇이었을까? 왜 사도행전의 저자인 누가는 생수의 강이신 성령의 강림하심을 불의 혀 같다고 표현했을까? 그것은 나무가 탈 때 나타나는 현상으로서의 불이 아니라 빛이라고 보아야 한다.

그렇게 이야기하는 근거는 '강'에 해당하는 히브리어의 어원 '나하르'에 있다. '나하르'는 동사로 쓰이면 '빛을 내다'라는 의미이다. 생수의 강이신 성령께서 생명의 빛으로 임하신 현상이다. 불은 심판이나 사망과 통하는 단어이며, 생명과 통하는 단어는 물이며 빛이기 때문이다.

세례 요한은 예수님을 향해 "참 빛 곧 세상에 와서 각 사람에게 비추는 빛이 있었나니"라고 했다(요 1:9). 예수님은 어둠을 비추는 참 빛이셨다.

"예수께서 또 말씀하여 이르시되 나는 세상의 빛이니 나를 따르는 자는 어둠에 다니지 아니하고 생명의 빛을 얻으리라"(요 8:12).

예수님은 말씀과 생명이시며, 또한 빛이시다. 요한복음 1장은 생명의 말씀과 빛의 관련성을 확실히 설명한다.

"태초에 말씀이 계시니라 이 말씀이 하나님과 함께 계셨으니 이 말씀은 곧 하나님이시니라 그가 태초에 하나님과 함께 계셨고 만물이 그로 말미암아 지은 바 되었으니 지은 것이 하나도 그가 없이는 된 것이 없느니라 그 안에 생명이 있었으니 이 생명은 사람들의 빛이라"(요 1:1 - 4).

하나님은 말씀이시다. 그리고 하나님은 말씀으로 온 세상을 창조하셨다. 말씀으로 빛도 창조하셨다. 그런데 말씀이신 예수님은 또한 생명의 빛이시다. 빛 되신 아버지의 영이시고 예수 그리스도의 영이신 성령님은 생수의 강이시며 생명을 주는 영이시다. 물과 빛이 생명이다.

성령께 온전히 잠기라

'세례'(洗禮)라는 단어는 복음의 온전성을 설명하기에 부족함이 있다. '세'는 '씻는다'는 의미다. 물론 유대인의 정결의식 속에는 씻는다는 의미가 포함되어 있다. 그러나 정결의식은 물에 잠기게 하는 의식이므로 '침례'가 맞는 표현이다.

예수께서도 요한이 물에 잠기게 하는 침례의식으로 사람들을 회개케 한 것같이 몇 날이 못 되어 성령, 즉 생수의 강에 잠길 것이라고 제자들에게 말씀하셨다(행 1:5).

예수께서 약속하신 대로, 승천 후 열흘이 지난 오순절 날 마가의 다락방에 제자들이 모였을 때 성령께서 임하셨다. 그때 성령께서는 초대교회 성도들이 만물 위 보좌에 흘러넘치시는 생수의 강이신 성령 안에 잠기게 된 존재라는 것을 알게 하셨다(계 22:1). 그것은 요한복음 14장 20절의 성취였다.

"그 날(성령이 임하는 날)에는 내가 (만물 위 보좌에 계신)아버지 안에, 너희가 내 안에 (나와 함께 보좌에 계신 아버지 안에), 내가 너희 안에 (성령으로) 있는 것을 너희가 알리라."

아버지는 원래 영이시다. 그 아버지가 계신 보좌는 생명수의 강이 넘치는 곳이다. 예수님은 생수의 강이 곧 성령이라고 하셨다. 제자들이 예수님과 함께 아버지 안에 들어간 것은, 생수의 강이신 거룩한 영 안에 잠긴 상태를 말한다. 그것을 알게 된 날이 바로 예수께서 영으로 제자들 안에 임하신 오순절이다. 제자들은 아버지의 충만하심 속에 잠김으로 충만해졌다(골 2:9,10).

요한복음 14장 20절의 성취는 요한복음 17장 21절의 성취와 같은 의미다.

"아버지여, 아버지께서 내 안에 내가 (만물 위 보좌에 계신)아버지 안에 있는 것같이 저희도 하나가 되어 우리 (만물 위 보좌의 삼위일체) 안에 있게 하사 아버지께서 나를 보내신 것을 세상이 믿게 하옵소서."

예수께서는 죽으시기 전에 만물 위에 계신 아버지를 향해 "아버지, 만물 위의 우리 삼위일체 안에 저들을 있게 하기 위해 나를 이 땅에 보내신 것을 세상이 믿게 하옵소서"라고 기도하셨다(개역한글과 개역개정에는 '세상으로'라고 해서 어딘가로 향하는 의미를 뜻하는 부사구처럼 표현되어 있지만, 헬라어 원문에는 '세상'이 주격으로 표현되어 있다. '세상이'가 맞는 번역이다). 오순절에 성령이 임하시면서 제자들은 복음의 핵심인 연합의 진리를 알게 되었다. 그래서 바울도 그의 서신에서 연합의 진리를 정확히 표현했다.

"그리스도 예수 안에서 함께 하늘에 앉히시니"(엡 2:6).

"이는 너희가 죽었고 너희 생명이 그리스도와 함께 하나님 안에 감추어졌음이라"(골 3:3).

베드로도 "너희를 위하여 하늘에 간직하신 것이라"(벧전 1:4), "모든 은혜의 하나님 곧 그리스도 안에서 너희를 부르사 자기의 영원한 영광에 들어가게 하신 이가"(벧전 5:10)라고 했다.

예수님의 수제자들과 초대교회 성도들은 오순절에 마가의 다락방에 임하신 성령님을 통해 보좌의 생수의 강 안에 잠긴 존재라는 것을 알게 되었다(요 14:20, 26).

예수님을 구주로 믿고 따르는 성도들의 옛 생명은 예수님과 함께 죽었고, 그들은 새 생명으로 살아났다. 그리고 성도들의 새 생명은 만물 위 보좌의 성령(생명수의 강) 안에 잠기게 되었다. 그래서 성도들 안에 성령이 들어오시게 되었다. 즉, 우리가 보좌의 성령님 안에 먼저 들어갔으며, 그분 안에 잠김으로 인해 성령님이 우리의 생명 안에 충만하게 되셨다. 빈 그릇이 강에 잠기면 강물이 그릇에 충만히 채워지는 원리다.

"그의 성령을 우리에게 주시므로 우리가 그 안에 거하고 그가 우리 안에 거하시는 줄을 아느니라"(요일 4:13).

"하나님께서는 어디에 계십니까?"라고 질문하면 "내 안에"라고 대답하는 성도들이 많다. 하나님께서 성령으로 우리 안에 계시기에 틀린 답은 아니다. 그러나 이 대답이 먼저 나오는 것은 자기중심적 신앙일 수 있다. 자기 안에 계신 하나님으로서만 인식하고 있다면, 이는 오히려 우주가 자기를 중심으로 돌고 하나님도 자기를 중심으로 역사하시는 분이라는 고백일지도 모른다.

위의 질문에 대한 겸손한 대답은 "하나님은 만물 위 보좌에 계십니다. 그리고 내가 거기에 함께 있습니다"이다. 그분이 계신 곳을 먼저 표현하는 것이 겸손이다. 그렇게 말하고 난 뒤에 "그래서 그분이 내 안에 계십니다"라고 표현한다면, 나 중심의 신앙이 아니라 하나님 중심, 만물 위 보좌 중심의 신앙이 되어 삶의 태도가 완전히 변화된다. 우리의 고백을 바꾸자.

CHAPTER 15

말씀의 등을 켜라

지인 중에 영화사 김 대표라는 분이 암송을 강조하는 내게 한 가지 귀한 에피소드를 들려주었다.

"지 목사님, 제가 잘 아는 어느 권사님이 계셨습니다. 하루는 그 분이 위독하시다는 말을 듣고 어느 목사님과 함께 병문안을 갔습니다. 기도로 위로와 힘을 드리려고 간 것인데, 그 권사님을 뵙고 나서 오히려 제가 회개했습니다. 그 권사님은 병실에 누워 계셨지만 해처럼 빛나는 얼굴로 위문하러 간 저와 목사님을 오히려 축복하고 격려해주셨습니다. 그리고 며칠 뒤에 주님의 품에 안기셨습니다.

권사님은 평생 하나님 앞에서 감사와 찬양의 고백으로 일관된 삶을 사셨습니다. 특히 그 분은 누구나 잘 아는 요한복음 3장 16절을 설거지를 할 때나 청소를 할 때나 걸어 다닐 때나 항상 입술로 되뇌이며 평생 동안 암송하셨습니다."

나는 이 이야기를 들으며 "주의 말씀은 내 발에 등(lamp)이요 내 길에 빛(light)이니이다"(시 119:105)라는 말씀을 떠올렸다. 신앙생활을 하는 사람이라면 모르는 사람이 없을 정도로 유명하고 중요한 구절이 요한복음 3장 16절이다. 이 귀한 구절을 암송할 줄 아는 사람은 많지만 그 구절을 수시로 선포하는 사람은 드물다. 다들 머릿속에만 담아두고 있다.

그런데 그 권사님은 남들이 다 아는 요한복음 3장 16절을 머릿속에만 담아둔 것이 아니라 수시로 입술로 선포하며 평생을 사셨다. 즉, 빛 되신 말씀을 정말 빛으로 체험하고 사셨기에 임종 직전에도 해같이 빛나는 얼굴로 위로하러 온 사람들을 오히려 위로하고 축복하실 수 있었던 것이다.

입술의 선포로 등을 켜라

잘 알고 있는 말씀, 암송할 줄 아는 말씀이라도 입술로 선포하지 않고 머릿속에만 담아두고 있으면 빛이 나지 않는 등일 수 있다. 말씀은 빛인데, 빛 되신 말씀이 사람들의 뇌 속에 저장된 채로 남아있기만 하면 그 말씀은 등으로 머물러 있는 셈이다. 등은 누군가가 의지적으로 스위치를 켜야 빛을 낸다. 그 스위치에 해당하는 것이 바로 입술과 혀다. 성경 말씀이라는 등이 빛을 내게 하기 위해서는 우리가 의지를 가지고 입술과 혀를 움직여 선포해야 한다.

"주의 말씀은 내 발의 등이요"라는 표현은 아직 걸어가지 않은 상태로 정지화면처럼 보인다. 반면 "내 길에 빛이니이다"라는 표현은 길을 향해 발이 움직이는 장면을 연상시킨다. 우리가 걸어가는 길에 빛으로 말씀이 작동하기 위해서는 발에 놓여 있는 말씀의 등에 빛이 들어오도록 입술로 선포해야 한다.

이 말씀은 또한 쉐마(신 6:4-9)와 쉐마의 요약인 여호수아 1장 8절 속의 '누웠을 때나 일어날 때나 앉았을 때나 길을 갈 때에나 주야로 말씀을 입에서 떠나지 않도록 하가하여(소리를 내어) 새기며(하야) 암송하라(샤마르)'라는 말씀과 일맥상통한다.

우리가 하루 일과 중 수시로 입에서 떠나지 않게 말씀을 암송으로 선포하면, 걸어 다니거나 운전할 때 빛 안에서 움직이는 셈이 된다. 내 발에 등인 말씀을 입술로 직접 선포함으로써 내 앞길에 빛을 비추게 된다.

이는 우리 뇌(마음) 속에서 일어나는 과학적 사실과 일치된다. 놀라운 것은 사람이 생각할 때마다 뇌 속 뉴런 세포들 사이에서 화학 물질들이 이동하며 전기 작용을 일으켜 빛이 발생한다는 것이다. 하나님께서 말씀으로 빛을 창조하셨듯이, 인간도 생각하며 말할 때 머리 속에 빛을 창조하게 된다.

빛 되신 하나님의 말씀을 생각하고 선포하며 반복 암송할 때 뇌 속 뉴런들 사이에서 창조되는 빛은 실로 말씀의 빛이다. 따라서 우리가 사망의 음침한 골짜기로 다녀도 해 받을 것을 두려워하지 않을 수 있는 이유는 빛 되신 주님과 함께 있기 때문이며, 빛 되신 말씀을 암송 선포할 때 마음(뇌)속에 실제로 빛이 창조되기 때문이다.

따라서 우리가 뇌 속에 저장된 말씀의 등을 입술로 선포하는 만큼 말씀을 빛으로 누리게 된다. 빛 되신 말씀이 우리 뇌 속에 희미하게 들어 있으면 삶에서 말씀을 희미하게 체험하게 되는 것이다. 빛 되신 말씀이 강력하게 암송으로 저장되어 있고 수시로 그 말씀을 선포해 등에 빛이 들어오도록 하는 습관이 있다면 우리는 말씀과 함께 어디든 갈 수 있다.

임마누엘 하나님은 우리와 늘 함께 계신다. '세상'이라는 사망의 음침한 골짜기를 걸어갈 때 어두운 모습으로 멍하니 머물러 있으면 임마누엘의 놀라운 은혜를 누리지 못한다. 그러나 내 안에 저장된 말씀의 등을 입술과 혀를 움직여 선포하면 말씀을 빛으로 체험하며 빛 안에서 걸어가게 된다.

"또 그들에게 이르시되 사람이 등불을 가져오는 것은 말 아래에나 평상 아래에 두려 함이냐 등경 위에 두려 함이 아니냐 드러내려 하지 않고는 숨긴 것이 없고 나타내려 하지 않고는 감추인 것이 없느니라"(막 4:21,22).

여기서 '말 아래'라는 표현은 그릇을 덮어두는 모습을 말하며, 평상은 침대를 뜻한다. 누가 등불을 그릇으로 덮어두거나 침대 아래 두겠는가? 등불은 등경(stand) 위에 두어야 한다. 진정한 빛 되신 '말씀'을 소유하고 있는가? 그 빛이 참 빛이라면 누가 그 빛을 마음속에만 숨겨둔 채로 있겠는가? 빛 되신 말씀을 소유한 사람은 그 말씀을 숨길 수 없어 입술과 혀로 드러내어 선포하기 마련이다. 우리의 뇌를 통째로 하나님께 맡기자. 수시로 말씀암송 선포로 빛을 체험하며 어두운 세상 속에서 전진해 나아가자.

나는 예전에 "항상 기뻐하라 쉬지 말고 기도하라 범사에 감사하라"(살전 5:16-18)라는 명령이 불가능한 것인 줄 알았다. '이것이 우리를 향하신 하나님의 뜻이라니, 바울도 너무 하다'라는 생각을 많이 했다. 그러나 이제는 그 명령이 충분히 실천 가능한 것임을 안다.

우리는 수시로 불안해하고 염려하고 두려워하는 존재다. 그러나 '그 감정의 근원인 옛 생명은 죽었다'라는 갈라디아서 2장 20절을 입술로 선포함으로써 항상 복음 안으로 쏙 들어가 기뻐할 수 있다. 빛 되신 말씀이 입에서 떠나지 않도록 수시로 선포하면 우리는 항상 기뻐할 수 있고, 쉬지 않고 기도하며, 범사에 감사할 수 있다.

시간과 공간에 매이지 않게 말씀에 집중하라

"습관이 영성이다"라는 말이 있다. 누군가는 '의지력이 곧 영성'이라고도 했다. 옛 습관이 새 습관으로 바뀐 것을 보면 영성이 성장했음을 알 수 있다.

수 년 전, 몸을 제대로 돌보지 않던 일상의 습관이 현재의 몸을 만들었다는 깨달음이 있었다. 그 후 성령께서는 몇 가지 습관을 바꿔 나아가도록 자연스럽게 인도하셨다.

첫 번째는 칫솔질이었다. 어려서부터 충치로 괴로움을 겪어온 사람은 치과에 자주 방문하게 되면서 자연히 치아 관리에 신경을 쓰게 된다. 반면 충치가 없다고 자만하던 사람은 치아 관리에 소홀하게 되어 나이가 들면 치주염으로 인한 풍치에 걸릴 확률이 높아진다고 한다.

나는 후자에 속한다. 마흔이 넘어 처음으로 치과에 가게 된 나는 치석이 심각한 상태였고, 그때부터 새로운 칫솔질을 훈련해야 했다. 40년 동안 해오던 습관을 바꾸려니 쉽지 않았지만, 새로운 습관을 반복하자 일주일 만에 숙달이 되었다. 그로부터 수년이 흐른 지금은 습관이 완전히 바뀌어서 아주 빠른 속도로, 쉽게 세로 방향으로 칫솔질을 하고 있다.

그 밖에 일상의 습관을 바꿔본 것으로는, 허리 건강을 위해 굽은 허리와 어깨 자세로 걷지 않고 벽에 바짝 기대 선 자세로 걷기, 위와 장 등 온몸의 건강을 위해 음식물 오래 씹기 등이 있다. 그러면서 이런 육적 습관의 변화에 대한 체험들이 영적 성장과 직결되는 것을 느꼈다. 특히 음식물 오래 씹기는 말씀을 소리 내어 되뇌이는 암송과 관련이 깊었다. 이에 대해서는 《말씀으로 기도하라》에서 다루기도 했다.

내 몸에 밴 가장 귀한 습관은 하루 중 중요한 작업을 하지 않고 혼자 있을 때, 걷거나 운전하거나 어디를 이동할 때, 화장실에 앉아 있거나 설거지를 하거나 옷 입기, 외출 준비 등 일상 상황 속에서 말씀이 입에서 떠나지 않도록 수시로 암송하는 습관이다. 이것은 쉐마와 쉐마의 요약인 여호수아 1장 8절에 그대로 순종하는 모습이기도 하다.

우리가 말씀을 행하려고 애씀에도 잘 행하지 못하는 중요한 이유가 있다. 먼저 말씀을 '지켜 행하라'에서 '지켜'에 순종하지 않기 때문이다. 나는 쉐마에 순종하려고 애를 써서 이 습관을 들인 것이 아니다. 1997년에 주와 함께 죽음과 부활·승천 및 보좌에 연합된 것을 알게 하신 성령님을 사랑하기 위해 암송을 시작했고, 꾸준히 포기하지 않았다. 그랬더니 어느덧 낱권별 암송자가 되어 있었다.

이후로 날과 달과 해가 거듭될수록 암송하며 성령님을 사랑하는 것이 너무나 아름다운 예배이며, 행함의 열쇠가 되는 것을 깊이 체험하고 있다. 그러다 보니 하루 일과 중 혼자 있는 수많은 시간 속에서 자연스럽게 더 암송하며 성령님을 예배하게 된 것뿐이다. 나중에 알고 보니 이것이 바로 쉐마에 순종하는 모습이었다.

우리는 하루 중 수많은 시간 속에서 입을 다물고 멍하니 생각에 잠긴다. 과거에 있었던 안 좋은 기억, 미래에 대한 두려움과 염려, 현재 당면한 문제에 전전긍긍하는 모습 등 우리는 수시로 상념에 잠긴다. 여러 가지 문제들을 생각하며 하나님의 뜻을 구하려 해도 온전히 하나님을 바라보기가 쉽지 않다. 그런 시간들은 결국 자아에 묶이는 시간들이다. 그러나 하나님을 바라보기 위해 말씀을 소리 내어 암송하고 있으면 온전히 하나님께 집중할 수 있다.

성경을 눈으로 읽어서 머리에 집어넣거나 필사하며 손끝에 넣는 것보다 입술과 혀로 발음하며 반복해서 암송하는 것이 신앙생활에 더 유익한 이유가 있다. 언어라는 것은 혀와 입술에 담겨진 것이 터져 나오는 현상이다. 눈으로만 읽거나 머리와 손끝에 많이 담겨 있어도 입으로 구사하지 못하는 이유는 입술과 혀에 새겨져 있지 않기 때문이다.

하나님나라 시민으로서 하나님나라의 언어인 성경 말씀을 아무리 많이 알고 있다 해도 우리가 말하지 못하고 몸으로 살아내지 못하는 이유 중 하나는 입술과 혀에 그 말씀이 담겨 있지 않기 때문이다. 말씀을 우리의 입술에 담아내보자.

사실 복음을 진정으로 만난 사람이라면 이는 그리 어렵지 않은 순종이다. 예배나 모임 등 제한된 공간이나 시간 속에서만 아니라, 수시로 입술로 말씀을 퍼올려 암송하는 습관을 들여 보라. 하나님을 바라보는 것이 생각보다 쉽다는 것을 몸으로 느끼게 될 것이다.

CHAPTER **16**

갈급한 마음에 부어지는 생수의 강

"보라 형제가 연합하여 동거함이 어찌 그리 선하고 아름다운고 머리에 있는 보배로운 기름이 수염 곧 아론의 수염에 흘러서 그의 옷깃까지 내림 같고 헐몬의 이슬이 시온의 산들에 내림 같도다 거기서 여호와께서 복을 명령하셨나니 곧 영생이로다"(시 133편).

헐몬산은 이스라엘의 북쪽 끝에 위치하고 있다. 최고봉에 쌓여 있는 눈에서 발원한 물과 밤새 내리는 이슬은 땅을 촉촉하게 적시고 땅속으로 스며든다. 땅속에 스며들어 모인 물들이 처음으로 땅을 뚫고 나와 솟아 흐르는 샘이 바냐스샘이다. 바냐스샘은 남쪽을 향해 흘러내려가며 요단강 상류의 작은 물줄기가 된다.

그 줄기가 굵어지면 콸콸 쏟아져 흐르는 힘찬 요단강이 되고, 절벽 밑으로 떨어질 때면 폭포수로 변하기도 한다. 그 물은 계속 남쪽으로 흘러 갈릴리 호수를 이루고, 갈릴리 호수 아래 요단강 하류로 흘러내려가 예루살렘의 시온산을 적시며 이스라엘 땅과 주변 중동 국가들의 생명수 역할을 한다. 그리고 계속해서 남쪽을 향해 흘러내려가며 생명수 역할을 하던 물들은 더 이상 흘러내려갈 곳이 없게 될 때 죽은 바다(사해)가 된다.

헐몬의 이슬에 젖는 영생

이런 흐름의 원리에 따라볼 때 헐몬산은 이스라엘의 머리에 해당한다. 머리에 해당하는 헐몬산에서 흐르는 이슬이 시온을 적시는 것은, 머리에 있는 보배로운 기름이 수염 곧 아론의 수염에 흘러서 그의 옷깃까지 내림과 같다.

예수님은 교회의 머리시고 교회는 그분의 몸이다. 예수님을 구주로 모셔 들인 교회는 머리되신 예수께 연합된 정체성을 가진다. 교회는 예수님과 함께 죽은 자들이며, 또한 예수님과 함께 산 자들이다. 그리고 예수님과 함께 만물 위 보좌에 들어간 자들이다.

만물을 그리스도 예수의 발 아래 복종케 하시고 그리스도를 만물 위에 교회의 머리로 주셨다(엡 1:22,23). 교회가 주님과 함께 만물 위 보좌의 생명수 안에 잠겼기에, 예수님의 몸 된 교회는 늘 머리되신 예수님에게 생명수를 공급받는다. 머리되신 주께로부터 흘러내리는 생명수의 강은 온몸인 교회를 적신다.

몸 된 교회 안에는 여러 지체들이 있다. 지체들은 예수님을 구주로 모셔 들인 성도들로서 서로 형제들이다. 형제의 연합은 생명된 지체들의 연합이다. 온몸의 지체들은 머리로부터 생명수를 공급받아

각 마디를 통해 도움을 받음으로 서로 연결되고 결합된다. 그렇게 각 지체의 분량대로 역사해 그 몸을 자라게 하며 사랑 안에서 세워져간다.

이 지체들이 서로 하나님의 아들을 믿는 것과 아는 일에 하나가 됨으로 온전한 사람을 이루어 그리스도의 장성한 분량이 충만한 데까지 이를 수 있다. 이제부터는 어린아이가 되지도 않고 사람의 속임수와 간사한 유혹에 빠져 온갖 교훈의 풍조에 밀려 요동하지도 않아서 사랑 안에서 참된 것을 하여 범사에 그에게까지 자랄 수 있다. 그는 머리 곧 그리스도이시기 때문이다(엡 4:13-16).

이것이 영생이다. 나 홀로 구원받겠다는 것은 잘못된 구원이다. 그런 구원은 없다. 형제들과 연합된 교회가 구원받아 영생에 이른다. 몸 된 교회의 각 지체가 된 우리는 서로를 사랑하여 세우고 살리기 위해서, 만물 위 보좌로부터 끊임없이 흘러오는 생명수의 강에 잠겨야 한다.

생명수의 강가에 심겨진 나무로서 서로가 성령의 아홉 가지 열매로 사랑을 이룰 때 온몸인 교회가 튼튼해진다. 헐몬의 이슬이 바냐스의 샘으로 나와 요단강 상류와 갈릴리호수를 이루고 요단강 하류로 흘러가 중동의 온 땅을 살리듯이, 우리도 위로부터 부어지는 생명수를 계속해서 지체들에게 흘려보내야 한다. 그것이 나도 살고, 남도 사는 길이다.

아무리 귀한 생명수가 흘러나와도 그것을 받기만 하면 자기 안에만 고여 죽은 바다를 이루게 된다. 베드로가 "주는 그리스도이십니다"라고 고백한 장소가 바로 헐몬산의 바냐스샘 앞이다. 당시 베드로는 메시아에 대해 지식적으로 정확한 답을 말했지만 정확한 지식을 가지고도 자기 구원 사상에 머문 고인 물이었다. 베드로의 고백 직후 예수님이 온 인류의 구원을 위해 죽으실 것을 예고하시자, 베드로는 예수님의 죽음의 길, 인류 구원의 길을 막아섬으로 자신이 고인 물임을 드러냈다.

그때 예수께서는 "사탄아, 물러가라! 네가 하나님의 일을 생각하지 아니하고 도리어 사람의 일을 생각하는도다"라고 말씀하셨고, 바로 이때에 "누구든지 나를 따라오려거든 자기를 부인하고 자기 십자가를 지고 나를 따를 것이니라"라고 하셨다. 후에 베드로는 성령께 잠기는 체험을 하고 나서야 생명수를 받아 흘려보내는 십자가의 길을 걸어가게 되었다.

주님은 머리에 해당하는 헐몬산에서 제자들에게 '십자가의 길'이라는 제자의 도를 촉구하셨다. 즉, 제자의 삶은 늘 자기주장을 내려놓고 부인함으로 십자가에 못 박힌 정체성으로 살아가며 주님을 따르는 것임을 강조하신 것이다.

주님은 경험과 지식이 쌓인 자신의 머리를 의지하는 것이 아니라, 머리되신 예수께로부터 흘러내려오는 생수의 강에 온몸을 적셔야 다 함께 영생에 이르는 것이라고 이스라엘의 머리인 헐몬산에서 말씀하셨다. 우리가 자신의 혼적 생명을 미워할 때 자신의 영생은 물론 형제와 연합함으로 함께 영생에 이르게 된다.

"자기의 생명을 사랑하는 자는 잃어버릴 것이요 이 세상에서 자기의 생명을 미워하는 자는 영생하도록 보전하리라"(요 12:25).

목마른 사슴이 시냇물을 찾듯이

"심령이 가난한 자는 복이 있나니 천국이 그들의 것임이요"(마 5:3).

이 구절의 원어를 살펴보면, '하나님 앞에서 떠는 자(terrify) 그리고 하나님을 갈급해하는 자(hunger)가 복이 있다'라는 의미가 담겨 있다.

모든 인간은 죄로 말미암아 하나님의 영광에서 떨어졌다(롬 3:23). 영으로 태어난 인간은 궁극적으로 영이신 하나님을 갈급해하는 존재다. 세상적인 것으로 그 목마름을 해결하려던 사람도 결국에는 하나님을 갈급해하게 되고, 하나님 앞에 서게 될 때는 두려워 떤다. 회개가 시작되는 모습이다. 이 회개와 믿음을 가진 자가 하나님의 나라를 유업으로 받게 된다.

하나님은 생명수의 강이신 거룩한 영이시고, 인간은 하나님의 형상과 함께 물과 흙으로 지음을 받았다. 몸에 있는 물이 마르면 사람이 죽는다. 마찬가지로 영적 생명수가 사라지면 영적으로 죽는

다. 영적으로 늘 하나님으로 인한 갈급함을 느끼는가? 하나님의 공의 앞에 두려워 떨고 있는가? 천국은 이런 사람의 것이다.

시편 42편의 기자가 바로 그런 사람이다. 그는 "하나님이여 사슴이 시냇물을 찾기에 갈급함 같이 내 영혼이 주를 찾기에 갈급하니이다"(1절)라고 했다. 광야의 사슴처럼 자신의 영혼도 광야 같은 세상에서 생명수 강이신 하나님을 찾기에 갈급하다고 고백했다.

2절에서는 "내 영혼이 하나님 곧 살아 계시는 하나님을 갈망하나니 내가 어느 때에 나아가서 하나님의 얼굴을 뵈올까"라며 고백을 한층 더 고조시킨다. 심령이 가난하여 천국이 이미 그의 것임을 누리는 자의 고백이다. 이런 고백을 하는 자에게 주님은 늘 생명의 빵과 물을 허락하신다.

"예수께서 이르시되 나는 생명의 떡이니 내게 오는 자는 결코 주리지 아니할 터이요 나를 믿는 자는 영원히 목마르지 아니하리라"(요 6:35).

반면, 세상은 하나님으로 인해 배고프고 목마른 자들을 조롱한다. 그러나 시편 기자는 이렇게 고백한다.

"사람들이 종일 내게 하는 말이 네 하나님이 어디 있느뇨 하오니 내 눈물이 주야로 내 음식이 되었도다"(3절).

세상이 미워하고 조롱하고 멸시할 때 주를 향한 갈급함으로 흘러나오는 눈물이 바로 생수의 강이며 음식이라는 놀라운 역설이다. 세상이 조롱하고 핍박할 때 고통의 눈물이 흘러나온다. 그러나 그것은 하나님으로 인해 갈급해하는 자에게 하늘로부터 부어주시는 생명수다.

이미 예수님은 하나님으로 인해 갈급해하는 자들이 세상으로부터 미움을 받을 것을 예견하셨다.

"세상이 너희를 미워하면 너희보다 먼저 나를 미워한 줄을 알라 너희가 세상에 속하였으면 세상이 자기의 것을 사랑할 것이나 너희는 세상에 속한 자가 아니요 도리어 내가 너희를 세상에서 택하였기 때문에 세상이 너희를 미워하느니라"(요 15:18,19).

세상이 당신을 미워할 때 먼저 세상이 예수님을 미워한 줄 알고 위안을 얻으라. 세상이 우리를 미워할 때 흘리는 눈물이 우리가 누리는 생명수의 강이다. 하나님으로 인해 갈급하고 굶주린 당신을 세상이 미워하는가? 그것은 당신이 세상에 속하지 않았고 세상으로부터 택함을 입은 사람이라는 증거다. 그러므로 기뻐하라.

적어도 2백만 명이나 되는 이스라엘 백성이 광야에서 매일 만나를 먹으며 주리지 않은 기적과 반석에서 물이 나오는 기적을 체험했다. 그렇지만 그들은 만나를 먹었어도 죽었다(요 6:32,49). 기적적으로 만나를 내려주시는 하나님의 은총을 받으면서도 하나님과 상관없이 영이 죽는 사람도 있다.

하나님은 육신을 위한 빵만 주시는 분이 아니다. 빵의 기적을 통해 하늘로부터 내려오는 생명의 빵을 계시하시고 우리에게 그것을 주신다. 육의 빵을 주시는 예수님이 바로 생명의 빵이시며 생명의 물이시다. 그를 먹는 자는 주리지 않고 그를 마시는 자가 영원히 목마르지 않는다.

육을 만족시켜주는 빵의 은총을 받으면서 생명의 빵이신 예수 그리스도의 살과 피를 먹지 않는다면 육의 빵은 무익하다. 육은 무익하다. 살리는 것은 영이다. 예수께서 말씀하신 그 말씀이 영이요 생명이다(요 6장). 생명의 양식이며 생명수다. 매일같이 내려주신 만나의 기적은 매일같이 우리가 말씀을 먹어야 한다는 의미다.

말씀이신 분이 인간으로 오셨다. 그분이 예수 그리스도시다. 그분은 우리의 죄와 자아를 위해 십자가에서 못 박혀 몸을 찢으시고 피를 흘려주셨다. 회개하고 그 예수님을 구주로 모셔 들이는 믿음만이 그의 살과 피를 먹고 그와 연합되며, 주의 영을 생수의 강으로 모시고 살게 된다.

인간은 영이기에 생명수의 강이신 하나님의 영과 하나님의 말씀으로만 채울 수밖에 없는 빈 공간을 가지고 있다. 그곳은 다른 물로는 채울 수 없다. 육적인 물이나 예술적 행위라는 혼적인 물로도 채울 수 없는 공간이다. 그곳은 오직 영적인 생명수의 강만이 흘러들어가야 한다.

이 글을 쓰고 있는데, 한국에 있는 예술가 청년으로부터 전화가 왔다. 약 7-8년 만의 통화였다. 그는 뮤지션이자 프로듀서이기도

한데, 방송국과 계약 관계 속에서 굵직한 사업을 하고 있다. 그는 크리스천으로서 사람을 존중하며 깨끗한 경영 마인드로 영향력을 발휘해 엔터테인먼트 분야에 종사하는 영혼들을 주께로 이끌고 싶다고 했다. 이를 위해서 무늬만 크리스천이 아닌, 신실한 믿음을 가지고 자신과 동일한 비전을 가진 크리스천 엔터테인먼트 종사자들과 연합하고 싶은데 기도가 많이 필요하다는 고백이었다.

그는 갑자기 내 생각이 나서 전화를 걸었다고 했다. '예술적 행위로도 채울 수 없는 인간의 영'이라는 글을 쓰자마자 받은 전화였기에 나는 무척 놀랐고, 그의 이야기를 듣는 동안 히브리서 말씀을 떠올려 주셔서 그 말씀을 전하며 그를 위해 기도했다.

"그러므로 너희 담대함을 버리지 말라 이것이 큰 상을 얻게 하느니라 너희에게 인내가 필요함은 너희가 하나님의 뜻을 행한 후에 약속하신 것을 받기 위함이라 잠시 잠깐 후면 오실 이가 오시리니 지체하지 아니하시리라 나의 의인은 믿음으로 말미암아 살리라 또한 뒤로 물러가면 내 마음이 그를 기뻐하지 아니하리라 하셨느니라 우리는 뒤로 물러가 멸망할 자가 아니요 오직 영혼을 구원함에 이르는 믿음을 가진 자니라"(히 10:35 - 39).

의인은 하나님에 대한 갈급한 믿음으로 사는 자들이다. 말씀을 통해 생수의 강이신 하나님의 영으로만 채우는 자들이다. 영의 갈급함을 모른 채 하나님이 아닌 다른 것으로 목마름과 굶주림을 해결하려는 자들을 멸망으로부터 구원하는 자들이 바로 이 믿음을 가진 자들이다.

CHAPTER 17

심령에 생수의 강이 흐르게 하라

"하나님은 예로부터 나의 왕이시라 사람에게 구원을 베푸셨나이다 주께서 주의 능력으로 바다를 나누시고 물 가운데 용들의 머리를 깨 뜨리셨으며 리워야단의 머리를 부수시고 그것을 사막에 사는 자에 게 음식물로 주셨으며 주께서 바위를 쪼개어 큰 물을 내시며 주께서 늘 흐르는 강들을 마르게 하셨나이다"(시 74:12-15).

이 시편은 물에 관한 놀라운 시다. 시편 74편의 기자는 하나님의 백성이 언제까지 원수로 인해 곤경에 처해야 하는지 하나님께 탄원 한다. 그 탄원 속에는 "하나님은 예로부터 나의 왕이시라 사람에게 구원을 베푸셨나이다"(12절)라며 하나님께서 출애굽 때 베푸신 구원 의 은총을 기억하시길 호소하는 내용이 있다. 그는 하나님께서 당신 이 베푸신 구원의 은총을 기억하며 선포하는 백성의 간구에 빨리 응 답하시는 분이시라는 것을 시편 기자는 잘 알고 있었다.

흐르는 강을 마르게 하다

하나님께서는 애굽의 압제에 붙잡혀 있는 당신의 백성을 끄집어내서서 홍해 앞에 세우셨고, 능력으로 바다를 가르셔서 건너게 하셨다. 하나님께서 바다를 가르실 때 물 가운데 용들의 머리를 깨뜨리시고 리워야단의 머리를 부수셨다.

이는 바다에 실제로 용이라는 동물이 있었다는 것이 아니라 실재하는 영의 존재를 말한다. 용은 옛 뱀, 곧 마귀의 상징이다(계 12:9). 성경은 바다가 사람에게 풍부를 가져다준다고(사 60:5) 묘사하는 반면, 사탄의 세력이 진을 치고 있는 것으로도 묘사한다. 바다는 돈으로 환산할 수 있는 엄청난 자원이 있는 곳이기 때문이다.

돈이 될 만한 것의 배후에는 사탄이 숨어 있다. 사탄은 사람에게 접근해 하나님을 주인 삼지 말고 자신을 주인 삼아 마음대로 살라고 부추긴다. 거기에 속는 사람들은 하나님을 의지하지 않고 자신 스스로 하나님 노릇을 하기 위해 돈을 우상으로 섬기기 시작한다.

"인자야 너는 두로 왕에게 이르기를 주 여호와께서 이같이 말씀하시되 네 마음이 교만하여 말하기를 나는 신이라 내가 하나님의 자리 곧 바다 가운데에 앉아 있다 하도다 네 마음이 하나님의 마음 같은 체할지라도 너는 사람이요 신이 아니거늘"(겔 28:2).

구원이란, 사람이 자신 스스로 주인 노릇 하도록 부추기는 사탄에게서 해방되는 것을 말한다. 하나님께서는 이스라엘 백성이 애굽에서 나와 홍해를 건너도록 친히 인도하시며, 백성이 나아가는 바다 속의 사탄의 세력들도 파쇄해주셨다. 그리고 리워야단의 깨진 머리를 사막에 거하는 자들에게 음식으로 주셨다.

이것은 가나안 땅을 본 열 명의 정탐꾼들이 하나님께 불평하고 있을 때 "그들은 우리의 먹이라"라고 외친 여호수아와 갈렙의 선포를 연상케 한다(민 14:9). 구원하신 하나님을 절대적으로 신뢰하는 자들에게 사탄의 공격은 오히려 먹거리가 된다. 광야(사막) 같은 세상에서 살아갈 때 사탄의 머리에서 나오는 불평의 궤계에 넘어가지 말고 하나님께 감사와 찬양으로 나아가며 승리하면 더욱 강건한 영성이 만들어진다.

이스라엘로 홍해를 건너게 하신 하나님은 광야에서 물이 없어 고생하는 백성에게 반석을 쪼개 물을 내어주셨으나 늘 흐르는 강들은 오히려 마르게 하셨다. 쪼개진 반석에서 나오는 물로 인해 강이 불어났다고 표현해야 정상일 것 같은데, 오히려 마르게 되었다는 이상한 표현 속에 놀라운 구원의 진리가 숨어 있다.

'반석에서 나오는 물'과 '마르는 강'은 서로 반대의 개념, 즉 상반된다. 눈에 보이는 강은 언제든지 마를 수 있기에 우리가 의지할 만한 대상이 아니다. 그러나 강이 말라 마실 물이 없을 때 반석을 쪼개서라도 물을 주실 수 있는 분이 하나님이시다. 그 하나님이 우리와 함께하심을 잊지 말고 살아야 한다.

하나님의 능력에 의해 쪼개진 반석에서 흘러나온 물은 눈에 보이는 강을 의지하는 마음속의 썩은 강을 마르게 한다. 불평불만을 가져오는 사탄의 강을 마르게 하는 생수의 강이다.

이처럼 시편 74편에는 이스라엘 백성을 애굽에서 건져내서 광야를 통과하게 하시는 내용 속에 놀라운 십자가와 부활 및 생수의 강이신 성령님의 이야기가 숨겨져 있다.

구원은 전적인 하나님의 은혜다. 하나님께서는 마귀의 압제에서 스스로 빠져나올 수 없는 죄인인 인간을 구원하시기 위해 독생자 아들을 보내셨다. 하나님께서 아들을 보내신 것은 마귀의 일을 멸하시기 위해서다.

"죄를 짓는 자는 마귀에게 속하나니 마귀는 처음부터 범죄함이라 하나님의 아들이 나타나신 것은 마귀의 일을 멸하려 하심이라"(요일 3:8).

마귀는 메시아를 십자가에 못 박고 승리의 축배를 들었지만, 그것은 실수였다. 죄 없는 메시아를 죽임으로 마귀는 이 세상 임금의 자리에서 쫓겨나 심판에 이르게 되었다(요 12:31-33). 무장이 해제되고 장차 불 못에 던져지는 신세가 되었다(골 2:15; 계 20:10). 메시아를 죽인 못으로 실상은 자신의 정수리를 박아 자살한 꼴이 되었다.

하나님께서는 독생자를 십자가에 못 박아 죽게 하심으로써 오히려 마귀의 머리를 깨뜨리시고 흑암의 권세에서 우리를 건져내셨다(골

1:13,14). 이제 구원받은 백성은 주님과 함께 죽고 부활·승천해 만물 위 보좌에 앉혀지고, 생명수의 강이신 성령께 잠기게 되어 성령이 내주하시는 자들이 되었다. 그리고 이 땅에 살면서 영광스러운 영생의 몸을 덧입을 육신의 부활을 기다리며, 날마다 성령님을 의지해 혼적 구원을 이루며 예수님의 재림을 향해 살아가게 되었다.

마귀는 구원받은 백성을 가만히 내버려두지 않는다. 자신이 세세토록 불과 유황이 타는 못에 던져질 존재가 되었으므로 한 사람이라도 더 불 못으로 끌고 들어가려고 구원받은 백성을 유혹한다.

마귀는 우리의 연약함을 잘 알고 있다. 썩을 육신을 입고 있는 한 죄에 물든 습관, 즉 하나님의 뜻이 아닌 자아의 주장대로 살았던 옛 습관이 흘러나오도록 온갖 술책으로 우리를 유혹한다. 마귀는 환경의 어려움을 통해 가장 큰 선물인 구원을 베푸신 하나님께 감사하지 못하도록 우리를 불평불만으로 이끈다.

그러나 하나님께서는 십자가의 못으로 이미 마귀의 머리를 깨뜨리셨고, 마귀의 깨진 머리에서 나오는 그 술책을 오히려 구원에 감사하는 백성에게 음식으로 주신다.

구원받은 백성은 영혼 안에 임재하시는 성령을 의지해 마귀의 궤계를 알아차릴 수 있다. 그래서 환경의 어려움 속에서도 이 땅에서의 가장 큰 선물인 구원을 베푸신 은혜에 감사하며, 성령님을 의지해 자기를 부인하고 자기 십자가를 지고 갈 수 있다.

광야 길을 걷는 두 부류의 사람들

광야 같은 세상 속에는 상반된 두 부류의 사람들이 있다. 광야는 전적으로 하나님만 의지해야 하는 곳이다. 광야에서도 하나님께서 주시는 축복을 누리며, 축복보다는 축복을 주시는 하나님을 더 의지하는 사람들이 있다. 반면에 축복과 기적 너머 삶의 주인이신 창조주요 구원자이신 하나님께는 관심이 없고 눈에 보이는 것에만 연연해 배만 채워지면 된다고 생각하는 부류도 있다.

이스라엘의 수많은 백성이 불과 얼마 전에 애굽에서 건져주시고 홍해를 건너게 하신 하나님의 은총과 기적을 금방 잊었다. 광야에서 물과 음식이 없어서 목마르고 배고파서 죽게 되었다며 차라리 애굽으로 돌아가고 싶다고 불평했다. 그들은 홍해를 가르신 하나님께서 음식과 물도 채워주실 수 있다는 것을 신뢰하지 못했다.

수많은 백성이 마귀의 궤계와 술책에 넘어갔다. 그것은 기적을 체험했으나 구원을 베푸신 하나님을 정작 만나지 못한 결과다.

하나님은 사랑하는 자를 징계하신다(계 3:19). 불평으로 가득한 그들에게 하나님은 불 뱀을 보내셨고, 물린 자들은 죽어갔다. 그러나 이어지는 모세의 탄원을 받아주셔서서 놋으로 만든 뱀을 장대에 달고 그것을 쳐다보는 자는 살게 될 것이라고 하셨다.

하나님은 공의이시며, 또한 용서와 사랑의 하나님이시다. 회개하고 장대에 달린 놋 뱀을 쳐다보는 백성의 불평의 죄도 용서하시고 불

뱀에 물린 독도 제거해주시며, 장대에 달린 놋 뱀을 통해 온 인류의 죄를 해결하실 십자가 위의 그리스도를 계시하셨다(민 21:4-9).

"모세가 광야에서 뱀을 든 것같이 인자도 들려야 하리니 이는 그를 믿는 자마다 영생을 얻게 하려 하심이니라"(요 3:14,15).

예수께서는 이스라엘 백성에게 "너희 조상들은 광야에서 만나를 먹었어도 죽었거니와"라고 하셨다(요 6:49). 수많은 백성이 광야에서 만나를 먹은 기적을 체험했으나 육체만 죽은 것이 아니라 하나님께 감사하지도 않아서 영도 죽어 심판에 이르게 되었음을 암시해주셨다.

그분은 보리떡 다섯 개와 물고기 두 마리로 남자만 오천 명을 먹이셨을 때도 "너희가 나를 찾는 것은 표적을 본 까닭이 아니요 떡을 먹고 배부른 까닭이로다 썩을 양식을 위하여 일하지 말고 영생하도록 있는 양식을 위하여 하라"라고 말씀하셨다(요 6:26,27).

주님은 반석되신 자신의 몸을 깨뜨리셔서 십자가에서 물과 피를 쏟으심으로 참된 양식과 참된 음료를 주셨다. 그리고 부활·승천하셔서 하늘 보좌에서부터 성령, 즉 생수의 강을 부으셨다. 성령과 물과 피는 하나다.

"증언하는 이가 셋이니 성령과 물과 피라 또한 이 셋은 합하여 하나이니라"(요일 5:7,8).

주님은 당신의 살과 흘리신 물과 피, 그리고 성령(생수의 강)으로 마귀의 머리를 깨뜨리시고 불평불만의 썩은 강을 마르게 하신다.

"주께서 바위를 쪼개어 큰 물을 내시며 주께서 늘 흐르는 강들을 마르게 하셨나이다"(시 74:15).

하나님과 대면했던 모세, 여호수아, 갈렙을 비롯한 믿음의 사람들은 결코 마귀의 궤계에 넘어가지 않았다. 그들은 애굽에서 건져주시고 홍해를 가르신 하나님께서 함께하시는 것을 믿고 감사하며 문제를 만날 때마다 문제 너머에 계시는 하나님을 신뢰했다. 어려움이 오면 올수록 사랑, 희락, 화평, 인내, 자비, 양선, 충성, 온유, 절제의 열매를 더욱 맺어갔다.

하나님과 인격적인 관계 안에서 성령의 열매를 맺어갔던 사람들은 토라 속의 계시된 그리스도, 장대에 달린 놋 뱀 속의 그리스도의 살과 피가 하나님께서 주시는 진정한 음식이요 진정한 음료이신 것을 알고 누렸다(요 6:54-57).

물과 포도주

"여호와 하나님이 동방의 에덴에 동산을 창설하시고 그 지으신 사람을 거기 두시니라"(창 2:8).

이 구절 속의 '동방'에 해당하는 히브리어는 '케뎀'인데, 케뎀은 '동쪽'이라는 뜻 외에 '천지 창조 이전'이라는 의미를 가지고 있다. '에덴'은 '기쁨'이라는 뜻의 히브리어다. 즉 천지가 창조되기 이전에 기쁨의 동산이 있었다. 그곳은 주님이 계신 보좌다. 땅의 기쁨의 동산은 하늘 기쁨의 동산인 하늘보좌의 반영이다.

아담과 하와는 선악을 알게 하는 나무의 열매를 먹고 하나님께 범죄해 생명수의 강이 흐르는 에덴동산에서 쫓겨났다. 아담과 하와를 비롯해 엄마 배 속에서 물 가운데 태어나는 아담의 모든 후손들은 에덴동산의 생명수 강으로 돌아가야 한다. 그러나 땅의 에덴동산에서 멈추면 안 된다. 더 나아가 하늘 보좌의 생명수 강으로 올라가야 한다.

우리의 노력으로 돌아가고 올라갈 수 없음을 너무나 잘 아시는 하나님께서 하늘 영광의 보좌를 버리고 이 땅에 오셨다. 창세 전에 우리를 보좌에 계신 그리스도 안에서 선택하신 은총을 이루시고, 다시 기쁨의 동산을 실제로 누리게 하시기 위해서다.

창조하신 처음 하늘과 처음 땅은 사라지며(막 13:31), 영원한 생명수의 강이 넘치는 보좌, 새 하늘과 새 땅이 온다. 태초 이전부터 하나님은 그 과정을 계획하셨다. 그곳은 거룩한 영으로 다시 태어난 자만 들어갈 수 있는 곳이다. 그래서 우리를 거룩한 영으로 다시 태어나게 하시려고, 하나님께서 육신으로 오셔서 십자가에서 살이 찢기시고 물과 피를 흘리셔서 죽으셔야 했다.

요한복음에 기록된 예수님의 첫 번째 표적은 물을 포도주로 만드신 사건이다. 그 기적을 통해 생명수이신 그분이 물과 피를 쏟아 죽으실 것을 예표하셨다. 예수께서는 잡히시기 전날 밤에 제자들에게 포도주를 주시면서 '많은 사람을 위하여 흘리는바 나의 피 곧 언약의 피'라고 말씀하셨다.

피의 상징인 포도주는 성령님을 상징하기도 한다. 물과 피와 성령, 셋이 합하여 하나다. 성령(생수의 강)으로 잉태되신 예수님도 실제로 마리아의 태중에서 물 가운데 태어나셨다. 동시에 성령의 생명수의 강으로 태어나셨고, 십자가에서 물과 피를 쏟고 죽으셨다.

그리고 부활 승천하시어 보좌에 앉으신 후 성령, 즉 생수의 강을 마가의 다락방에 부으셔서 교회를 탄생시키셨다. 영원한 하늘 보좌에서 흘러넘치는 생명수의 강을 여기에서부터 누리게 하시기 위해서 마가의 다락방에 부으셨다.

물을 포도주로 바꾸신 기적의 현장은 결혼식 잔치 자리였다. 생명수이신 예수님은 우리를 위해 물과 피를 쏟고 죽으셔서 자녀로 삼으시고, 또한 약혼한 신부로 부르셨다. 성령께서는 생수의 강으로 우리를 계속 인도하셔서 재림하시는 신랑 예수님과 결혼식을 치르게 하신다. 교회는 약혼한 신부로서 주님과의 영원한 결혼식을 향해 달려간다.

교회는 신부로 단장하기 위해 물이 포도주로 바뀌는 화학적 변화와 같은 삶의 변화를 열매로 맺어야 한다. 그렇게 만들어진 포도 열매로 담은 포도주로서 하나님나라에서 주님과 함께 마시며 결혼식

피로연을 즐길 것이다.

"또 잔을 가지사 감사기도 하시고 그들에게 주시니 다 이를 마시매 이르시되 이것은 많은 사람을 위하여 흘리는 나의 피 곧 언약의 피니라 진실로 너희에게 이르노니 내가 포도나무에서 난 것을 하나님나라에서 새것으로 마시는 날까지 다시 마시지 아니하리라 하시니라"(막 14:23-25).

생수이신 그분이 피를 쏟으실 것을 예표하시려고 물이 포도주가 되게 하셨고, 그분이 우리와 함께 영으로 연합되셨다. 가지된 우리가 그분의 줄기에 딱 붙어있게 되었다. 그러면 우리 삶에 물이 포도주가 되는 것과 같은 정도의 기적들이, 즉 그런 삶의 변화들이 열매로 주렁주렁 맺히는 것이 당연하다. 자신을 점검하니 그렇지 못한 것 같은가? 물 가운데 태어난 존재로서 다시 성령으로 거듭났는지 심각하게 살펴야 한다.

성령과 물과 피가 하나다. 또한 말이 영이다. 성령으로 거듭난 자는 말씀 안에 거하게 되어 있다. 영생의 씨앗인 말씀 안에 거하는 것이 열매 맺는 삶의 근원이다. 포도 열매를 맺기 위해, 말씀 안에 거하는 삶을 위해, 쉐마에 순종해 말씀을 지켜(사수하여) 새기며 하나님을 사랑하자. 하나님께서 우리의 믿음을 지키시고 인도하실 것이다.

틈새 암송

"이 율법책을 네 입에서 떠나지 말게 하며 주야로 그것을 묵상(하가)하여 그 안에 기록된 대로 다 지켜(샤마르) 행하라(아싸) 그리하면 네 길이 평탄하게 될 것이며 네가 형통하리라"(수 1:8).

나는 생수의 강이신 성령님을 예배하기 위해 여호수아 1장 8절에 순종하려고 성경을 암송하는 사랑의 수고를 한다. 매일 집 근처 공원에 나가 두세 시간씩 걸으며 집중적으로 암송예배를 드린다. 그렇게 성경암송으로 하나님을 경배할 때, 입에서 말씀이 흘러나오는 만큼 하늘 보좌로부터 흘러넘치는 생수의 강이 내 속에서 흘러나오는 것을 느낀다.

나는 SNS를 통해 암송예배를 매일 인도하고 있다. 2017년 가을 어느 날, 암송예배를 함께 나누던 한 집사님이 "암송을 통해 제 속에서부터 생수가 졸졸졸 흐르네요"라는 피드백을 SNS에 올려주셨다. 그 다음날 암송예배를 드리는데 '졸졸졸'이라는 단어가 연상이 되면서 한 가지 깨달음을 얻었다.

당시 새롭게 창세기 8장과 9장 1-7절을 암송하고 있었는데 물 흐르듯이 암송이 되지 않고 멈칫 멈칫했다. 새로운 구절이기 때문이었다. 그러다가 요한복음 17장과 갈라디아서 전체를 암송할 때에는 몇 년 동안 반복하고 있는 구절이기에 입에서 거침없이 줄줄줄 흘러나왔고, 특히 갈라디아서 2장 20절은 콸콸콸 쏟아져 나왔다.

갈라디아서 2장 20절은 1997년 1월 이후 내 삶의 가장 중심이 되고 있는 구절이며, 수십만 번 외쳤던 말씀이기 때문이다. 그리고 거의 10년 가까이 암송하고 있는 에베소서와 빌립보서를 암송할 때에도 거침없이 입에서부터 콸콸콸 흘러나오는 것을 체험했다.

하늘 보좌와 내 마음의 보좌는 맞닿아 있다. 주님이 거기에 계시기 때문이다. 그래서 만물 위 보좌로부터 흐르는 생명수의 강이 바로 내 속에서 솟구쳐 흘러넘친다. 하늘 보좌로부터 생수의 강이 흘러넘치는 것을 체험하는 것은, 내 입에서 말씀이 얼마나 거침없이 흘러나오는 가에 비례하는 것 같다. 성령님은 진리의 영이시며, 성령님이 말씀이시기 때문이다.

여기서의 '말씀'은 성경에 적힌 글자를 의미하지 않는다. 디모데후서 3장 16절의 "모든 성경은 하나님의 감동으로 된 것으로"라는 표현 속의 '하나님의 감동'에 해당하는 헬라어는 '떼오프뉴스토스'로써 '하나님의 입김'이라는 뜻이다. 성경은 하나님의 '입김'(헬, 루아흐 - '성령')으로 쓰여졌다. 그러므로 우리의 입김으로 성경 글자를 살려내어 성령님을 예배할 때 로고스의 글씨가 살아 있는 레마의 말씀이 되어 생수가 줄줄줄 흐르게 된다.

혹시 하루 종일 자신의 생각에만 깊이 잠겨 멍하고 있었는가? 그렇다면 아무리 말씀을 많이 알고 경험한 사람이다 하더라도, 아무리 대 신학자라 하더라도, 아무리 유명한 사역자라 하더라도 물이

고인 채 흘러가지 않아 신선한 생수를 경험하지 못하고 있을 수도 있다.

말씀을 많이 알고 경험했던 과거는 중요하지 않다. 우리는 날마다, 매순간 주님 안에서 새로운 피조물로 태어나야 한다. 매순간 이전 것이 지나가기 때문이다. 우리는 '흘러가는 지금 속에서' 영원하신 하나님을 어린아이와 같이 예배해야 한다. 영원하신 임마누엘의 하나님, 지금 나와 함께하시는 하나님을 누리는 가장 쉬운 비결은 항상 내가 주님 앞에서 새 부대로 서는 것이다.

말씀을 많이 알고 경험한 사람이 지금 멍하니 있는 것보다, 단 한 구절이라도 수시로 소리 내어 선포하며 하나님을 사랑하는 초신자가 오히려 신선한 하늘 생수를 맛보고 체험하는 것일 수 있다. 보좌에 계신 하나님의 능하신 손 아래에서 겸손하자. 겸손으로 허리를 동이자. 하나님은 교만한 자를 대적하시고 겸손한 자에게 은혜를 주신다(벧전 5:5,6). 어린아이에게서 그 겸손을 배우자.

"그러므로 누구든지 이 어린아이와 같이 자기를 낮추는 사람이 천국에서 큰 자니라"(마 18:4).

갓난아기는 엄마 품에 안겨서 계속해서 입술과 혀를 움직여 젖을 빨며 엄마와 하나 됨을 누린다. 베드로는 영의 양식을 먹는 것은 마치 갓난아기가 어미젖을 빠는 것과 같다고 했다.

"갓난아기들같이 순전하고 신령한 젖을 사모하라 이는 그로 말미암아 너희로 구원에 이르도록 자라게 하려 함이라"(벧전 2:2).

어린아이가 어미젖을 빨듯이, 주야로 말씀이 입에서 떠나지 않게 입술과 혀를 움직이자. 주와 함께 죽었고 살아서 만물 위의 아버지 품에 안겨 있는 믿음 하나면 충분하다. 그 믿음으로 매순간 입에서 말씀이 떠나지 않게 여호와 하나님을 경배하자. 그러면 아버지의 뜻만이 이루어지는 형통의 삶이 펼쳐지게 된다.

가장 오랫동안 나의 암송신앙에 공감해주시는 한 권사님이 있다. 그리고 그 권사님을 중심으로 구성된 암송 SNS가 있다. 내가 그 암송 SNS를 섬긴지 벌써 3년이 되어간다. 그 권사님이 어느 날 내가 올린 암송일기에 대한 귀한 피드백을 SNS에 올려 주셨다. 그 권사님의 표현이 탁월해 주고받은 대화를 소개한다.

"아멘! 지 목사님의 세밀하고 자상한 가르침에 감사드립니다. 어린아이처럼 똘똘하게 잘 배우고 실천하겠습니다. 말씀을 암송하면서 변화된 제 습관 중 한 가지는, 대화할 때 전달하려는 말을 정확히 표현하고 정확히 들으려 한다는 것입니다. 그리고 하루 일과 중 틈새 암송은 꿀맛입니다. 택시 안에서, 엘레베이터 안에서, 마트에 갈 때도, 설거지를 할 때도, 칼질을 할 때도 암송 리듬으로 한답니다. 여러분, 어디서든 예배할 수 있는 특권을 누립시다!"

그 권사님의 글에 나도 댓글을 남겼다.

"권사님의 표현이 탁월하시고 강력하네요. '틈새 암송!' 진짜로 틈

새 암송은 꿀맛입니다. 사실 사역자들이 아무리 말씀을 강조해도, 또한 성도들이 '역시 말씀이야!'라고 인식하고 있어도 '수시 암송 예배자'로 서있지 않다면 하루 중 거의 모든 틈새 시간 동안 멍하니 자신의 생각에 잠겨 있게 마련입니다.

그러나 하루 일과 중 틈새마다 말씀을 암송하며 성령님을 사랑하게 되면, 늘 하나님의 생각인 성경 말씀이 나를 지배하게 됩니다. 그래서 나의 일상 가운데 갑자기 아이디어가 필요한 때나 갑작스러운 위기의 때나 죄의 유혹이 엄습할 때에 하나님의 말씀대로 말하고 움직이게 되고 마음을 지키게 됩니다. 신명기 6장 4-9절의 쉐마와 그 요약인 여호수아 1장 8절은 우리를 향한 놀라운 하나님의 사랑의 장치입니다."

PART

4

열매를
맺다

CHAPTER 18

포도나무와 가지

'휴'(休)는 '쉼, 안식'이라는 뜻의 한자다. '사람'(人)과 '나무'(木)가 합쳐진 형태다. 그런데 하나님께서는 '사람'(人)을 '나무'(木)로 비유하셨다.

"그는 시냇가에 심은 나무가 철을 따라 열매를 맺으며 그 잎사귀가 마르지 아니함 같으니 그가 하는 모든 일이 다 형통하리로다"(시 1:3).

나는 앞서 우리 뇌에 있는 천억 개의 뉴런들이 나무처럼 생겼다고 말한바 있다. 말과 행위의 근원이 되는 뇌의 신경 세포를 나무 모양으로 만드시고, 인간을 나무로 비유하신 하나님은 과연 창조주다우시다.

말과 행위의 열매는 뇌 속 신경세포 나무에 무엇을 입력했는가에 대한 결과다. 행함의 원인이 되는 말씀을 새겨 넣으며 당신을 사랑하라고 쉐마 명령(신 6:4-9)을 주신 하나님은 과연 좋으신 아버지다우시다.

"그들의 열매로 그들을 알지니 가시나무에서 포도를, 또는 엉겅퀴에서 무화과를 따겠느냐 이와 같이 좋은 나무마다 아름다운 열매를 맺고 못된 나무가 나쁜 열매를 맺나니 좋은 나무가 나쁜 열매를 맺을 수 없고 못된 나무가 아름다운 열매를 맺을 수 없느니라 아름다운 열매를 맺지 아니하는 나무마다 찍혀 불에 던져지느니라 이러므로 그들의 열매로 그들을 알리라"(마 7:16-20).

나무에게 물이 필요하듯이 사람에게도 물이 필요하며, 무엇보다 영적 생명수인 말씀이 필요하다. 풍부한 물이 있는 시냇가에 심겨진 나무가 시절을 좇아 열매를 잘 맺듯이, 영적 존재인 우리도 영적인 시냇가에 심겨져야 한다. 그곳은 생명수의 강이 흐르는 만물 위 보좌다. 그곳은 진정한 쉼(休)이 있는 장소다. 그곳에서 주께서 말씀을 생명수로 붓고 계시기 때문이다.

"보좌로부터 번개와 음성과 우렛소리가 나고"(계 4:5).

"그의 음성은 많은 물 소리와 같으며"(계 1:15).

우리를 생명수 강이 흐르는 보좌에 심으시기 위해 하나님께서 직접 인간으로 이 땅에 오셨다. 성육신하신 예수님을 구주 하나님으로 모셔 들인 자들은 예수님과 함께 죽음과 부활에 연합되어 주님과 함께 만물 위 보좌에 계신 아버지 안에 들어가서 영원한 안식(休)을 누리기 시작한다.

하나님과 연합된 진리의 또 다른 표현이 바로 예수님이 자신을 포도나무에, 우리를 가지에 비유하신 것이다(요 15:5). 예수님을 구주로 모셔 들인 자들은 포도나무 줄기이신 예수께 연합된 가지가 되었다.

그러므로 가지된 우리는 줄기 되신 주께 붙어있음으로 인해 안식(休)을 누리며 열매를 맺게 된다. 안식을 뜻하는 '휴'(休)는 포도나무 되신 주께 우리가 가지로 붙어있어야 진정한 안식을 누린다는 것을 말해준다.

휴(休) + 409

2018년 2월 28일, 약 3년 전에 시작한 암송 SNS 멤버들과 모여 밤새도록 은혜를 나누었다. 그리고 새벽 5시가 되어 숙소로 이동했는데 그 숙소 이름이 '휴'(休)였다. 3월 1일 아침에는 마치 포도나무 되신 주님 안에 연합을 누리는 마음으로 숙소에서 쉰 후 방을 나섰는데, 방문 옆에 '휴'(休)라는 글자와 함께 방 호수인 '409'라는 숫자가 눈에 다시 크게 들어왔다. 그때 불현듯 '창세기 40:9'라는 글자가 머릿속에 떠올랐다.

나는 히브리적으로 본질적인 낱권별 암송을 하고 있으므로 성경 구절의 주소에 해당하는 장절을 따로 암송하지 않기에 그 구절이 무슨 내용인지 몰랐고, '그냥 스쳐 지나가는 생각이겠지…'라고 여겼다. 그렇게 택시를 타고 대전역으로 향했다.

대전역 대합실에 도착해서 배웅 나오신 이 권사님을 만났다. 권사님은 대한민국과 열방과 이스라엘을 위한 중보기도자로 알려진 귀한 분이시다. 나는 대합실에서 권사님과 함께 삼일절 정신과 현재의 대한민국에 대한 하나님의 마음을 나누다가, 갑자기 '포도나무이신 예수님과 가지인 우리', 그리고 숙소 이름인 '휴'와 방 호수와 관련된 '창세기 40:9'라는 글자가 다시 마음속에 떠오르는 것을 알아챘다. 이것이 주님의 인도하심인가 싶어서 권사님께 자초지종을 다 말씀드렸다.

"권사님, 제가 창세기 40장 9절이 무슨 말씀인지 알지 못하지만 한 번 찾아서 선포해보고 싶은 마음이 듭니다. 뭔가 주님이 우리에게 주시는 메시지 같아요."

그렇게 찾아본 구절은 이러했다.

"술 맡은 관원장이 그의 꿈을 요셉에게 말하여 이르되 내가 꿈에 보니 내 앞에 포도나무가 있는데"(창 40:9).

'휴'(休)라는 숙소에 투숙할 때부터 포도나무 되신 예수께 붙어있는 가지로서 진정한 쉼을 얻는 것을 연상했는데, 문득 떠오른 창세기 40장 9절에 포도나무가 등장하는 것이 아닌가? 그것이 임마누엘 하나님의 섭리임이 감지되면서 전율이 일었다. 나는 이어지는 구절들을 계속 읽어 내려갔다.

"그 나무에 세 가지가 있고 싹이 나서 꽃이 피고 포도송이가 익었고 내 손에 바로의 잔이 있기로 내가 포도를 따서 그 즙을 바로의 잔에 짜서 그 잔을 바로의 손에 드렸노라 요셉이 그에게 이르되 그 해석이 이러하니 세 가지는 사흘이라 지금부터 사흘 안에 바로가 당신의 머리를 들고 당신의 전직을 회복시키리니 당신이 그 전에 술 맡은 자가 되었을 때에 하던 것같이 바로의 잔을 그의 손에 드리게 되리이다 당신이 잘 되시거든 나를 생각하고 내게 은혜를 베풀어서 내 사정을 바로에게 아뢰어 이 집에서 나를 건져주소서 나는 히브리 땅에서 끌려온 자요 여기서도 옥에 갇힐 일은 행하지 아니하였나이다"(창 40:10-15).

여기까지 읽는 동안 어느덧 내 눈에서 하염없이 눈물이 흘렀다. 결국 술 맡은 관원의 포도나무 꿈은, 단지 술 맡은 관원 한 사람이 회복되는 것에서 멈추지 않는다. 그 꿈은 이스라엘의 탄생과 인류 구속사의 결말까지 이어지는 하나님의 마스터플랜과 연결되는 놀라운 동기가 되는 꿈이었다.

전직이 회복된 술 맡은 관원은 나중에 요셉이 감옥에서 나오는데 결정적인 역할을 하게 되고, 회복된 요셉은 바로의 꿈을 해석해 국무총리가 된다. 그리고 요셉은 바로의 꿈 해석을 통해 받은 하나님의 계시대로 풍년 7년, 흉년 7년 정책으로 자신의 집안뿐 아니라 애굽과 중동지역 전체를 먹여 살리게 된다.

하나님의 마스터플랜과 포도나무

그 일은 먼 훗날 마지막 심판 직전에 있을 7년 환란을 준비하는 요셉의 영적이고도 물질적인 창고의 의미와도 연결되는 사건이었다. 그때 요셉으로 인해 회복되어 고센 땅으로 이주한 야곱 집안 사람은 70명이었는데, 이들은 결국 이스라엘 민족 국가가 세워지는 기초가 되며, 하나님이 갖고 계신 인류 구속사의 마스터플랜의 귀한 도구로 쓰임 받게 된다.

요셉이 갇혔던 감옥은 13년 환란의 끝 공간으로, 희망이 다 끊긴 사망의 음침한 골짜기였다. 그러나 요셉은 그 죽음의 골짜기와 같은 감옥에서도 결코 해로움을 두려워하지 않았다. 주께서 함께하심을 믿었고, 하나님께로부터 받은 계시의 말씀을 놓지 않고 꼭 붙들었기 때문이다.

결국 포도나무이신 예수님은 술 맡은 관원의 꿈속에 포도나무를 등장시키셨고, 요셉은 그 포도나무 꿈으로 인해 회복되고, 이스라엘 민족과 열방의 회복의 통로로 쓰임 받았다.

기가 막힌 그 모든 계획들을 포도나무 이야기로 시작하시는 하나님의 경륜이 참으로 놀라웠고 "나는 포도나무요 너희는 가지니"라고 선포해주신 의미가 새롭게 다가왔다.

창세기 40장 9-15절을 읽는 동안 '휴'(休), 409호로 인해 하염없이 흐르던 눈물은 내가 포도나무이신 주님과 온전히 연합된 가지로서 주님의 생명 안에서 안식(休)함에 대한 감사의 눈물이었으며, 마지막 심판의 때에 하나님의 뜻을 이룰 이스라엘과 교회, 그리고 대한민국의 회복을 바라는 소망의 눈물이었다.

CHAPTER **19**

포도 한 송이에 담긴 아홉 가지 열매

성령의 열매는 어떤 사람이 위로부터 난 믿음을 소유하고 있는지, 아니면 땅에 속한 자신의 신념으로 살고 있는지를 알 수 있는 중요한 척도다. 우리가 구원을 받는 것은 우리의 신념으로서가 아니다. 오직 그리스도의 믿음으로 구원을 받는다(갈 2:20; 요 17:21).

바울은 갈라디아서 5장에서 성령의 아홉 가지 열매를 표현하기 바로 직전에 '온 율법은 이웃 사랑하기를 자신의 몸과 같이 하라 하신 한 말씀에 다 이루어진다'라고 했다. 그리고 그것을 모르고 서로 물고 먹으면 피차 멸망할까 조심하라고 강조했다(갈 5:14,15).

성령의 아홉 가지 열매는 결국 사랑의 열매라는 의미다. 우리의 사랑이 진정 성령으로부터 비롯되는 사랑인지 아닌지를 분별할 수 있는 것이 바로 성령의 아홉 가지 열매다. 성령의 아홉 가지 열매에 우리의 사랑이 아닌 아버지께서 원하시는 사랑이 숨어 있다.

바울이 말한 성령의 아홉 가지 열매(갈 5:22,23)에 대한 놀라운 비밀은 예수께서 말씀하신 바에 담겨 있다.

"나는 포도나무요 너희는 가지라"(요 15:5).

나는 2017년 어느 날, 호형호제는 하는 사이인 이스라엘의 박경진 목사와 성령의 열매에 대한 깊은 나눔을 가졌다.

"'오직 성령의 열매는 사랑과 희락과 화평과 오래 참음과 자비와 양선과 충성과 온유와 절제니 이같은 것을 금지할 법이 없느니라'(갈 5:22,23). 이 문장을 원어로 보면, '열매'(the fruit of the Spirit)라는 주어가 문법적으로 단수 형태라서 be동사도 'is'로 시작하므로 한 개의 열매로 표현해야 하는데 아홉 개가 나열되어 있어.

만약 아홉 개의 열매를 표현하려면 주어도 복수 형태로 'fruits'를 써야 하고 be동사도 'are'이 되어야 하는데, 틀린 영문법이 오히려 하나님의 초월적인 뜻을 잘 말해주는 것 같아. 세상 문법 속에 하나님의 나라를 가둘 수 없으니, 오히려 이 표현을 통해 성령의 열매가 더 정확히 표현된 것으로 보여.

성령의 열매가 아홉 가지로 표현되어 있지만 사실은 아홉 가지가 다 합해서 '사랑'이라는 하나의 열매라고 성령께서 말씀하시는 거 같아. 즉 첫 번째 표현인 '사랑'이라는 열매를 나머지 여덟 가지의 속성으로 골고루 표현해주신 것 같아."

내 말을 들은 박 목사는 "형님의 말씀을 들으니 포도송이가 연상되네요"라고 말했다. 그래서 내가 "아하, 그래서 예수께서 '나는 포도나무요 너희는 가지라'라고 말씀하신 거구나!"라고 맞장구를 쳤다.

포도 한 송이에는 여러 개의 포도알들이 맺혀 있다. 이 구절에서 단수 주어인 '성령의 열매'는 포도 한 송이에 해당하고, 성령의 열매인 포도 한 송이에 아홉 개의 성품들이 주렁주렁 열린 것과 같다. 그런데 왜 바울은 갈라디아서 5장 22절에서 성령의 아홉 가지 열매를 표현할 때 '사랑'이라는 열매부터 시작했을까?

우리에게 주신 가장 큰 계명

"예수님은 가장 큰 계명이 무엇이라고 하셨을까요?"라고 질문하면 모두 다 자신 있게 "하나님 사랑이요!"라고만 대답한다. 이것은 정확한 답인 것 같으나 반만 맞는 답이다.

마가복음 12장 28-31절을 자세히 보자. 예수님은 "하나님을 사랑하라"라고 말씀하신 뒤에 바로 "이에서 더 큰 계명이 없다"라고 하지 않으셨다. 둘째 계명인 "네 이웃을 네 자신과 같이 사랑하라"까지 말씀하시고 난 뒤에 "이에서 더 큰 계명이 없다"라고 말씀하셨다.

예수님의 이 말씀이 갈라디아서 5장과 연결된다. 갈라디아서 5장은 성령장임과 동시에 고린도전서 13장 못지않게 강력한 사랑장이다. 갈라디아서 5장에서 바울은 "온 율법은 네 이웃 사랑하기를 네 자신 같이 하라 하신 한 말씀에서 이루어졌나니"라고 했다(14절). 성령님은 바울 안에서 예수님이 말씀하신 두 개의 가장 큰 계명을 더 요약하셨다. 즉 "이웃을 네 자신과 같이 사랑하라"라는 이 표현이 성령의 아홉 가지 열매와 연결된다.

바울은 갈라디아서 앞부분에서 가만히 들어온 거짓 형제들이 할례를 강조하는 것을 향해 '다른 복음을 전하면 저주를 받을 것'이라고 호통을 친다. 그리고 복음 진리를 바로 따르지 않고 율법적으로 움직이며 외식했던 베드로도 책망한다.

그리고 복음의 핵심인 그리스도와 함께 죽음과 성령으로 연합된 정체성을 선포하고, 그 믿음으로 아브라함의 복을 함께 누리며 하나님을 '아바'라 부를 수 있는 놀라운 신분을 말한다. 그러면서 5장에 접어들어 그리스도께서 주신 자유에 대해 말한다(갈 5:1-4).

어떤 사람들은 바울이 말하는 자유가 무할례를 말하는 것으로 잘못 알고 있다. 5장 4절 이후로 바울의 목소리는 '할례가 맞냐, 무할례가 맞냐?'라는 식으로 옳고 그름을 따지는 차원에서 머무는 연약한 성도들을 향해 사랑으로 열매를 맺어야 한다는 것을 피력하기 시작한다.

"우리가 성령으로 믿음을 따라 의의 소망을 기다리노니 그리스도 예수 안에서는 할례나 무할례나 효력이 없으되 사랑으로써 역사하는 믿음뿐이니라"(갈 5:5,6).

"너희가 달음질을 잘 하더니 누가 너희를 막아 진리를 순종하지 못하게 하더냐 그 권면은 너희를 부르신 이에게서 난 것이 아니니라 적은 누룩이 온 덩이에 퍼지느니라 나는 너희가 아무 다른 마음을 품지 아니할 줄을 주 안에서 확신하노라 그러나 너희를 요동하게 하는 자는 누구든지 심판을 받으리라"(갈 5:7-10).

그러나 바울은 아버지가 헬라인이었던 디모데에게는 할례를 주었고(행 16:1-3), 다른 헬라인인 디도에게는 할례를 주지 않았다. 바울은 성령을 좇아 그리스도 예수 안에서 사랑으로 행하는 믿음의 본을 보였다. 이런 바울의 관점에서 볼 때, 갈라디아교회는 사랑으로 역사하는 믿음 안에서 때로는 할례를 주기도 하고 때로는 무할례로 머물게 하기도 하며 잘 달려가고 있었다.

그런 면에서 바울이 '온 교회 안을 들쑤시는 적은 누룩'이라고 말한 것은 표면적으로는 할례를 강조하는 사람들이지만, 보이지 않는 차원의 더 무서운 누룩은 옳고 그름을 따지는 데 빠져서 서로 원수가 되도록 교회를 분열시키는 것을 말한다. 이전 구절들의 흐름들과 함께 갈라디아서 5장 10절 이후의 흐름을 보면 그것을 잘 알 수 있다.

"형제들아 너희가 자유를 위하여 부르심을 입었으나 그러나 그 자유로 육체의 기회를 삼지 말고 오직 사랑으로 서로 종노릇하라 온 율법은 네 이웃 사랑하기를 네 자신같이 하라 하신 한 말씀에서 이루어졌나니 만일 서로 물고 먹으면 피차 멸망할까 조심하라"(갈 5:13-15).

갈라디아교회에 표면적인 누룩인 할례파가 등장했다. 그 누룩을 통해 숨은 누룩인 이간질의 천재 사탄이 역사함으로 나타난 결과는 분쟁, 다툼, 원수를 맺는 모습이었다. 즉, 갈라디아교회는 사랑을 잃어갔다. "할례가 맞다", "아니다. 무할례가 맞다"라며 서로를 정죄하면서 이웃 사랑을 잃어갔다. 바로 이런 차원에서 그 유명한 "성령을 좇아 행하라!"라는 목소리가 등장한다. 사랑과 성령님의 깊은 상관관계를 보여주는 대목이다.

최고의 법

"내가 이르노니 너희는 성령을 따라 행하라 그리하면 육체의 욕심을 이루지 아니하리라 육체의 소욕은 성령을 거스르고 성령은 육체를 거스르나니 이 둘이 서로 대적함으로 너희가 원하는 것을 하지 못하게 하려 함이니라"(갈 5:16,17).

성령을 따라 행하면 육체의 욕심을 이루지 않게 된다. 갈라디아서의 맥락에서 볼 때 육체의 욕심은 할례파나 무할례파 둘 다 자신들의 주장을 굽히지 않고 상대방이 틀렸다고 정죄하는 욕심을 말한다. 그것이 바로 성령을 거스르는 모습이다.

그 다툼은 결국 사랑이 아닌 율법적인 신앙 안에 머무는 차원에서 맺히는 좋지 않은 열매다. 그래서 바울은 사랑으로 이끄시는 성령 안에 있으면 율법 아래 있지 않게 되고, 율법 아래 있는 자들에게서는 육체의 일이 일어난다고 말한다.

"너희가 만일 성령의 인도하시는 바가 되면 율법 아래에 있지 아니하리라 육체의 일은 분명하니 곧 음행과 더러운 것과 호색과 우상

숭배와 주술과 원수 맺는 것과 분쟁과 시기와 분냄과 당 짓는 것과 분열함과 이단과 투기와 술 취함과 방탕함과 또 그와 같은 것들이라 전에 너희에게 경계한 것같이 경계하노니 이런 일을 하는 자들은 하나님의 나라를 유업으로 받지 못할 것이요"(갈 5:18-21).

나열된 육체의 일들을 보면 맨 앞의 다섯 가지는 혼자서도 지을 수 있는 죄들이다. 그러나 그 다음에 나오는 죄들의 항목, '원수 맺는 것과 분쟁과 시기와 분냄과 당 짓는 것과 분열함'은 다른 사람들과의 관계 안에서 맺혀지는 죄들이다.

서로 자신의 주장이 더 성경적이라고 우기면서 원수를 맺게 되고, 분쟁하고 시기하고 분내고 당을 짓게 되며, 분열의 열매를 맺게 되는 자들은 하나님의 나라를 유업으로 받지 못한다. 할례파가 볼 때는 무할례파가 하나님의 나라를 유업으로 얻지 못하게 될 것같이 보일 수 있다. 무할례파가 볼 때는 할례파가 하나님의 나라를 유업으로 얻지 못할 것같이 보일 수도 있다. 그런데 진정으로 하나님의 나라를 유업으로 받지 못하는 자는 분쟁 가운데 있고 서로를 원수처럼 생각하고 있는 자들이다.

이 내용 바로 뒤에 성령의 아홉 가지 열매가 나오는 것도 의미심장하다.

"오직 성령의 열매는 사랑과 희락과 화평과 오래 참음과 자비와 양선과 충성과 온유와 절제니 이같은 것을 금지할 법이 없느니라"(갈 5:22, 23).

헬라어 본문에는 '그러나'라는 역접 접속사가 분명히 있다. 성령의 열매를 금지할 다른 법(말씀)이 없다고 하는 것은 성령의 열매가 최고의 말씀이라는 의미다. 예수님의 동생 야고보도 동일하게 말했다.

"너희가 만일 성경에 기록된 대로 네 이웃 사랑하기를 네 몸과 같이 하라 하신 최고의 법을 지키면 잘하는 것이거니와"(약 2:8).

그러면 어떻게 이웃을 사랑해야 하는가? 그것은 바로 성령의 아홉 가지 열매로 비추어 보아 알 수 있다.

이웃 사랑의 척도

예수님은 "나는 포도나무요 너희는 가지라"라고 하셨으므로 우리가 맺어야 할 성령의 열매는 당연히 포도 열매로 설명된다. 포도 한 송이로 비유되는 성령의 열매에 아홉 가지 성품의 알들이 골고루 맺히는데, 첫 번째 표현인 '사랑'이 주제다.

시장에 가서 포도를 고를 때는 포도 한 송이에 모든 달린 알들이 좋은 상태인지 본다. 하나의 알이 너무 크고 상태가 좋아도 나머지 알들이 다 썩었다면―그런 포도송이는 아예 마트의 진열대에 올라올 수도 없겠지만―한 알 때문에 그 포도송이를 고르는 바보는 없다.

"분노하라!"라고 쉽게 외치는 자들이 있다. 또한 좋은 취지로 진리를 외치기는 하지만 분노를 가지고 파괴적이며 극단적인 행동으로 사역하는 자들이 있다. 그런 태도를 취하는 사람들이 하나님의 나라에 속하지 않은 사람이라면 여기서 거론할 필요도 없다. 그러나 그렇게 분노로 풀어가는 자들 중에 자신이 성령충만하여 성령의 열매를 맺고 있다고 스스로 확신하는 자들이 있다.

하나님은 단 한 사람 속에 있는 흉측한 의 때문에라도 사람이 되셔서 대신 십자가에 못 박히셔야 했다. 하나님께서 사람이 되셔서 저주의 십자가에서 죽으셔야 했을 정도로 인간의 의는 더럽고 썩었고 부패했다(갈 3:13).

자신 속에 있는, 하나님께서 기뻐하시지 않는 그 흉측한 의 때문에 심각하게 분노해본 적은 있는지 묻고 싶다. 자신의 의에 대해 진정으로 분노하고 십자가에서 고난과 죽음으로 온전한 의를 이루신 예수님을 만난 자는 남을 향해 함부로 분노하지 않을 뿐더러 분노하라고 선동하지도 않는다.

'분노, 과격, 파괴'라는 단어를 성령의 아홉 가지 열매에 대입해보라. '사랑, 희락, 화평, 인내, 자비, 양선, 충성, 온유, 절제'와 '분노'는 전혀 어울리지 않는다. 혹 "제가 주장하는 '분노'는 '충성'이라는 열매 속에 포함되어 있습니다. 사랑한다면 때로는 악에 대해 분노하며 적극적으로 행동해야 합니다. 가만히 기도하는 것만이 능사는 아니지요"라고 주장할 사람도 있을 것이다. 우리는 악에 대해 경계하고 단호해야 한다. 그러나 악에 대한 진리의 선포를 풀어내는 태도가 죽이고 멸망시키는 존재인 사탄의 속성인 분노를 따르는 것이 과연 옳은가 생각해보아야 한다.

분노의 태도를 취하는 사람이 그것이 '충성'이라는 열매라고 주장한다면, 충성 이외의 다른 열매도 골고루 맺고 있는지 그에게 묻고 싶다. 성령의 열매는 포도 한 송이로서 모든 알들이 골고루 맺혀지는 것이지, 하나의 알만을 강조한 것이 아니기 때문이다. 이미 분노의 태도를 보이고 있는 자는 희락, 화평, 인내, 자비, 양선(착함), 온유, 절제의 열매와는 거리가 멀다.

그래도 어떤 이들은 "예수님도 때로는 악에 대해 분노하셨습니다"라고 반박한다. 그러면 그에게 "당신은 당신이 분노하는 대상에 대해 눈물을 흘립니까?"라고 묻고 싶다. 예수께서 바리새인들에게 "독사의 자식들아!" 하시며 분노하신 것만 보면 안 된다. 예수님은 긍휼이 풍성하신 하나님이시다.

예수님은 기본적으로 죄에 빠진 인생들을 위해 그들이 영원한 심판에 처해지지 않고 다 회개하기를 바라신다. 그래서 예수님은 죄인들을 안타깝게 바라보시며 하나님 아버지와의 사이에서 애통해하시고, 눈물을 흘리시며 중보하신다.

"가까이 오사 성을 보시고 우시며"(눅 19:41).

"주의 약속은 어떤 이들이 더디다고 생각하는 것같이 더딘 것이 아니라 오직 주께서는 너희를 대하여 오래 참으사 아무도 멸망하지 아니하고 다 회개하기에 이르기를 원하시느니라"(벧후 3:9).

어떤 사람은 교회는 그리스도의 몸이니, 몸에서 썩는 지체가 있다면 죽지 않기 위해 과감히 그 부분을 잘라내야 한다고 주장한다. 예를 들어 발이 썩어 들어가고 있는데 자르지 않으면 죽을 수도 있기에 그 발을 과감히 잘라버려야 한다고 한다.

그런데 그것은 그리 쉽게 생각할 차원이 아니다. 생각해보라. 자기 몸에서 발을 절단해야 한다는 진단을 받는다면, 불구가 되는 것도 아랑곳 않고 선뜻 "예, 잘라 주세요!"라고 하겠는가? 그렇지 않다. 누구라도 병원 측에 진단을 제대로 한 것인지 몇 번이고 되물어서 가능하면 발을 자르지 않기를 원한다. 다른 병원에서 다시 진단을 받기 원하고, 같은 진단이 나온다면 또 다른 병원이라도 가서 다시 진단받으며 어떻게든 자르지 않으려고 최대한 노력한다.

그러다가 어디를 가도 같은 진단들이 나온다면, 치유받기 위해서 전국의 유명한 기도원과 신유의 능력이 있는 종들을 찾아 헤매기도 하고, 할 수만 있다면 빚을 내서라도 의료 선진국으로 가서 치료를 받고자 노력한다.

온갖 노력을 다해도 결국 고치지 못한다고 판정을 받아야 비로소 눈물을 머금고 그 발을 잘라낸다. 잘라낸 뒤에도 늘 잘려나간 발(지체) 때문에 불편함에 늘 아쉬워하고 그리워한다. 이것이 바로 이웃을 제 몸처럼 사랑하는 태도다.

우리는 올바른 소리를 하면 사람들이 살아날 것으로 쉬이 착각한다. 바른 말을 하는 것이 성숙함인 줄 착각한다. 살리는 영이 흘러가야 사람을 살린다. 살리는 영은 성령으로부터 나온다. 성령님은 생수의 강이시기에 생수가 흘러가는 말이어야 한다. 아무리 바른 말이라도 성령님으로부터 나오는 것이 아니라면, 썩은 물이 흘러가서 오히려 이간질의 역사에 사용되기도 하고, 아무리 어눌한 말이라도 생수가 흘러가는 말이면 사람들이 살아난다.

주님은 포도나무시고 우리는 포도나무에 붙어있는 가지다. 그러므로 우리는 포도 열매와 같이 성령의 아홉 가지 사랑의 열매를 골고루 맺어야 한다. 성령의 아홉 가지 열매를 금지할 다른 법은 없다. 최고의 법인 성령의 아홉 가지 열매를 골고루 맺기 위해 늘 생명의 씨앗인 말씀을 마음 밭에 새겨 심으며 성령께 생명수를 구하자. 성령께서 아홉 가지 열매를 맺도록 친히 이끄실 것이다.

CHAPTER **20**

열매와 연합

바울은 성령의 열매(사랑)에 대한 표현 바로 뒤에 복음의 핵심인 예수님의 십자가와 부활이 우리에게 어떻게 반영되는지를 정확히 선포한다.

진정한 이웃 사랑은 다른 종교, 윤리, 철학에서도 할 수 있는 사랑이 아니라, 대속적 죽음을 죽으신 예수 그리스도와 관련된 사랑이어야 한다는 의미다. 성령의 열매는 십자가 및 부활과 직결되어 있다. 성령의 열매(사랑)의 핵심은 우리가 주님과 생명으로 연합되었다는 진리에 있다.

"오직 성령의 열매는 사랑과 희락과 화평과 오래 참음과 자비와 양선과 충성과 온유와 절제니 이같은 것을 금지할 법이 없느니라 그리스도 예수의 사람들은 육체와 함께 그 정욕과 탐심을 십자가에 못 박았느니라"(갈 5:22-24).

바울은 포도 열매를 연상케 하는 성령의 아홉 가지 열매를 말하고 나서 그리스도 예수의 사람들을 예수님과 함께 십자가에 못 박힌

자로 표현했다. 그 표현은 유명한 요한복음 15장 5절의 "나는 포도나무요 너희는 가지라"라는 말씀과 정확하게 연결되어 있다. 그리스도와 함께 죽은 자들은 포도나무 되신 주께 붙어있는 가지이므로 당연히 성령의 아홉 가지 열매를 맺게 된다는 의미다.

믿음이 열매 맺게 한다

예수님은 "내 안에 거하라 나도 너희 안에 거하리라 가지가 포도나무에 붙어있지 아니하면 스스로 열매를 맺을 수 없음 같이 너희도 내 안에 있지 아니하면 그러하리라"(요 15:4)라고 하셨다.

주님이 '내 안에 거하라'라고 하신 것은 "너 자신을 주인 삼았던 삶을 회개하라. 그리고 나를 주인으로 모셔 들이는 진정한 고백을 함으로써 나와 함께 연합되라!"라는 촉구이시다. 진정한 회개와 예수님을 주인으로 모셔 들이는 믿음만이 포도나무 되신 주께 연합된 가지가 된다. 어떤 의로운 행위도 그리스도 안에 거하게 하지 못한다.

하나님은 영이시며 생수의 강이시다. 우리는 회개를 동반한 온전한 믿음으로 아들 안에 들어갔다. 그래서 그와 함께 죽었고, 함께 살았으며, 함께 만물 위에 계신 아버지, 즉 생수의 강이신 성령 안에 거하게 되면서 성령도 우리 안에 거하시게 되었다. 이것이 바로 포도나무 되신 예수께 온전히 붙어있는 가지가 되었다는 의미다.

"그의 성령을 우리에게 주시므로 우리가 그 안에 거하고 그가 우리 안에 거하시는 줄을 아느니라"(요일 4:13).

"그 안에는 신성의 모든 충만이 육체로 거하시고 너희도 그 안에서 충만하여졌으니"(골 2:9,10).

바울은 우리가 성령의 열매를 맺지 못하고 분쟁, 원수를 맺는 것 등 썩은 열매만 맺는다면 하나님의 나라를 유업으로 얻지 못할 것이라고 교회 안에 있는 사람들을 향해 외쳤다. 그것은 교회 안에 들어와 있지만, 아직 회개하지 않아 포도나무 되신 주께 붙어있지 않는 자들을 향한 외침이다.

그리스도 예수의 사람들은 존재적으로 육체와 함께 정과 욕심을 십자가에 못 박아 버려서 육체의 열매를 맺을 수 없고 성령의 열매를 맺을 수밖에 없다. "나는 포도나무요 너희는 가지라"라는 예수님의 선포와 바울이 말한 성령의 아홉 가지 열매, 그리스도 예수의 사람들이 육체와 함께 정과 욕심을 십자가에 못 박았다는 두 진리는 성령의 열매를 맺는 삶에 대한 본질이다.

가지가 포도나무에 붙어있으려고 노력해서 붙어있는 것이 아니다. 가지는 존재적으로 포도나무에 붙어있다. 그러므로 붙어있으려고 노력하지 말고, 이미 붙어있음을 믿으라. 그러면 그 믿음을 통해서 하나님께서 이루신다. 그 믿음이 온전한 만큼 열매가 맺힌다.

가지는 포도나무 줄기에 붙어있으면서 동시에 바깥세상을 향해 뻗어있다. 가지가 세상이라는 담을 넘어 뻗은 가지로서 세상에서 열매를 맺으려면, 세상 쪽을 향하는데 중점을 두기보다 오히려 가지라는 존재가 포도나무 줄기에 붙어있는 연합의 지점 쪽으로 더 믿음을 쏟아야 한다. 세상을 등지라는 말이 아니라 세상에서 진정한 열매를 맺기 위한 우리의 정체성을 확실히 믿고 그 믿음 안에 거해야 함을 말한다.

가지가 포도나무와 연합된 정체성에 중심을 두지 않으면 세상만을 향하게 되며, 세상에 영향을 주려고 자신의 노력으로 살게 된다. 그렇게 되면 가지가 자기의 노력으로 인해 필요 이상으로 세상을 향해 굵어지거나 길게 뻗거나 잎만 무성해져서 무게를 견디지 못해 꺾이게 되고, 결국은 원줄기에서 분리되어 떨어진다.

그런 현상들의 근본적인 원인은 우리가 가지로서 줄기에 붙어있기에 뿌리와 줄기로부터 생명을 공급받는 존재라는 믿음이 적거나 없기 때문이다. 즉, 가지가 줄기에 붙어있는 정체성에 대한 신뢰를 가지고 줄기이신 그분께 온전히 맡기는 삶이 아니라 스스로 애쓰고 힘써서 무언가 해보려는 태도의 결과다.

예수님은 죽으시기 전에 '모든 믿는 자들은 예수님 안에 들어가서 만물 위 아버지 안에 들어간 존재임을 알게 하시는 분이 성령이시며, 성령이 임하는 날 그것을 알게 될 것'이라고 말씀하셨다(요 14:20). 성령님은 예수님과 함께 연합된 것을 알게 하시는 분이므로, 성령을 좇아 행한다는 것은 포도나무에 연합된 가지라는 믿음으로부터 열매를 맺게 하신다는 의미다.

"무릇 내게 붙어있어 열매를 맺지 아니하는 가지는 아버지께서 그것을 제거해 버리시고 무릇 열매를 맺는 가지는 더 열매를 맺게 하려 하여 그것을 깨끗하게 하시느니라"(요 15:2).

이 구절 속에서 '제거해 버리시고'에 해당하는 헬라어는 '아이로'이다. 그런데 이 단어에 대한 해석이 매끄럽지 못하다. '제거하다'로 번역된 '아이로'는 오히려 '아이로'가 가지고 있는 더 본질적인 뜻인 '들어올리다'로 번역하는 것이 문맥의 흐름에 더 적합해 보인다. 당시의 포도재배법이 그 주장을 뒷받침해준다. 당시의 재배법은 지금과 달라서 포도나무 가지가 땅을 기어갈 수밖에 없었다. 가지가 땅에 닿으면 습기로 인해 썩고 영양분을 제대로 공급받지 못해서 열매를 못 맺게 된다. 따라서 땅바닥에 닿아 열매 맺지 못하는 가지를 적절하게 들어올려야 했던 것이다. 그리고 열매를 잘 맺는 가지는 잔가지를 쳐 주어 깨끗하게 함으로써 열매를 더 잘 맺도록 도와주었다.

즉, 주님은 자신에게 붙어있는 가지가 열매를 잘 맺지 못한다고 가차없이 잘라버리시는 매정하신 분이 아니다. 오히려 포도나무인 자신에게 붙어있으면서 열매 맺지 못하는 가지는 열매를 맺을 수 있도록 들어올려주시고, 열매 맺는 가지는 더 잘 맺도록 깨끗하게 하시는 분이다. 그분께 믿음으로 잘 붙어있는 가지는, 비록 믿음의 초창기에는 연약함이 나타난다 하더라도 결국 주님의 도우심으로 열매를 맺게 되어 있다. 베드로의 삶을 통해 우리는 그 주님의 마음을 알 수 있다.

반면에 '아이로'를 '제거하다'라고 번역하는 게 맞다고 주장하는 사람들이 있다. 그들은 요한복음 15장이 열매를 맺지 못하는 가지에 대한 심판을 경고하고 있기 때문이라고 주장한다. 그런데 요한복음 15장 1-6절을 자세히 살펴보면, 포도나무 되신 주께 붙어있지 않고 주님 안에 거하지 않는 자들이 열매를 맺지 못하면 밖에 버려져 불에 살라진다는 것을 알 수 있다.

"나는 포도나무요 너희는 가지라 그가 내 안에, 내가 그 안에 거하면 사람이 열매를 많이 맺나니 나를 떠나서는 너희가 아무것도 할 수 없음이라 사람이 내 안에 거하지 아니하면 가지처럼 밖에 버려져 마르나니 사람들이 그것을 모아다가 불에 던져 사르느니라" (요 15:5,6).

밖에 버려져서 말라 불에 던져지는 가지는 포도나무에 붙어있지 않고 떨어져 주님 안에 거하지 않는 가지인 것이다. 요한복음 15장 1-6절은 좋은 나무가 나쁜 열매를 맺을 수 없고 나쁜 나무가 좋은 열매를 맺을 수 없다는 예수님의 말씀과 일맥상통한다(마 7:16-20).

2017년 12월의 어느날 점심 때쯤, 뉴저지에 있는 리빙스프링 미니스트리 기도모임에 가려고 집 앞에 세워져 있는 차에 올라 운전석 앞을 보니 차 보닛(bonnet) 위에 무당벌레가 앉아 있었다. 내비게이션에 주소를 입력하는 등 출발 준비를 하느라 무당벌레가 거기 붙어있는 것을 잠시 잊은 채 뉴저지로 건너갔다가 자정이 넘어 다시 뉴욕 집에 도착했다.

이틀 뒤 잠시 차를 쓸 일이 있어서 운전석에 앉았는데, 이틀 전에 밖에 붙어있던 무당벌레가 조수석 쪽 문 안에 붙어서 느리게 기어가고 있었다. 차 바깥에 붙어있던 무당벌레는 나와 함께 뉴저지를 다녀왔고, 나중에는 차 안으로 들어와버린 것이다.

성령님은 그 무당벌레의 모습을 통해 포도나무 되신 주께 붙어있는 가지로서 내가 어떻게 살아가야 하는지를 깨닫게 하셨다.

회개한 나는 사라질 처음 하늘과 처음 땅에서 이미 주와 함께 연합된 자다. 죽음에 연합되고 부활·승천에 연합되어 만물 위 보좌에 앉혀져 성령님 안에 들어가게 되었고, 성령께서 내 안에 사시는 존재가 되었다. 내가 무엇을 결정해서 움직이는 삶이 아니라, 성령님이 가시는 곳이라면 어디든 붙어 다닌다. 나는 붙어있다는 믿음 하나만으로, 애쓰고 힘쓰지 않고도 어디든 다녀올 수 있으며, 성령께서 이루시는 기적에 동참한다.

"하나님께서 보내신 이(그리스도, 성령)를 믿는 것이 하나님의 일이니라"(요 6:29).

1997년부터 내 삶의 핵심은 "나는 예수님께 온전히 연합되었다"라는 진리의 고백이었다. 처음에는 예수님의 생명 존재 바깥에 붙어

있는 것 같은 연약한 믿음이었다. 그러나 예수님은 점점 더 그 믿음을 굳세게 해주셔서 예수님의 생명 안으로 점점 더 들어가게 하셨고, 열매를 맺게 하셨다.

성령의 열매와 포도주

우리에게 주어진 첫 번째 포도주는 온 인류의 구속을 위해 십자가에서 흘리신 주님의 보혈의 상징이다. 두 번째 포도주는 예수님이 재림하실 때 혼인잔치에서 신부인 교회와 신랑 되신 예수님이 마실 포도주다.

첫 번째 포도주에 쓰인 포도는 아들 예수 그리스도께서 아버지께 온전히 순종하심으로 맺으신 성령의 열매다. 그러나 재림 때 신랑 예수님과 신부인 교회의 포도주에 쓰일 포도는 교회가 맺어야 할 성령의 열매다. 첫 번째 포도주를 진정으로 마신 자들은 주님과 연합되었기에 성령의 열매를 맺는다. 그래서 그 열매로 만들어진 포도주를 혼인잔치에서 마시며 영원한 하나님의 나라를 유업으로 받을 수 있게 된다.

그는 자신이 하나님나라를 유업으로 받게 될 것만 기뻐하지 않는다. 그는 자신의 살과 피를 내주는 희생으로 다른 사람에게도 예수님의 첫 번째 포도주를 마시게 해서 주님과 연합되게 함으로 하나님나라의 유업을 받을 수 있게 한다.

아들 예수님은 아버지께서 하라고 하신 일을 이루셨다. 주님은 스스로 맺으신 성령의 열매로 만드신 포도주를 제자들에게 주셨다.

"또 잔을 가지사 감사기도 하시고 그들에게 주시니 다 이를 마시매 이르시되 이것은 많은 사람을 위하여 흘리는 나의 피 곧 언약의 피니라"(막 14:23,24).

그 포도주 잔을 마신 자, 즉 죽으시고 부활하신 예수님 앞에 회개하고 예수님을 주인으로 모셔 들인 자는 예수님과 연합된다. 우리의 영은 단번에 구원받아 주님과 연합되었다. 그러나 우리에게는 육체의 부활이 남아있고, 매일 이루어야 할 혼적 구원이 남아있다.

그래서 구원의 온전성은 진정한 회개로 주님과 연합된 것을 믿고, 성령님을 의지해 '예수님의 재림'이라는 푯대를 향해 이미 잡혀진(구원된) 것을 잡으려고 달려가는 진행형이다(빌 3:12-14).

주님은 재림의 때 이루어질 구원의 완성을 '잔치'라는 상황을 통해 구체적으로 말씀해주셨다. 유대 문화에서 포도주는 잔치에서 빠질 수 없는 항목이다. 주님이 가나 혼인잔치에서 첫 번째 베푸신 기적이 물로 포도주를 만드신 것이었다. 그로 말미암아 혼인잔치를 잔치되게 하셨다. 주님의 피가 있어야 교회인 신부와 신랑이신 예수님과의 혼인잔치가 잔치다워진다.

그런데 재림 때 마셔야 할 두 번째 포도주에는 관심 없이 첫 번째 포도주를 만난 것만으로 나태하게 살다가 잔치 자리에 들어가는 자는 주님의 책망을 듣는다. 이런 사람은 예복을 입지 않은 채 잔치 자리에 앉아 있는 사람과 같다. 주님은 이런 자들을 쫓아내라고 종들에게 명령하셨다.

"임금이 손님들을 보러 들어올새 거기서 예복을 입지 않은 한 사람을 보고 이르되 친구여 어찌하여 예복을 입지 않고 여기 들어왔느냐 하니 그가 아무 말도 못하거늘 임금이 사환들에게 말하되 그 손발을 묶어 바깥 어두운 데에 내던지라 거기서 슬피 울며 이를 갈게 되리라 하니라 청함을 받은 자는 많되 택함을 입은 자는 적으니라" (마 22:11-14).

두 번째 혼인잔치에 쓰일 포도주에 관심이 없는 사람이라면, 그가 첫 번째 포도주를 믿음으로 마셨다는 것도 자신의 신념뿐일 수 있다. 진정으로 포도나무 되신 주님과 연합된 가지가 아닐 수 있다는 것이다.

예수님의 십자가 순종으로 만들어진 첫 번째 포도주를 마신 자라면 주님과 연합된 자이기에 날마다 자기를 부인하며 자기 십자가를 지고 가게 되어 있다. 그는 주님의 영광을 위해 받는 고난을 기뻐하며, 성령의 열매를 맺으며, 세상 사람들에게는 첫 번째 포도주를 전하는 삶을 살고, 이미 믿는 자들에게는 두 번째 포도주를 예비하도록 권면하는 삶을 살기 마련이다.

열매 없는 가지의 최후

예수님은 열매 맺지 못하는 가지의 최후에 대해 정확히 언급하셨다.

"가지가 포도나무에 붙어있지 아니하면 스스로 열매를 맺을 수 없음 같이"(요 15:4).

포도나무에 붙어있지 않은 가지는 대체 어디에 붙어있는 가지일까? 다른 나무에 붙어있는 가지다. 열매를 보면 그 나무가 어떤 나무인지 알 수 있다.

"그들의 열매로 그들을 알지니 가시나무에서 포도를, 또는 엉겅퀴에서 무화과를 따겠느냐 이와 같이 좋은 나무마다 아름다운 열매를 맺고 못된 나무가 나쁜 열매를 맺나니 좋은 나무가 나쁜 열매를 맺을 수 없고 못된 나무가 아름다운 열매를 맺을 수 없느니라"(마 7:16-18).

열매의 모습을 제대로 갖추지 못한 쭉정이들도 불에 던져지는 심판을 받는다.

"나는 너희로 회개하게 하기 위하여 물로 세례를 베풀거니와 내 뒤에 오시는 이는 나보다 능력이 많으시니 나는 그의 신을 들기도 감당하지 못하겠노라 그는 성령과 불로 너희에게 세례를 베푸실 것이요 손에 키를 들고 자기의 타작 마당을 정하게 하사 알곡은 모아 곳간에 들이고 쭉정이는 꺼지지 않는 불에 태우시리라"(마 3:11,12).

주님을 부르고 선지자 노릇 하며 주의 이름으로 귀신을 쫓아내고 권능을 행했어도 주님이 모른다고 하실 대상들이 있다(마 7:21-23). 그들의 겉모습과 상관없이 그들은 이미 다른 나무이기 때문이다. 포도나무 되신 예수께 붙어있는 가지가 아니기 때문이다. 그들은 사실 주님의 생명에 뿌리를 내리지 않았다.

천국에 들어가는 기준은 능력 행함이나 선지자 같은 사역의 위치나 주님을 부른 횟수에 있지 않다. 주님이 원하시는 아름다운 열매를 맺었는가에 달려 있다. 아름다운 열매를 맺지 못했다는 것은 아름다운 나무 자체가 아니라는 것을 증명한다. 성령의 열매를 금지할 다른 법이 없다고 했듯이, 최고의 기준인 성령의 열매로 그 나무가 어떤 나무인지 평가되어진다.

말의 훈련을 위한 성경암송 예배

우리는 불완전하다. 예수님과 함께 연합되었지만 여전히 흠이 많다. 썩을 육신을 입고 있는 한 죄에 물든 불완전한 옛 생명의 습관이 늘 흘러나온다.

우리는 대화할 때도 완전하게 듣고 말하지 못한다. 누군가가 중요한 일을 말할 때도, 듣는 사람이 말하는 자에게 완벽하게 집중하지 못하기도 한다. 집중해서 듣는다 해도 자신 속에 이미 있는 선입견의 영향을 받는다. 수시로 다른 생각들을 하면서 듣기도 한다. 그리고 얼마의 시간이 지나면 그 이야기는 희미해지고 만다.

그런 상태에서 자기가 들었던 것을 남에게 다시 말하게 되면 처음 말한 사람의 의도와는 다른 내용이 전달된다. 아무리 정확하게 말하려고 해도 인간의 한계 상황으로 인해 아주 조금씩이라도 그런 현상이 생긴다. 이 사람에게서 조금, 또 다른 사람에게서 조금, 그리고 그 다음 사람에게서 조금…. 이런 식으로 그 말들이 많은 사람들에게 흘러가면서 왜곡되며 눈덩이처럼 커진다.

그래서 아무리 선한 목적이라고 하더라도 다른 사람의 이야기를 함부로 옮겨서는 안 된다. 마귀는 말을 이 사람에게서 저 사람에게로 옮기는 과정에서 왜곡되게 함으로 사람들을 이간질한다.

그래서 야고보는 말에 실수가 없는 자가 완전한 자라고 했다. 누가 말에 실수가 없을까? 이 세상에 예수님을 제외하고 완전한 자는 하나도 없다. 그래서 혀에 재갈을 먹여야 하고 성령이 말하게 하심을 따라 말하는 훈련이 필요하다.

오순절 성령의 역사는, 다른 표현으로 하면 말의 새로운 역사였다. 성령이 말하게 하심을 따라 말하기 시작한 현장이었다. 하나님은 영이시며 말씀이시다. 말씀이 육신이 되어 우리 가운데 거하시다가 죽으시고 부활하셔서 하늘 보좌에 오르셨다.

회개하고 예수님을 주인으로 모셔 들인 자들은 주님과 함께 죽고 부활·승천하여 만물 위 보좌, 곧 생수의 강 안에 잠겼다. 그렇게 성령 안에 잠김으로 성령이 거하시는 전이 되었다. 말씀이 거하시는 전이 되었다. 그러므로 성령 역사의 첫 열매는 말씀의 새로운 역사로서 입술의 열매가 새로워진 모습이었다. 성령이 말하게 하심을 따라 말하게 된 열매였다.

"그들이 다 성령의 충만함을 받고 성령이 말하게 하심을 따라"(행 2:4).

우리는 주와 함께 연합되었으나 여전히 썩을 육신을 입고 있기에 한 입으로는 아버지를 찬양하지만 한 입으로는 하나님의 형상으로 지음 받은 사람들을 저주하기도 한다. 그러므로 말에서 실수하는 육체의 소욕을 따르지 않고 성령의 소욕을 따라 말하도록 훈련해야 한다.

성령께서 쓰신 성경을 입술로 소리 내어 암송함으로 마음에 새기며 성령님을 예배하는 것이 가장 좋은 훈련이다. 입술로 하나님의 생각인 성경을 선포하면 말과 생각의 훈련이 동시에 이루어져 성령께서 말하게 하심을 따라 말하게 된다. 더 나아가 성경을 암송해 입술과 혀와 생각에 심으면 심겨진 만큼 하나님의 말씀이 튀어나올 것이다.

"만일 누가 말하려면 하나님의 말씀을 하는 것같이 하고"(벧전 4:11).

열매 맺는 삶의 핵심, 성령을 따라 말하기

성령은 예수님을 증거하는 영이시다.

"내가 아버지께로부터 너희에게 보낼 보혜사 곧 아버지께로부터 나오시는 진리의 성령이 오실 때에 그가 나를 증언하실 것이요 너희도 처음부터 나와 함께 있었으므로 증언하느니라"(요 15:26,27).

예수님은 성령이 오시면 죄에 대해, 의에 대해, 심판에 대해 세상을 책망한다고 하셨다(요 16:7,8). 성령은 보이시지 않는다. 그러면 어떻게 죄와 의와 심판에 대해 세상을 책망하실까? 성령께서는 교회를 통해 세상을 책망하신다.

성령의 아홉 가지 열매는 단순히 좋은 성품을 뜻하지 않는다. 이 성령의 열매는 예수님의 성품이다. 한마디로 예수님을 닮은 삶을 살아내는 것이 성령의 열매를 맺는 것이다. 그런데 예수님은 사랑, 희락, 화평, 인내, 자비, 양선, 충성, 온유, 절제의 성품을 보이시며 "내가 유일한 너희의 창조주 하나님이며, 너희를 죄에서 구원할 유일한 구원자요, 너희 삶의 주인이다. 내 앞에서 회개하라. 그리하면 영생을 주리라. 그렇지 않으면 영벌에 처하리라"라고 유일한 진리를 말씀하신 분이다.

예수님은 '사랑'으로 하늘에 계신 아버지와 하나된 가운데 '기쁨'과 '화평'을 누리셨고, 자신을 대적하는 자들에 대해 '오래 참으심'으로 '자비'와 '양선'과 '온유'와 '절제'를 보이셨다. 그리고 '충성'을 다해 아버지께 순종하셔서 절대 진리만을 말씀하셨다.

포도나무 되신 예수께 붙어있는 가지인 성도가 성령의 열매를 맺는 삶의 핵심은, 예수님처럼 성령의 말하게 하심을 따라 아홉 가지의 열매로서 "오직 십자가에서 죽은 한 사람 예수만이 유일한 창조주이시며 구원자이시고 인생의 주인이시다. 그것을 증명하는 것이 그분의 부활사건이다. 그분 앞에 회개하고 그분을 주인으로 모셔 들이면 영생을 얻고, 그렇지 않으면 영원한 심판을 받는다"라고 세상에게 죄와 의와 심판에 대해 말하는 것이다.

예수님의 성품을 닮아야 된다고 말하면서 예수님을 단순히 도덕 군자로서만 표현하는 거짓 복음에 절대로 속지 말아야 한다.

때를 얻든지 못얻든지 외치라

내가 잘 아는 어느 선교사님은 10년 넘게 선교지를 섬기면서, '상황화'라는 선교전략으로 그 나라의 원주민 한 사람과 삶을 같이 하고 친분을 두텁게 쌓으며 사랑을 나누었다. 선교사님은 사랑, 희락, 화평, 인내, 자비, 양선, 충성, 온유, 절제로 그 원주민과 친분을 나누었을 것이다. 그러나 단 한 번도 예수님을 전하지는 못했다. 그가 '예수'라는 이름을 너무 싫어했기 때문이다. 그런데 어느 날 그가 생활고에 시달리다 못해 스스로 목숨을 끊었다. 그때 그 선교사님은 그에게 예수 그리스도의 십자가 복음을 한 번도 전하지 못한 것에 대한 후회와 함께 상황화라는 선교전략에 회의를 느끼셨다고 했다.

아무리 선을 베풀고 친구가 되어도, 역시 진정한 사랑은 사랑의 본체이신 예수 그리스도 대속의 은총을 입술로 선포함으로써만 전해진다. 전도의 핵심은 우리 삶의 모습에만 있지 않다. 외적인 삶의 모습이 세상과 구별되는 유일한 그리스도인의 모습은 아니다. 십자가 대속의 은총을 베푸신 그분이 누구신지를 정확히 선포하는 전도가 바로 성령의 열매인 사랑의 핵심이다. 왜냐하면 인간은 한 치 앞도 내다보지 못하는 연약한 존재라서 바로 1분 뒤의 일을 알 수 없고, 오늘 내 옆을 스쳐 지나가는 한 영혼이 예수 생명 없이 죽음을 맞이한다면 그는 정확히 영원한 심판에 처할 수밖에 없기 때문이다.

유일한 복음을 정확히 선포하는 것보다 우리 삶의 모습이 하나님 나라를 더 잘 전할 수 있는 도구라고 말하는 것은 진리가 아니다. 많은 사람들이 '말씀을 따라 사는 삶', '말씀을 살아내는 것', '복음에 합당한 생활'에 대해 그렇게 오해하고 있다.

"오직 너희는 그리스도의 복음에 합당하게 생활하라 이는 내가 너희에게 가 보나 떠나 있으나 너희가 한마음으로 서서 한 뜻으로 복음의 신앙을 위하여 협력하는 것과 무슨 일에든지 대적하는 자들 때문에 두려워하지 아니하는 이 일을 듣고자 함이라 이것이 그들에게는 멸망의 증거요 너희에게는 구원의 증거니 이는 하나님께로부터 난 것이라 그리스도를 위하여 너희에게 은혜를 주신 것은 다만 그를 믿을 뿐 아니라 또한 그를 위하여 고난도 받게 하려 하심이라 너희에게도 그와 같은 싸움이 있으니 너희가 내 안에서 본 바요 이제도 내 안에서 듣는 바니라"(빌 1:27-30).

바울은 복음에 합당한 생활의 결과가 세상으로부터 반드시 대적

받는 고난의 일이 생기는 모습이라고 정확히 표현했다. 하나님 앞에서 두려워 떨며 회개한 자가 하나님의 나라를 소유하여 결국 의를 위해 핍박받고 예수님의 이름으로 인해 욕을 먹는다면, 그에게 상이 크다고 말씀하신 예수님의 팔복 설교와 정확하게 일치하는 부분이다(마 5:3-12).

심판의 복음을 말하는 것이 진정한 사랑이다

육체가 죽어 흙으로 돌아갔고 영이 창조주 아버지께 이미 돌아간, 신실한 믿음의 선조들이 누릴 영원한 하나님의 나라는 과연 어떤 나라일까? 예수님을 신실하게 믿는 거룩한 성도가 지금은 썩을 육신을 입고 있으나, 썩지 아니할 부활영생의 몸으로 누릴 영원한 하나님의 나라는 어떤 나라일까?

모든 선교와 세상을 향한 사랑의 행위가 반드시 지향해야 할 궁극은 영혼 구원과 새 하늘과 새 땅이다. 우리는 세상을 예수 그리스도의 마음으로 사랑해야 한다. 그런데 그 사랑이 진정으로 의미 있는 사랑이 되려면, 세상에서 만나는 사람들에게 오직 유일한 대속의 은총인 십자가에서 죽으시고 부활하신 예수님을 전해야 한다.

"영원한 심판이 점점 다가옵니다. 회개하고, 예수님을 주인으로 진정으로 모셔 들이십시오"라고 때를 얻을 때나 못 얻을 때나 외쳐야 한다(딤후 4:2). 내 옆을 스쳐 지나가는 사람이 예수 생명 없이 죽는다면, 영원한 심판이 즉시 그에게 임하기 때문이다. 우리가 세상을 아무리 잘 섬기고 세상이 우리의 섬김에 고마움을 느끼고 우리를 칭찬한다 해도, 정작 그들이 회개하지 않고 예수님을 주인으로 모셔 들이지 않아서 부활생명을 얻지 못한다면 영원한 심판에 처하게 될 뿐이다.

썩지 아니할 몸으로 부활되어 새 하늘과 새 땅에 들어갈 것을 정말 믿는가? 그것을 정말로 믿었던 성도들 중의 한 사람이 베드로다. 그는 결국 성령께 잠기는 체험을 한 후에 포도나무 되신 예수께 붙은 가지로서 성령의 열매를 맺으며, 유일한 진리를 말함으로 거꾸로 십자가에 매달려 순교했다. 그의 음성을 들어보자.

"그런즉 이스라엘 온 집은 확실히 알지니 너희가 십자가에 못 박은 이 예수를 하나님이 주와 그리스도가 되게 하셨느니라 하니라 그들이 이 말을 듣고 마음에 찔려 베드로와 다른 사도들에게 물어 이르되 형제들아 우리가 어찌할꼬 하거늘 베드로가 이르되 너희가 회개하여 각각 예수 그리스도의 이름으로 세례를 받고 죄 사함을 받으라 그리하면 성령의 선물을 받으리니 이 약속은 너희와 너희 자녀와 모든 먼 데 사람 곧 주 우리 하나님이 얼마든지 부르시는 자들에게 하신 것이라 하고"(행 2:36-39).

그리고 그는 구원받을만한 다른 이름이 없다고 명백히 선포했다.

"이 예수는 너희 건축자들의 버린 돌로서 집 모퉁이의 머릿돌이 되었느니라 다른 이로써는 구원을 받을 수 없나니 천하 사람 중에 구원을 받을 만한 다른 이름을 우리에게 주신 일이 없음이라 하였더라"
(행 4:11,12).

그리고 그는 두번째 편지에서 성령의 열매를 맺으며 성령이 말하게 하심을 따라 심판과 새 하늘과 새 땅에 대해 정확히 말했다.

"여러분이 무엇보다 먼저 알아야 할 것은 이것입니다. 마지막 때에 조롱하는 자들이 나타나서, 자기들의 욕망대로 살면서, 여러분을 조롱하여 이렇게 말할 것입니다. '그리스도가 다시 오신다는 약속은 어디 갔느냐? 조상들이 잠든 이래로, 만물은 창조 때부터 그러하였듯이 그냥 그대로다.' 그들이 이렇게 말하는 것은, 하나님의 말씀으로 하늘이 오랜 옛날부터 있었고, 땅이 물에서 나와 물로 말미암아 형성되었다는 것과, 또 물로 그 때 세계가 홍수에 잠겨 망하여 버렸다는 사실을, 그들이 일부러 무시하기 때문입니다. 그러나 지금 있는 하늘과 땅도 불사르기 위하여 그 동일한 말씀으로 보존되고 있으며, 경건하지 못한 자들이 심판을 받아 멸망을 당할 날까지 유지됩니다. 사랑하는 여러분, 이 한 가지만은 잊지 마십시오. 주님께는 하루가 천 년 같고, 천 년이 하루 같습니다. 어떤 이들이 생각하는 것과 같이, 주님께서는 약속을 더디 지키시는 것이 아닙니다. 도리어 여러분을 위하여 오래 참으시는 것입니다. 하나님께서는 아무도 멸망하지 않고, 모두 회개하는 데에 이르기를 바라십니다. 그러나 주님의 날은 도둑같이 올 것입니다. 그 날에 하늘은 요란한 소리를 내면서 사라지고, 원소들은 불에 녹아버리고, 땅과 그 안에 있는 모든 일은 드러날 것입니다. 이렇게 모든 것이 녹아버릴 터인데, [여러분은] 어떠한 사람이 되어야 하겠습니까? 여러분은 거룩한 행실과 경건한 삶 속에서 하나님의 날이 오기를 기다리고, 그 날을 앞당기도록 하여야 하지 않겠습니까? 그 날에 하늘은 불타서 없어지고, 원소들은 타서 녹아버릴 것입니다. 그러나 우리는 주님의 약속을 따라 정의가 깃들여 있는 새 하늘과 새 땅을 기다리고 있습니다"(벧후 3:3-13, 새번역).

초림 메시아를 예비한 세례 요한은 말라기서에서 예언된 엘리야였다(말 4:5,6; 마 11:13,14). 이제, 진정 크고 두려운 심판의 날이 이르기 전에 교회인 신부들이 세례 요한의 모습으로 다시 일어나 재림 메시아를 맞이해야 한다. 각자 각자의 사명을 감당해 세상을 잘 섬기면서, 동시에 우리가 받은 공통의 사명을 다하자. 우리는 오늘 예수 생명 없이 죽을지도 모르는 이웃에게 아래와 같이 외쳐야 한다.

"당신을 영원한 심판에 보내지 않으시려고 보좌에 계신 하나님께서 사람으로 오셔서 십자가에서 대속의 죽음을 죽으셨습니다. 그분이 다시 부활·승천해 보좌에 앉으시고, 성령으로 오셔서 교회를 세우셨습니다. 이제 교회의 머리되신 예수께서 세상을 심판하시러 곧 다시 오십니다. 그래서 십자가에서 대신 공의를 이루신(롬 1:17) 완전한 사랑을 거절하는 자는 반드시 심판받습니다(요 3:17,18). 어서 속히, 십자가에서 죽으신 예수님 앞에 회개하고 예수님을 주인으로 모셔 들이십시오. 그리고 회개에 합당한 열매를 맺으십시오."

우리가 섬기는 세상은 광야다. 우리는 광야에서 삶으로 열심히 섬기며 동시에 회개를 외쳐야 하는 세례 요한들이다. 주의 길을 예비하며 회개의 세례를 외치는 것이 진정한 사랑의 열매다(막 1:1-5). 포도나무에 붙어있음으로 이 열매를 맺는 우리가 되길 바란다.

말씀 사수

초판 1쇄 발행	2019년 2월 19일
지은이	지용훈
펴낸이	여진구
책임편집	김아진, 권현아
편집	안수경, 최현수, 이영주, 김윤향
책임디자인	마영애	노지현, 조아라
기획 · 홍보	김영하
마케팅	김상순, 강성민, 허병용
제작	조영석, 정도봉

해외저작권	기은혜
마케팅지원	최영배, 정나영
경영지원	김혜경, 김경희

이슬비전도학교　최경식

303비전장학회 & 303비전꿈나무장학회　여운학

303비전성경암송학교　박정숙

펴낸곳　규장

주소　06770 서울시 서초구 매헌로 16길 20(양재2동) 규장선교센터
전화　02)578-0003　　팩스　02)578-7332
이메일　kyujang0691@gmail.com　　　홈페이지　www.kyujang.com
페이스북　facebook.com/kyujangbook　　인스타그램　instagram.com/kyujang_com
카카오스토리　story.kakao.com/kyujangbook
등록일　1978.8.14. 제1-22

ⓒ 저자와의 협약 아래 인지는 생략되었습니다.
이 출판물은 저작권법에 의해 보호를 받는 저작물이므로 무단 전재와 무단 복제를 할 수 없습니다.

책값　뒤표지에 있습니다.
ISBN 978-89-6097-568-2 03230

규 | 장 | 수 | 칙

1. 기도로 기획하고 기도로 제작한다.
2. 오직 그리스도의 성품을 사모하는 독자가 원하고 필요로 하는 책만을 출판한다.
3. 한 활자 한 문장에 온 정성을 쏟는다.
4. 성실과 정확을 생명으로 삼고 일한다.
5. 긍정적이며 적극적인 신앙과 신행일치에의 안내자의 사명을 다한다.
6. 충고와 조언을 항상 감사로 경청한다.
7. 지상목표는 문서선교에 있다.

하나님을 사랑하는 자 곧 그의 뜻대로 부르심을 입은 자들에게는 모든 것이 合力하여 善을 이루느니라(롬 8:28)

규장은 문서를 통해 복음전파와 신앙교육에 주력하는 국제적 출판사들의
협의체인 복음주의출판협회(E.C.P.A:Evangelical Christian Publishers
Association)의 출판정신에 동참하는 회원(Associate Member)입니다.